编译文库·马克思主义

张晓庆 著

理解晚年马克思

Understanding Marx in His Later Years

中央编译出版社
Central Compilation & Translation Press

图书在版编目（CIP）数据

理解晚年马克思／张晓庆著．——北京：中央编译出版社，2023.8（2024.7重印）

ISBN 978-7-5117-4483-8

Ⅰ.①理… Ⅱ.①张… Ⅲ.①马克思主义－东方国家－社会学－理论研究 Ⅳ.①A811.64

中国国家版本馆 CIP 数据核字（2023）第 153813 号

理解晚年马克思

责任编辑	郑永杰
责任印制	李　颖
出版发行	中央编译出版社
网　　址	www.cctpcm.com
地　　址	北京市海淀区北四环西路 69 号（100080）
电　　话	（010）55627391（总编室）　（010）55627312（编辑室） （010）55627320（发行部）　（010）55627377（新技术部）
经　　销	全国新华书店
印　　刷	北京文昌阁彩色印刷有限责任公司
开　　本	710 毫米×1000 毫米　1/16
字　　数	290 千字
印　　张	17.25
版　　次	2023 年 8 月第 1 版
印　　次	2024 年 7 月第 2 次印刷
定　　价	128.00 元

新浪微博：@中央编译出版社　　　微　信：中央编译出版社（ID：cctphome）
淘宝店铺：中央编译出版社直销店（http://shop108367160.taobao.com）　（010）55627331

本社常年法律顾问：北京市吴栾赵阎律师事务所律师　闫军　梁勤
凡有印装质量问题，本社负责调换，电话：（010）55627320

序一

  伟大的理论产生于伟大的时代，伟大的时代需要伟大的理论。马克思主义诞生于 19 世纪 40 年代的欧洲，既是资本主义矛盾和工人运动的产物，又是资本主义时代自然社会科学发展的成果。这一理论源于西方又超越西方，是科学的、人民的、实践的、开放的理论。它经俄国而传入中国，并深刻改变了中国。正如毛泽东同志所说："十月革命一声炮响，给我们送来了马克思列宁主义。"① 马克思主义给中国人民提供了前进的方向、理论的指引和行动的指南，中国共产党应运而生、顺势而为、因时而兴，彻底改变了中国的命运、中华民族的命运和中国人的命运。

  资产阶级革命时代是一个需要巨人而且产生了巨人的时代，这位巨人就是"千年思想家"马克思。他科学揭示了人类社会发展规律，创立了人民实现自身解放的思想体系，是无产阶级革命的思想导师；他为第一个无产阶级政党"共产主义者同盟"制定了科学纲领即《共产党宣言》，创立了无产阶级第一个国际性组织"国际工人协会"即第一国际，支持第一个工人阶级夺取政权的革命即巴黎公社革命，并积极参加革命、参与战斗，是无产阶级革命的实践领袖。马克思创立的世界观和方法论不仅科学地解释世界并致力于改变世界。正如他墓碑上那句著名的格言："哲学家们只是用不同的方式解释世界，问题在于改变世界。"②

  无产阶级革命时代是一个需要英雄而且产生了诸多英雄的时代。马克思恩

---

① 《中国共产党 100 年奋斗历程》，北京：人民出版社 2021 年版，第 1 页。
② 《马克思恩格斯文集》第 1 卷，北京：人民出版社 2009 年版，第 502 页。

格斯创立了唯物史观和剩余价值学说,科学揭示了人类社会发展规律,得出了"两个必然"的结论,使社会主义从空想变成了科学,十月革命的胜利使社会主义从科学理论变成了生动实践。在十月革命的影响下,马克思列宁主义与中国工人运动相结合,产生了中国共产党,经过了新民主主义革命、社会主义革命和建设、改革开放和社会主义现代化建设以及中国特色社会主义新时代,成功地走出了一条符合中国国情的中国特色社会主义道路。在这一伟大历史进程中,中华民族涌现出一批又一批英雄模范人物,他们为党和人民的事业赴汤蹈火、英勇斗争、无私奉献,正如习近平总书记所说:"在一百年的非凡奋斗历程中,一代又一代中国共产党人顽强拼搏、不懈奋斗,涌现了一大批视死如归的革命烈士、一大批顽强奋斗的英雄人物、一大批忘我奉献的先进模范。"①

中国特色社会主义新时代是一个需要思想而且产生了伟大思想的时代,这一思想就是习近平新时代中国特色社会主义思想。习近平新时代中国特色社会主义思想是当代中国马克思主义、二十一世纪马克思主义,是中华文化和中国精神的时代精华,实现了马克思主义中国化新的飞跃。习近平总书记在中国人民大学考察时强调:"哲学社会科学工作者要做到方向明、主义真、学问高、德行正,自觉以回答中国之问、世界之问、人民之问、时代之问为学术己任,以彰显中国之路、中国之治、中国之理为思想追求,在研究解决事关党和国家全局性、根本性、关键性的重大问题上拿出真本事、取得好成果。"作为哲学社会科学工作者,我们必须坚持"两个结合",坚持用习近平新时代中国特色社会主义思想观察时代、把握时代、引领时代,把哲学社会科学研究同解决新时代党和国家事业发展面临的实际问题相结合,加强对中国社会实践的理论总结和提炼升华,构建新时代中国哲学社会科学的学科体系、学术体系、话语体系,回应时代和实践提出的重大问题,创造具有中国特色、中国风格、中国气派的理论成果。我们既要深入研究马克思主义经典著作,完整准确把握马克思主义理论基本观点和精神实质,又要联系当代中国特色社会主义具体实际、当代西方资本主义发展趋势,理论联系实际地运用和发展马克思主义。我们既要研读马克思早期作品如《共产党宣言》《黑格尔法哲学批判》《德意志意识形

---

① 《习近平著作选读(第二卷)》,北京:人民出版社2023年版,第423—424页。

态》等，也要研读马克思晚年作品如《人类学笔记》《历史学笔记》及系列书信文稿等资料。

时代造就青年，盛世成就青年。新时代青年需要将自己的人生理想融入国家梦想，立志做新时代需要的新青年。习近平总书记在党的二十大报告中强调："青年强，则国家强。当代中国青年生逢其时，施展才干的舞台无比广阔，实现梦想的前景无比光明。"① 新时代社科青年是我国社会科学研究力量的主力军，要积极作为、勇于担当，如总书记所号召，"一切有理想、有抱负的哲学社会科学工作者都应该立时代之潮头、通古今之变化、发思想之先声，积极为党和人民述学立论、建言献策，担负起历史赋予的光荣使命"。② 中国特色社会主义进入新时代，中国哲学社会科学迎来了大发展大繁荣的历史机遇，广大社科青年应主动担当、善作善成，做真学问、做好学问，坚持问题导向、探寻理论创新，弘扬知识分子"为天地立心，为生民立命，为往圣继绝学，为万世开太平"的志向和传统，为党和人民述说立论，为政府发展建言献策，努力为哲学社会科学的发展作出自己的贡献。

《理解晚年马克思》这部著作是北京市社会科学院青年学者张晓庆博士所著，旨在通过梳理《资本论》及《人类学笔记》《历史学笔记》等资料，着力研究马克思晚年对农村公社的关注。马克思晚年在紧张写作《资本论》的同时，深入研究农村公社，范围几乎遍及世界各地，形成了浩瀚的《人类学笔记》《历史学笔记》。作者认为马克思不是把氏族、部落、农村公社说清楚就行了，他更关注的焦点是这些古老的农村公社在欧洲资本主义冲击下，如何解体和演变，东方国家的历史发展又是如何利用其历史演进中的"后发优势"。阐释马克思的资本主义世界体系理论的东方维度，进而对马克思"世界历史"理论有一个更加完整的整体把握，为当今我们理解全球化、东西方关系以及中国社会主义道路提供了更为清晰的认识。

我认为这部著作具有三个方面的特点。一是研究视角较为新颖。本书把马

---

① 习近平：《高举中国特色社会主义伟大旗帜 为全面建设社会主义现代化国家而团结奋斗——在中国共产党第二十次全国代表大会上的报告》，北京：人民出版社2022年版，第71页。

② 习近平：《在哲学社会科学工作座谈会上的讲话》，北京：人民出版社2016年版，第8页。

克思早年和晚年、东方与西方的理论当成一个整体，把以商品为细胞的西方资本主义与以农村公社为基础的东方社会看成是一个动态整体。二是研究内容较为扎实。重新回到马克思文本本身和问题本身，从欧洲资本主义到东方社会，再到中国特色社会主义，本书试图探寻蕴含其中的理论基础和实践根基。三是研究方法较为独特。借鉴沃勒斯坦在《现代世界体系》中所倡导的"一体化科学方法"和"中心—半边缘—边缘"结构理论，试图类比马克思的世界历史体系理论。以欧洲资本主义为中心的世界市场，不断向东方落后国家辐射，发达的资本主义国家冲击、影响着古老的东方国家，东西方成为有机联系的整体。处于世界历史体系中的各个国家，随着国际分工的日益扩大和国际交往的密切联系，无论是东方国家还是西方国家，彼此之间的互动、影响日益加强，构成了现存的世界历史，对理解当今的全球化具有重要意义。

相信这部著作能给广大读者展开一个新的视角，以更好更全面地理解马克思晚年思想，以更好更全面地理解中国特色社会主义道路。这本书是作者研究起步的开始，希望能够得到广大读者的理解和回应，产生良好的社会影响。

北京市社会科学院党组书记　谢辉

2023 年 7 月

序二

张晓庆的博士论文在修改完善的基础上准备出版,邀我写篇"序"。因为这本书稿的写作和修改过程我很清楚,故我觉得责无旁贷。

2015年张晓庆考取我的博士研究生。入学伊始,我跟她盘点马克思主义基本原理学科中真值得研究、我也能指导的一些问题。我说完,晓庆当即确定研究马克思晚年东方社会思想。从那以来,她专心致志,读书、写作,笔耕不止。

马克思晚年东方社会思想包括哪些问题?为什么值得研究?我们知道,马克思在以《资本论》为主的诸多政治经济学批判著作、手稿群中,揭示了资本主义生产方式及其运行的基本规律,即从商品的二重化到剩余价值的生产;从资本循环和周转,到银行、信贷、地租等环节,一方面商品的价值和使用价值都实现了,另一方面剩余价值的榨取与分割也得以完成。与小农经济不同的是,资本主义是社会化大生产,资本运行的各环节无限复杂,但凡有一个环节卡壳,就会导致资本主义的整个体系出现混乱和危机。从历史唯物主义角度说,这个过程是因为资本主义生产关系狭小,不适应现代化大生产这个"社会基本矛盾"所致。这个矛盾最终会导致资本主义灭亡并被共产主义取代。

需要指出的是:仅到此为止,我们还远没有把马克思关于资本主义"世界市场"及"世界历史"理论完整呈现出来。上述解释是马克思政治经济学批判的核心部分,但不是全部。要完整地考察作为世界市场和世界体系的资本主义,就不能不把东方社会也纳入进来,理论地再现一个包括东西方在内的复杂多样而又完整的资本主义世界体系。从方法论角度说,需要一个从抽象上升到具体的过程。流行的解读并没有考虑后面的内容。这在20世纪上半叶之前几乎是不可避免的。因为包括马克思晚年手稿在内的大量著作和手稿还不为人知——这些手稿大多在20世纪中后期才陆续被发现、出版和研究。流行的解读主要依据马克思恩格斯鼎盛时期的且公开出版（发表）的作品。这样，人们在解读和呈现马克思关于资本主义世界市场和世界历史时，就有意无意地忽略了它的东方维度。

单纯从欧洲资本主义看世界历史，与从东西方统一整体的视野看世界历史，有哪些差异、哪些问题呢？

资本主义世界市场的西方维度，是以当时资本主义最发达、最典型的英国作为例子而形成的理论模型。马克思在《资本论》第一版序言中明确交代：物理学是在自然过程表现得最确实、最少受干扰的地方观察的，或者是在保证运动过程以纯粹形态进行下进行研究的。经济学研究也应采取这样的方法。资本主义生产方式以及和它相适应的生产关系和交换关系，最典型的地点在英国，所以他的理论阐述是以英国作为例子的。① 这意味着，马克思关于欧洲资本主义体系内部范畴（从商品、价值到银行和地租等）的分析，其理论有标准化、模型化的特点。而资本主义是世界性的而不是地区性的。马克思的时代，资本主义世界体系除了欧美发达资本主义国家外，也包括东方社会诸多古老帝国乃至原始部落。要完整地阐释资本主义经济运行规律，就必须把东西方作为一个整体进行考察，就必须把政治经济学批判的典型模型与东方社会关联起来。这个问题在马克思那里是不言而喻的。例如在《1857—1858年经济学手稿》中，马克思谈到政治经济学的演进逻辑与写作计划，包括以下范畴：（1）一般的抽象的规定；（2）形成资产阶级社会内部结构并成为基本阶级的依据的范畴；（3）资产阶级社会在国家形式上的概括；（4）生产的国际关系；（5）世界市场和危机。② 在《〈政治经济学批判〉序言》中，马克思又说："我考察资产阶级经济制度是按照以下的顺序：资本、土地所有制、雇佣劳动、国家、对外贸易、世界市场。"③ 这些写作计划大同小异，都证明马克思

---

① 参见《马克思恩格斯全集》第44卷，北京：人民出版社2001年版，第8页。
② 参见《马克思恩格斯文集》第8卷，北京：人民出版社2009年版，第33页。
③ 《马克思恩格斯文集》第2卷，北京：人民出版社2009年版，第588页。

的政治经济学批判是要延伸到生产的国际关系、世界市场和总危机等范畴去的,是要把东西方当作整体来研究的。可以设想:如果天假其年,马克思完成《资本论》前几卷的写作后,理应当转而研究东方社会——由于资本主义入侵而正处在解体、演变中的东方社会。不仅如此,马克思还需要另有一套既不同于分析欧洲资本主义,又能跟分析资本主义的理论模型"对接"的关于东方社会的理论与叙事方法,或者说,马克思应展示资本主义世界体系的东方维度。

如何理解这一"东方维度"?如何从马克思的文本文献中揣摩并阐述这套理论和叙事方法,这是晓庆本书的主旨。

众所周知,马克思没有完成他的写作计划就过早离世。他的政治经济学批判的未完成部分可能会是什么样的?他留下大量手稿究竟想说什么?这些都成了思想史和学术史上的谜,也引发了不同的争议。面对这些问题,晓庆在学习和吸纳前人成果的基础上,大胆地尝试性地重新思考。这些思考,既包括理论演进的思路,也包括方法:

1. 从马克思的世界历史理论中揣摩政治经济学批判的完整思路。"世界历史"这个概念源自黑格尔,它体现最高、最后、最完整的"哲学的历史"观。在他那里,客观精神经历各种形态,走完各阶段,不断否定和上升,最后回到世界历史。马克思也有自己的世界历史观,与黑格尔不同的是,它是从资本主义发展趋势中提炼出来的。马克思、恩格斯早年合作的《德意志意识形态》就提到,大工业"首次开创了世界历史……它消灭了各国以往自然形成的闭关自守的状态"①,使每一个人的需要的满足都依赖于整个世界。各民族原始闭关自守的状态,以及自然形成的民族之间分工消灭得越彻底,历史也就越是成为世界历史。② 此后马克思在不同场合,以不同方式反复讲世界市场、世界历史,讲资本主义瓦解了各民族的地区封闭性和自然分工,用商品和市场将它们统一起来。由此可见,马克思完整的世界历史理论,应包括资本主义的西方如何同化东方,古老的东方在西方资本主义裹挟下自身发生急剧变化,成为资

---

① 《马克思恩格斯文集》第2卷,北京:人民出版社2009年版,第566页。
② 参见《马克思恩格斯文集》第2卷,北京:人民出版社2009年版,第541页。

本主义世界体系的一部分。如果我们沿着这条思路理解马克思晚年手稿，就有豁然开朗之感。

2. 从马克思的文本文献中寻找政治经济学批判完整的研究设想和写作计划，揣摩马克思没有来得及阐述却是应有之义的完整思路。马克思对他的研究是有明确计划的，并且在好几个地方表述过，例如我上面提到的《〈政治经济学批判〉序言》《1857—1858年经济学手稿》等。这些写作大纲言简意赅，结合其他文本，我们可以大致揣摩马克思的基本思路。问世的《资本论》（包括恩格斯整理的2、3卷）及相关手稿，与马克思写作计划的前几个范畴相吻合。据此我们可以推论：马克思下一步应该讨论写作计划的后面几个范畴，即国际贸易（生产的国际关系）、世界市场和资本主义危机。而这几个环节和范畴的研究，必然要弄清楚东方社会的普遍本质及其在资本主义影响下的演变规律。这样，我们就可以大胆推测：马克思晚年的工作就是沿着《资本论》的思路继续展开，为过渡到"国际贸易""世界市场"，进而提出完整的世界市场和世界历史理论做准备。

3. 从相关理论和方法中揣摩马克思关于资本主义世界市场下东西方关系的基本思想，由此推论他晚年研究的问题情境、理论任务和可能的思路。马克思的政治经济学批判遵循从抽象上升到具体的方法。马克思以英国为例，是因为英国是当时最典型、发展最充分的资本主义。要阐释资本主义经济运行规律，当然要撇开偶然的非本质的因素，抽象出资本主义经济的本质规律，建构资本主义经济运行的理论模型。但抽象的理想模型还必须上升为具体，就像弄清楚了细胞，还必须把它置于组织、个体乃至整个生物圈的道理一样。对资本主义主导的世界市场和世界历史来说，就是要把关于欧洲资本主义的理论模型与东方社会"对接"。但如何对接？就得深入探讨东方社会的基础，以及它们在资本主义大环境下的急剧变化规律。晓庆以大量文献资料为据，认为马克思心目中的东方社会基础是农村公社，并把马克思理解的东方社会的急剧变革分为俄国式的"跨越"模式和其他社会的"解构"模式，这个思路对我们很有启发。

4. 通过分析国内外学术界既有成果中包含的矛盾，反推：究竟怎样理解马克思晚年关于东方社会的思想？本书讨论的主题和问题，中外名家早已出版

（发表）有大量成果，提出了很多解释模型。不过，张晓庆相信：智者千虑必有一失。她在研究中发现，前人的解释存在不少漏洞。例如在回答"《资本论》为什么没写完"的问题时，学者们提出了各种解释：健康原因、工作量大等。这些解释孤立起来看似乎有道理，但它解释不了马克思既然写不下去《资本论》，为何又能写出那么多其他手稿——后人整理为《人类学笔记》《历史学笔记》？再如关于《人类学笔记》的写作目的，无论是转向研究人类学、民族学，或研究原始社会、阶级起源、文明起源等，都只看到了马克思关注原始部落和农村公社这一个环节（这些习惯上被认为是人类学或民族学研究的对象）。但仔细揣摩不难发现，马克思关注的实际上是三步：某部落或民族原有的农村公社状况→西方或外来殖民者入侵，对土著的农村公社产生巨大冲击→公社急剧解体和演变。越到后面的环节，马克思越是看重。再联系马克思晚年研究的问题语境——欧洲资本主义向东方扩张，破坏了东方社会封闭发展的格局，被迫纳入资本主义世界市场和世界体系——马克思晚年手稿的写作目的，其实是明白的。

总之，我认为，本书的论证过程及结论，大致能达到"言之成理，论之有据"的标准，可谓自成一家之言。当然，由于马克思的思想博大精深，著作手稿卷帙浩繁，特别是他的著作没有写完，大量手稿以摘录为主，不少解释说明语焉不详，所以我们也不好把话说过头，还需要进一步推敲、思考的地方肯定不少，不妥指出也免不了。例如马克思晚年还有大量的其他手稿，其中最著名的就是《历史学笔记》。它跟《人类学笔记》的写作背景差不多。我们如何解释？能否以及如何用本书的理论和方法去有效解读马克思《历史学笔记》？

最后我还想谈谈我个人的一点感想，张晓庆的书中隐含一个很大的理论效应：按照本书的方法与思路，传统的关于马克思主义基本原理与中国社会主义实践之间的关系，很多问题还需要做进一步探讨。例如中国社会主义革命的成功，我们大致是用"普遍真理与具体实际相结合"的解释模型；中国特色社会主义建设和改革，我们大致是用"国情论""特色论"的解释模型。这些说法当然有道理，但无论就马克思（以及恩格斯）文本文献的考据阐释，还是就中国社会的本质抽象来说，还是略显空泛，有大而化之之虞。如何像马克思那样，既深入文本，又深入到西方资本主义和东方社会主义等的本质特征中，抽象出它们的"细胞"，并按照从抽象上升到具体的思路，按整体辩证法的思路，建构一套完整严密的世界历史理论，是马克思主义理论研究者的学术使命，也是本书给我们的启示。

但愿张晓庆本书的出版，能给学界朋友点滴启发，能多少促进马克思主义理论研究的深化。

中国政法大学马克思主义学院教授、博士生导师　孙美堂
2023 年 3 月

目 录

绪　论 ··· 1
　　一、问题背景 ·· 1
　　二、选题界定 ·· 2
　　三、学术史梳理 ··· 5
　　四、新的思路 ··· 17

第一章　东方社会问题的由来 ································· 24
　　一、青年马克思论东方社会 ································· 25
　　二、《纽约每日论坛报》时期评东方社会 ················ 28
　　三、东方社会的主要问题 ···································· 35
　　四、东方农村公社的基本特征 ······························ 52

第二章　东方社会思想的世界市场背景 ······················ 57
　　一、从《资本论》为什么没写完说起 ····················· 58
　　二、政治经济学批判的完整思路 ··························· 65
　　三、《资本论》叙事方式及其限度 ························· 69
　　四、资本主义经济危机的东方"在场" ···················· 73

第三章　东方社会的"解构"模式 ····························· 88
　　一、马克思晚年手稿的宗旨 ································· 89

— 1 —

二、东方社会的基础 …………………………………………… 102
　　三、资本主义经济的冲击及其后果 …………………………… 122
　　四、资本主义世界体系的东方维度 …………………………… 134

第四章　俄国社会的"跨越"模式 ………………………………… 148
　　一、俄国社会发展问题的背景 ………………………………… 149
　　二、马克思关于俄国社会发展的基本设想 …………………… 158
　　三、马克思论俄国社会发展的意义与问题 …………………… 168

第五章　东方社会思想的世界历史视域 …………………………… 176
　　一、马克思危机理论的整体框架 ……………………………… 176
　　二、马克思晚年思想的方法论问题 …………………………… 187
　　三、马克思"世界历史"视野及其意义 ……………………… 197

第六章　马克思晚年东方社会思想与中国特色社会主义 ………… 207
　　一、关于中国上古农村公社问题 ……………………………… 208
　　二、中国社会主义前夕的社会形态 …………………………… 216
　　三、资本主义与宗法社会的撞击 ……………………………… 222

结论：走向更加开放的世界历史 …………………………………… 233
　　一、马克思"世界历史"理论的继承和发展 ………………… 233
　　二、世界历史体系中东西方格局的演变 ……………………… 236
　　三、全球化视域下的东西方关系 ……………………………… 238
　　四、从世界历史的普遍性与特殊性审视中国特色社会主义道路 … 239
　　五、新时代中国特色社会主义的世界历史意义 ……………… 241

参考文献 ……………………………………………………………… 244

后　　记 ……………………………………………………………… 256

绪 论

一、问题背景

深入研究马克思晚年关于东方社会的思想,既是系统理解马克思思想体系之必需,也是理解农村公社、亚细亚生产方式理论、中国特色社会主义"前史"的理论逻辑和思想脉络之必需。而这项工作必须把以《资本论》为代表的政治经济学批判著作,与《人类学笔记》《历史学笔记》结合起来。

1867年,《资本论》第一卷第一版(德文版)出版后,马克思开始集中精力撰写《资本论》的后几卷。直到1883年去世,他仍没有完成他的工作。我们知道,传世的《资本论》第二、第三卷是恩格斯根据马克思多部遗稿整理编辑而成的。马克思并未完成《资本论》的写作,但他却留下了大量其他手稿。后人把这些手稿整理成《人类学笔记》和《历史学笔记》。由于马克思的研究计划十分宏大,且大部分没有完成,他晚年的工作就给后世研究者留下了许多有争议的话题甚至是未解之谜。如马克思为什么没写完《资本论》,《资本论》后几卷应该是怎样的,马克思阅读人类学、历史学资料撰写笔记的目的是什么,马克思晚年有没有"人类学转向",等等。

以往的研究有两个明显的问题:一是把《资本论》、"政治经济学批判"诸手稿与《人类学笔记》等马克思晚年手稿分割开来,没有理解它们一以贯之的内在逻辑;二是离开了马克思晚年的问题语境——资本主义世界市场是以西方国家为主导且把东方社会纳入其中的整体。完整的政治经济学批判和资本主义"世界历史"的研究,离不开东方维度。部分学者没有深入思考马克思晚年的研究目标与他毕生所从事的政治经济学批判之间的内在关系。

笔者十分敬重和珍惜前人的研究成果，并把它们作为笔者研究的基础，但它们也有某些笔者不认同之处。本书试图把《资本论》、"政治经济学批判"等手稿，与马克思晚年的著作、书信和手稿等资料作为整体来考察。我们认为，马克思晚年撰写的《人类学笔记》与《历史学笔记》，是马克思在研究了资本主义内部环节之后，通过对资本的逻辑批判，溢出资本主义国家向国际贸易、世界市场等范畴的自然延伸。马克思晚年未完成、未发出的书信、手稿等资料，主旨是探究东方经济社会的总体性范畴——农村公社，探讨东方社会的农村公社在资本主义冲击下解体和演变的发展规律，这是揭示资本主义主导的世界体系的东方维度。马克思晚年关于东方社会的思想是他前期政治经济学批判的延续和延伸，在整个政治经济学批判体系中具有结论性意义。如果天假其年，马克思能完成他的研究计划，我们从晚年的研究中才能看清马克思对现代资本主义研究的总体性结论。所以，探讨马克思晚年关于东方社会的思想，是试图揣摩蕴含在马克思的手稿中却没来得及阐述和展开的思想，是试图完整理解马克思关于资本主义世界体系和"世界历史"理论的一种尝试。我们研究的目的是希望阐释马克思的资本主义世界体系理论的东方维度，进而对马克思"世界历史"理论有一个更加完整的把握，以便更好地认清当代中国在世界体系中的位置，提升对中国特色社会主义理论的自觉和道路的认同。

二、选题界定

本书所谓马克思"晚年"，指1867年《资本论》第一卷第一版（德文版）出版后到马克思去世前的这段时间。本书主要研究马克思晚年关于东方社会的思想，时间范围主要是1867年起到马克思去世前，但也不限于这段时间。

"东方社会"其实是个模糊概念，毋宁说是"非西方社会"或"非典型资本主义社会"。从地域理解，主要是指西欧或欧美资本主义以外的社会形态。从社会发展阶段来说，处于资本主义以前的时期，或者资本主义生产关系刚刚萌芽的时期，被称为东方社会。其在马克思早年主要是指印度、中国、波斯等亚洲国家——他所称"亚细亚生产方式"也是这个原因。后来，在《人类学笔记》中，马克思所谓"东方社会"，几乎涵盖世界上所有古老民族——从印第安人到加里曼丹人，从印度人到柏柏尔人等。俄国是个"边缘国家"，由于它是非典型的资本主义国家，也面临保留本民族经济社会基础（农村公社）与接受外来资本主义冲击之间的矛盾，故在一定程度上人们也把它算作东方社会。此外，按照马克思、恩格斯的理解，今天还存留在亚洲的农村公社这种古老的社会形态，其实也是西欧曾经有过的社会形态。由于这个原因，我们讨论东方社会的农村公社时，也会涉及欧洲历史上曾经存在过的农村公社。

马克思晚年思想，从一定意义上说是他用大半生探索的政治经济学问题的总汇，内容庞杂。为此，笔者把本书研究归纳为以下几个主要问题：

第一，马克思晚年思想研究的目的与科学探索的基本定位。

本书试图通过资料的梳理和研究，重新解读和大致勾画马克思晚年关于世界历史、世界市场的总体性设想。马克思一生的思想是连贯的、一致的、一体的，不论是从西方维度的商品逻辑来看，还是从东方维度的农村公社逻辑来看，都是如此。从马克思思想发展脉络看，本书关注的是最后整体的结论；从马克思世界视野看，本书关注的是整体，是世界市场、世界历史。本书在尽可能理解马克思"世界市场""世界历史"语境下，在政治经济学批判的内在逻辑基础上，对马克思晚年思想进行解读。

第二，马克思"世界市场"思想与《资本论》的后续问题。

马克思对现代资本主义生产方式及其矛盾的分析阐述，对资本主义总危机的判断，是以他的"世界市场"和"世界历史"理论为背景的。也就是说，他理解的资本主义总危机，是东西方互动形成的最终结果。其中，西欧资本主义是主导因素，但东方社会也被迫卷入并在其中发挥重要作用。因此，马克思的政治经济学批判，必然越出西欧国家范围，通过"国际贸易"和"世界市场"，成为关于资本主义世界体系的总批判。马克思在撰写《资本论》后两卷时，必然要思考这些问题。

第三，亚细亚生产方式和农村公社问题。

马克思对东方社会也有很多论述，但讨论最多也最看重的是农村公社。农村公社，亦称"村社"，根据其发展程度不同又分为原始公社和农业公社。不同地方的人们对它有不同称呼，例如在马克思的故乡特里尔，人们称之"马尔克制度"。其基本特征是：以血缘族群（氏族、部落等）为社会基础，土地等大型不动产为该组织共有。马克思早年所谓"部落所有制""亚细亚生产方式"，与农村公社也密不可分。马克思不但大量阐述农村公社，还特别强调它的重要性。马克思到底是如何理解农村公社的？"农村公社"这个范畴之于东方古老社会来说，是不是类似于资本主义生产关系中"商品"范畴的意义？

第四，《人类学笔记》所示的东方社会前途问题。

学界关于《人类学笔记》的解读多侧重马克思关于各早期民族古老生活方式的研究，鲜有看到马克思晚年的问题语境和科学探索的使命，不是停留在早期民族古老的生活方式的阐述上，而是重点关注外来殖民者（资本主义）冲击、解构和重构这些古老制度的问题。从《人类学笔记》来看，马克思研究各民族早期的社会形态，绝不是一种学究气的研究，而是为了研究它们在西方资本主义的冲击下的反应模式，进而加以总结。通过对早期的农村公社的研究，我们猜测马克思想研究的是在资本主义主导的世界体系下，以农村公社、氏族公社为基础的东方社会，在资本主义的冲击下，它将会朝哪个方向发展、怎么演变，能否从众多事实中抽象地找出一定的规律，能否上升到一个普遍的规律。我们猜想这些是马克思晚年真正关心的问题，而这些问题又与其《资本论》的写作是完全吻合的。

第五，马克思关于俄国社会发展的通信所示东方社会发展问题。

在关于俄国社会问题复信等文献中，马克思提出了东方社会另一种发展道路的设想。俄国可以充分利用其农村公社的优势，不用经历资本主义制度的痛苦和灾难，开辟一条新的东方社会主义发展道路。俄国完好地保存农村公社，并且与资本主义处于同一时代，在这种条件下，俄国可以不通过资本主义制度的"卡夫丁峡谷"，而把资本主义制度的一切肯定的成就用到公社中来，从而避免"资本主义生产的可怕的波折"[①] 和"遭受资本主义制度所带来的一切灾难性的波折"[②]。由于马克思关于这一发展模式说的还是比较笼统，还需要参

---

① 《马克思恩格斯全集》第25卷，北京：人民出版社2001年版，第456页。
② 《马克思恩格斯全集》第25卷，北京：人民出版社2001年版，第143页。

照各种文本文献材料进行具体分析。马克思心目中的"跨越卡夫丁峡谷"具体方式是怎样的,这里是否意味着马克思有"后发优势"的思想,是否意味着马克思承认历史发展轨迹是多元的?

第六,"世界市场"语境下的资本主义总危机。

关于马克思的资本主义世界总危机理论,学界的流行观点是以马克思几种成熟的理论观点为准。但那是以英国模式为范本,直线式扩展的。其实马克思本人理解的资本主义危机理论,要比我们通常理解的复杂得多。马克思想通过国际贸易和世界市场等范畴,把东方社会也包括进来,形成西方资本主义主导、东西方一体化的资本主义世界体系的总危机。那么,马克思的世界历史图像是什么样的;在资本主义时代,处于世界历史当中的东西方社会之间又是如何相互作用、相互影响的;面对西方资本主义的冲击,古老东方社会的反应又如何,是冲击——反应,还是交叉共生?处于世界历史中的俄国是否可以跨越"卡夫丁峡谷",一切源于其所处的具体的历史条件。

第七,马克思晚年东方社会与中国社会主义"前史"的关系。

本书研究深入到马克思晚年东方社会理论的问题和逻辑中去,重新理解马克思关于农村公社、亚细亚生产方式和东方社会发展道路的理论,进而重新理解中国社会主义的前史。从马克思政治经济学批判的理论视角看中国社会,就会发现中国不是马克思所分析的欧洲资本主义。简单平移资本主义生产方式的矛盾运动理论,无法解释我们的历史史实。如果借助马克思关于亚细亚生产方式和农村公社理论,就像马克思给维·伊·查苏利奇的复信中谈及俄国前途时说的那样,既吸收资本主义大工业的积极成果,又保留并发挥农村公社基础的"后发优势",跨越"卡夫丁峡谷",是否可行?马克思关于俄国社会发展道路的构想,对我们重新理解中国社会主义的由来,有何借鉴意义?从马克思晚年关于东方社会的思想到中国特色社会主义道路,其中有怎样的逻辑关系?

三、学术史梳理

与本书研究主题相关的学术背景,可以追溯到20世纪上半叶的许多讨论,如马克思关于亚细亚生产方式、部落所有制、农村公社、东方社会等问题。马克思晚年大量手稿的发现和出版，使这些问题的讨论复杂化。美国人类学家劳伦斯·克拉德编辑出版了《卡尔·马克思的民族学笔记》，并发表文章，详细介绍马克思晚年的笔记，马克思对亚细亚生产方式开展了深入的研究，这引起了学界对马克思晚年思想的广泛讨论和争论。西方一些国家和苏联理论界对"晚年马克思"思想进行了大量研究，这也引发了我国理论界的热烈讨论。本书涉及马克思晚年研究的几个问题，按照问题对学界的研究概况和发展趋势进行梳理。

（一）关于东方村社

随着马克思的大量手稿和笔记的问世，学界对马克思"东方村社"问题的研究逐渐形成热潮，取得了丰富的研究成果。

美国学者劳伦斯·克拉德在编辑出版了马克思晚年"人类学笔记"后，还系统研究了马克思、恩格斯关于"东方村社"的思想。他提出："马克思的民族学手稿是对《政治经济学批判大纲》和《资本论》中的论点的补充，同时又是对他在1843—1845年期间所持立场的发展。"① 他还将印度和俄国的村社纳入其研究，并且将"人类学笔记"与关于俄国村社的通信放在一起研究。只是劳伦斯·克拉德仅仅把对马克思晚年的研究看作是一种纯学术研究，并没有看到马克思晚年思想所蕴含的实践性和革命性。英国学者特奥多尔·汕宁曾对马克思、恩格斯"东方村社"思想进行了深入研究，认为俄国问题是马克思晚年思想的主线。他指出："俄国农民公社问题因而被马克思用来作为一种工具，以考虑一些更为广泛的问题。"② 苏联学者伊·安德烈耶夫高度评价马克思给维·伊·查苏利奇的复信草稿，并指出"它由以为基础的，是制定分析公社及其在世界历史中地位的方法论原则，以及从这个角度概括马克思前些

---

① ［美］劳伦斯·克拉德：《马克思的民族学笔记》，《马列主义研究资料》第1辑，北京：人民出版社1985年版，第195—196页。

② ［英］特奥多尔·汕宁：《晚年马克思与俄国道路：马克思和"资本主义边缘"》，《马克思主义来源研究论丛》第15辑（《马克思人类学笔记研究译文集》），北京：商务印书馆1993年版，第259页。

年搜集的有关俄国史的大量资料"①。从众多研究中，我们可以看出，西方学者主要从人类学角度来研究马克思晚年笔记，苏联学者更多是从本国国情，把马克思晚年笔记和"东方村社"思想作为一个整体进行研究。虽然他们研究的侧重点有所不同，各有特色，但也存在着交叉，具有一定互补性。正是这种不同角度的学术研究，使得马克思的思想更加鲜活地、完整地显现出来。

我国学界重点讨论亚细亚生产方式，对马克思的东方村社思想开展研究，重点围绕我国社会处于一个什么样的社会发展阶段，是马克思所说的"亚细亚社会"，还是我国古代存在农村公社？亚细亚生产方式到底是一种什么样的生产方式，对现代社会的发展道路又有何影响？

我国学者如李达、郭沫若、王亚南、杜畏之、李季、翦伯赞、侯外庐等人对此开展了激烈的讨论，形成了《中国社会史论战》论文集并编辑出版。侯外庐先生根据马克思、恩格斯相关论述并结合中国具体实际对亚细亚生产方式进行了深入研究，他指出："土地氏族国有的生产资料和家族奴隶的劳动力二者间的结合关系，这个关系支配着东方古代的社会构成，它和'古典的古代'是同一个历史阶段的两种不同路径。"② 吴大琨教授提出了亚细亚生产方式是一种独立的生产方式，并且认为中国的发展符合马克思这一理论。③ 赵家祥教授在《马克思主义的社会形态理论简论》和《东方社会发展道路与社会主义的理论和实践》两部著作均对亚细亚生产方式作了深入讨论。他在《东方社会发展道路与社会主义的理论和实践》一书中，按照四个时期来考察"亚细亚生产方式"概念的历史演变过程。④ 陈先达教授强调马克思晚年关于"人类学笔记"和"东方村社"的研究为无产阶级革命提供了理论指导，并指出东

---

① ［苏］伊·安德烈耶夫：《公社二重性和解决农民问题的途径》，《马克思主义来源研究论丛》第 15 辑（《马克思人类学笔记研究译文集》），北京：商务印书馆 1993 年版，第 264 页。

② 侯外庐：《中国古代社会史论》，石家庄：河北教育出版社 2000 年版，第 27 页。

③ 参见吴大琨：《关于亚细亚生产方式的研究的几个问题》，《学术研究》1980 年第 1 期；《从广义政治经济学看历史上的亚细亚生产方式》，《中国历史研究》1981 年第 3 期。

④ 参见赵家祥：《东方社会发展道路与社会主义的理论和实践》，北京：商务印书馆 2017 年版，第 147 页。

方理论"主要是以占人口绝大多数和地域广泛的东方世界为背景,特别是以印度、俄国和中国为典型,是关于东方社会的历史发展、现实状况及未来走向共产主义的理论"①。马克垚教授指出要用整体的、发展的眼光来看待马克思东方村社思想,而亚细亚生产方式只是他(和恩格斯)探索过程中的一个尝试。②陈启能教授则将马克思关于俄国社会的通信和《资本论》等结合在一起进行研究,强调资本主义产生的可能性并不局限于西欧,坚持具体问题具体分析的原则探索世界各国的发展道路。③庄福龄教授主编的《马克思主义史》对"东方村社"作了细致地论述,指出马克思晚年笔记和东方村社之间是一个艺术整体,它们从不同角度完善了马克思的唯物史观。④冯景源教授也认为马克思的"人类学笔记""历史学笔记"与"俄国村社"是一个内在关联的整体。⑤俞良早教授深入研究东方村社,并提出了"马克思主义东方学",即"指马克思主义经典作家以及后来的无产阶级革命家包括马克思、恩格斯、列宁、斯大林、毛泽东等关于东方社会发展的学说,特别是关于俄国、中国等东方经济文化比较落后国家沿着社会主义轨道实现发展的学说"⑥。我国学界关于此问题的讨论较多,这与马克思晚年笔记在中国的传播情况密切相关,也与中国社会主义事业的发展息息相关。

虽然东方村社这个话题较老,但是学界的讨论和关注度一直比较高。国内外学界已有的研究成果为本书的研究作了铺垫。但是,以往学者的研究大都受"原始社会"预设的限制,鲜有从马克思世界历史的总体性思想出发,来理解马克思晚年思想的本来立意——作为"自然生产"形态的总体性范畴,以及这个范畴与资本范畴的对立统一关系。

---

① 陈先达等:《被肢解的马克思》,上海:上海人民出版社1990年版,第241页。
② 参见马克垚:《学习马克思、恩格斯论东方古代社会的几点体会》,《北京大学学报》(哲学社会科学版)1978年第2期。
③ 参见陈启能:《关于产生资本主义的"历史必然性"问题——对马克思给查苏利奇的信的理解》,《历史研究》1982年第1期。
④ 参见庄福龄:《马克思主义史》,北京:人民出版社1996年版。
⑤ 参见冯景源:《人类境遇与历史时空——马克思〈人类学笔记〉、〈历史学笔记〉研究》,北京:中国人民大学出版社2004年版。
⑥ 俞良早:《马克思主义东方社会理论研究》,北京:中共中央党校出版社2006年版,第1页。

（二）关于亚细亚生产方式

20世纪以来，国内外关于"亚细亚生产方式"的讨论此起彼伏，并且一度带有政治色彩，特别是在苏联。到底什么是亚细亚生产方式，它有什么特征，它处于人类社会发展的哪个阶段，它又是怎么消亡的，它的未来发展前景又如何，它与东方社会是何关系，它与中国社会主义有何关系？我国学术界对此的讨论和相关争论都很多。

法国学者高德利埃认为亚细亚生产方式是人类社会普遍发展的一个过渡阶段，1965年他在《亚细亚生产方式概念和马克思主义的社会发展体系》中指出："亚细亚生产方式的结构符合向阶级社会过渡的一定阶段，它在历史上和地理上所占的范围，要比马克思所设想的大得多。"[1]美国学者卡尔·魏特夫把东方专制制度简单地归结为地理因素。[2]法国学者谢诺强调亚细亚生产方式是一个严密而完整的概念，是"乡村公社的生产活动与国家政权经营和领导的经济活动相结合"[3]。普列汉诺夫认为亚细亚生产方式只是一种独特的社会类型的名称或者概念，1923年，他在《马克思主义的基本问题》中对马克思关于社会经济形态依次更替的经典论述的翻译如下："东方的、古代的、封建的和现代资产阶级的生产方式，大体上可以看做社会经济发展的依次递进的（'累进的'）时代。"[4]他认为氏族社会瓦解后在东方产生了亚细亚生产方式。马扎亚尔认为原始社会解体后直至近代以前的亚洲社会是超出一般规律之外的独特的亚细亚社会。[5]

中国理论界关于"亚细亚生产方式"的争论，受苏联影响较大。郭沫若

---

[1] [法] M. 高德利埃：《亚细亚生产方式概念和马克思主义的社会发展体系》，《外国学者论亚细亚生产方式》（上），北京：中国社会科学院出版社1981年版，第167页。

[2] 参见[美]卡尔·魏特夫：《东方专制主义》，北京：中国社会科学出版社1989年版。

[3] [法] J. 谢诺：《亚细亚生产方式研究前景》，《外国学者论亚细亚生产方式》（下），北京：中国社会科学院出版社1981年版，第126页。

[4] [俄]普列汉诺夫：《马克思主义的基本问题》，北京：生活·读书·新知三联书店1961年版，第39—40页。

[5] 参见[匈]马扎亚尔：《中国农村经济研究》，陈代青、彭桂秋译，太原：山西人民出版社2015年版。

先生曾在《中国古代社会研究》中指出:"他这儿所说的'亚细亚',是指古代的原始公社社会,'古典的'是指希腊、罗马的奴隶制,'封建的'是指欧洲中世纪经济上的行帮制,政治表现上的封建诸侯,'近世资产阶级的'那不用说就是现在的资本制度了。"① 在此,郭沫若先生认为马克思当时在《〈政治经济学批判〉序言》中所阐释的亚细亚生产方式其实是指古代的原始社会。杜畏之、顾准、吴大琨等学者认为:"亚细亚生产方式"是指东方社会的一种特殊社会形态。柯昌基先生在其遗著《中国古代农村公社史》中认为,亚细亚生产方式就是指亚洲的农村公社,即"亚洲那种以小农业与家庭工业相统一的、实行土地共有的农村公社生产方式"②。吴泽认为,"亚细亚生产方式"指的就是古代东方社会,它与"古典古代"是并列的。③ 有学者认为亚细亚主要指中国、印度、俄国及斯拉夫等国家,有别于西欧奴隶制、封建制的特殊社会形态;也有学者认为亚细亚不是从地域上说的,而是从社会发展形态来说的;也有个别学者认为亚细亚生产方式是奴隶制和封建制的混合。随着文献的丰富,实践的发展,对此问题的讨论越来越理性,也更倾向于从东方社会发展的特殊性特别是中国社会发展的特殊性来解释中国特色社会主义发展道路的具体实践问题。

国内外关于亚细亚的讨论较多,意见也不一。本书将论证马克思的所谓"亚细亚生产方式"是指当时在亚洲特别是印度普遍存在的一种古老的经济社会形态,它的主要构成就是农村公社,但也融进了亚洲社会的国家和宗教因素。可以说,"亚细亚生产方式"一词既有地域性特征,又有早期社会形态的含义。

(三) 关于《人类学笔记》

马克思晚年对马·柯瓦列夫斯基的《公社土地占有制,其解体的原因、进程和结果》、路·亨·摩尔根的《古代社会》、亨·萨·梅恩的《古代法制史讲演录》、约·菲尔的《印度和锡兰的雅利安人村社》、约·拉伯克的《文明的起源和人的原始状态》等书作了大量摘录笔记。美国著名人类学家劳伦

---

① 郭沫若:《郭沫若全集·历史编》(第一卷),北京:人民出版社1982年版,第154页。
② 柯昌基:《中国古代农村公社史》,郑州:中州古籍出版社1989年版,第9页。
③ 吴泽:《〈资本主义生产以前的各种形式〉与古代东方社会史研究》,上海科学院学术季刊,1987年第3期。

斯·克拉德将这组笔记取名为《卡尔·马克思的民族学笔记》（更流行的书名是《人类学笔记》。本书为方便起见，也采用《人类学笔记》这个书名）。克拉德也是第一位对《人类学笔记》进行研究的学者。克拉德如此理解是有原因的，这与他关于农村公社、土地等一系列问题的研究息息相关。很多西方学者认为马克思晚年是由早年的哲学人类学转向经验人类学，是向人本主义的回归，因此他们将这组笔记称为"人类学笔记"或"民族学笔记"。苏联学者普遍反对将晚年马克思人道主义化，认为马克思晚年摘录的大量笔记是为了探索古代社会的经济规律，以探求东方社会的特殊发展道路，将之称为"古代社会史笔记"或"东方社会笔记"。

我国学者研究受西方和苏联学术思想的双重影响，对《人类学笔记》的写作目的存在着多种不同的观点。

荣剑教授认为马克思是为了阐述人类社会历史发展规律，深入研究前资本主义社会制度和社会结构等，明确人类社会发展之初的形态和地位，为东方社会发展道路提供思路和理论基础。① 张奎良教授研究了这一时期马克思的全部著作和通信，并结合当时欧洲的具体情势，提出了自己的观点。他认为："革命是全部问题的关键，只有从当时欧洲及世界无产阶级革命的命运问题入手，才能揭示马克思晚年探索的真正秘密。"② 吴波教授认为马克思晚年孜孜不倦于人类学研究的目的是构建史前社会理论，完善唯物史观的科学性和史前社会的适应性，论证资本主义制度存在的暂时性、过渡性和灭亡的必然性，进而探索一条东方社会发展道路。③ 王东教授认为："'人类学笔记'这一称谓歪曲和误读了晚年马克思的理论实质，我们应将之更名为'国家与文明起源笔记'。"④ 他认为晚年马克思是为了研究人类社会的"原生形态"和未来理想社会，也是《资本论》后半部分"国家、国际贸易、世界市场"的内容、建立科学的

---

① 参见荣剑：《马克思的史前社会理论和东方社会理论考察——兼论马克思晚年"人类学笔记"的创作动机》，《学术月刊》1988年第5期。
② 参见张奎良：《马克思晚年探索的划时代意义》，《天津社会科学》1990年第5期。
③ 参见吴波：《论马克思晚年走向人类学的动因》，《马克思主义研究》2000年第3期。
④ 王东、刘军：《"人类学笔记"，还是"国家与文明起源笔记"——为马克思晚年笔记正名》，《哲学研究》2004年第2期。

世界历史理论的要求。① 赵家祥教授不赞同学术界的一些看法,他提出了"马克思晚年研究古代社会史和写作'古代社会史笔记'的目的和理论贡献在于,从哲学(主要是历史唯物主义)、政治经济学和科学社会主义等马克思主义的各个组成部分,全面审视自己的理论,弥补原有理论的不足,用新的学术资料丰富和发展自己的理论,使自己的理论体系更加科学和完善。"② 林峰教授认为马克思晚年写下详细的读书笔记,"是为了实现其晚年萌生的一种重大的'唯物史观创新计划'——根据世界人类学最新成果,系统探索和制定唯物史观的原始社会、文明起源理论",笔记是为了配合晚年马克思上述"哲学创新计划",写出一部相关的唯物史观著作而作的材料和思想的准备。③ 姚顺良教授认为晚年马克思不存在所谓理论立场的转变,其研究方向在根本上是一致的,他认为"人类学笔记"是出于写作《资本论》续卷的需要,是指导欧洲工人阶级现实斗争、论证"土地国有化"的需要,也是回应俄国革命者内部争论、探索东方社会发展的需要。④ 孙美堂教授认为学界对马克思《人类学笔记》写作动机和意义的解释都有不尽如人意之处。他提出马克思完成资本逻辑推演后必将其置于国际贸易和世界市场中,这样,马克思势必会遇到欧洲资本主义生产方式与东方社会(以农村公社为基础)的传统生产方式互动、博弈引起的社会历史变迁以及"一元主导,多相互动"构成资本主义总危机的问题;探讨和回答这些问题,并建构其整体主义历史观,提出其"哲学的历史",是马克思阅读和写作《人类学笔记》的真正动机。⑤ 王莅博士通过文本研究,对"晚年马克思"重新进行学术清理,提出"人类学笔记"和"历史

---

① 参见王东、刘军:《"人类学笔记",还是"国家与文明起源笔记"——为马克思晚年笔记正名》,《哲学研究》2004 年第 2 期。

② 参见赵家祥:《马克思"古代社会史笔记"的理论贡献》,《学习与探索》2009 年第 1 期。

③ 参见林峰:《马克思"人类学笔记"历史地位新界定》,《东岳论丛》2010 年第 1 期;《"人类学笔记"写作动机之谜的"破解之道"——一种基于方法论的探讨》,《马克思主义与现实》2021 年第 1 期。

④ 参见姚良顺:《马克思晚年东方社会发展道路新思想的实质——"人类学笔记"和〈历史学笔记〉再研究》,《江海学刊》2012 年第 3 期。

⑤ 参见孙美堂:《未完成的"哲学的历史"——马克思〈人类学笔记〉主旨再探》,《马克思主义哲学论丛》2014 年第 4 期。

学笔记"在时间上是连续的，在讨论议题上是承接的，从翔实史料中推测马克思有一个研究全部人类历史的庞大计划。①

从研究内容看，国内外学界研究《人类学笔记》侧重于民族学、人类学和社会哲学等领域，但是从学术史的角度来看，学界对《人类学笔记》的研究还有待深入和加强。学界关于《人类学笔记》的讨论和研究，往往只看到了马克思笔下的人类早期社会形态本身，以为马克思是在关注原始社会、文明起源等问题，鲜有注意到马克思的另一条逻辑线索，即各民族早期农村公社和部落所有制在西方殖民者的入侵和冲击下的解体演变和解构规律。马克思撰写《人类学笔记》的目的不是讨论农村公社本身或关注人类学相关问题，而是重点关注以农村公社为基础的东方社会在资本主义冲击下，是如何发展演变，如何解体，又是如何重构的。大量的笔记资料表明，马克思晚年致力于全面系统地研究政治经济学，包括前资本主义各种形式的经济形态，并且通过研究古代社会的社会结构和经济规律，来探讨东方社会的未来可能发展之路。

（四）关于马克思的整体性思想

美国学者拉·杜纳耶夫斯卡娅认为应该把马克思主义作为一个整体，早年、中年和晚年马克思的思想是一个一脉相承的、辩证的整体，而不能把它们割裂开来，更不能用一个时期来反对另一个时期。江丹林教授提出，在马克思晚年"人类学笔记"中，"无论是他对人类学起源论、人类存在论的研究，还是对人类发展论的研究，都贯彻和体现了这种整体性原则"②。聂锦芳教授认为，马克思晚年没有中断《资本论》的写作，其所作的一系列学术活动其实继续着《资本论》的研究。聂锦芳指出："马克思晚年的各种材料是一个整体，只有全面加以研究，才有可能逐步接近和加深对它的理解。"③冯景源教授把《人类学笔记》《历史学笔记》、跨越"卡夫丁峡谷"理论以及早期的《德意志意识

---

① 参见王莅：《求解资本主义的史前史——"人类学笔记"与"历史学笔记"的思想世界》，北京：中国人民大学出版社2018年版，第49页。
② 参见江丹林：《深化人学研究：马克思"人类学笔记"的启示》，《学术月刊》1996年第4期。
③ 参见聂锦芳：《〈历史学笔记〉：一部未引起足够重视的马克思晚年的重要著述》，《哲学动态》1995年第6期。

形态》和中期的《资本论》统一起来进行研究,从而对唯物史观的社会形态理论、社会发展形式、生产力发展理论以及史学研究方法等进行了内在统一的完整结合的研究。① 姚顺良教授指出,马克思晚年并没有理论立场上的根本转变,其研究方向在根本上是一致的:"马克思对世界历史的再研究,也同他对农村公社的再研究和东方社会发展道路的新探索有着内在关联:既要从农村公社的再研究中得出新的思想视角重新审视世界历史包括西欧资本主义形成史,又要从对世界历史的再研究中深化了的新的理论高度重新审视东方社会发展的未来道路。"② 孙熙国教授在《马克思晚年"人类学笔记"的理论主题》中,认为马克思从青年到中年再到晚年一生研究的目标是"始终如一"的,都致力于无产阶级自由和解放,没有出现过"改道""转移"或"中断",也谈不上像一些学者说的那样向早年的"回归"。③ 赵家祥教授在《东方社会发展道路与社会主义的理论和实践》一文中反对国内外某些学者将青年和老年马克思思想对立、制作"两个马克思",他认为需要把马克思不同时期的著作连贯起来进行思考,这些著作之间是有内在联系的有机整体。④

可见,大多学者认为马克思一生的思想是一致的、连贯的整体。本书也赞同这个观点,但这只是从时间上来看马克思思想的整体性,而真正的马克思的整体性,不仅仅是其早年、中年、晚年思想的一致,也应包括马克思将关于西方社会与东方社会看作一个整体的思想,以及马克思将前资本主义社会与资本主义社会、社会主义社会看作一个整体的思想。

(五) 关于东方社会发展道路理论

伊·安德烈耶夫在《公社结构与非资本主义的发展道路》《马克思的最后

---

① 冯景源:《马克思〈人类学笔记〉、〈历史学笔记〉研究》,《马克思主义与现实》2003 年第 2 期。

② 参见姚顺良:《马克思晚年东方社会发展道路新思想的实质——"人类学笔记"和〈历史学笔记〉再研究》,《马克思主义政治学研究》2012 年第 2 辑。

③ 参见孙熙国、张莉:《马克思晚年"人类学笔记"的理论主题》,《北京大学学报》(哲学社会科学版) 2017 年第 6 期。

④ 参见赵家祥:《东方社会发展道路与社会主义的理论和实践》,北京:商务印书馆出版 2017 版。

手稿：历史和现实》《关于马克思主义史的手稿篇章》等著作中，认为马克思晚年笔记中对东方社会的研究是根本不同于其对于西欧的。许全兴教授认为，马克思并未提出俄国跨越资本主义"卡夫丁峡谷"，俄国在1861年废除农奴制改革后已经走上了资本主义道路，马克思认为俄国的农村公社可以跨越资本主义"卡夫丁峡谷"，其条件是俄国革命和西方革命的胜利，但他反对"把他的'一般历史哲学理论'当作解决现实问题的'一把万能钥匙'，坚决反对从所谓的'历史必然性'中去推论出东方国家未来的发展道路"①。张凌云教授认为，马克思晚年创立了东方社会道路理论，认为东方落后国家可以跨越资本主义"卡夫丁峡谷"建立社会主义，中国社会主义的胜利证明了马克思晚年东方社会道路理论的新贡献具有强大的生命力。② 俞良早教授在其著作中，不认可马克思提出了跨越思想，但认可马克思关于东方社会发展不必照搬西欧途径的思想。张奎良教授认为马克思东方社会理论包括两部分内容，一是由土地共有、农村公社和专制国家的三位一体的东方社会理论基础，二是这种三位一体的存在态势和发展趋向的估量和评价，二者的紧密结合构成了马克思严整的东方社会理论。③ 赵家祥教授提出要根据马克思主义经典作家所处的历史背景和历史条件来解读他们原著中的思想，而不要根据后来变化了的历史背景和历史条件，用后来的实践及其需要来解读，他提出俄国"十月革命"和中国革命的胜利不仅不是对马克思、恩格斯19世纪七八十年代俄国公社有可能"跨越"资本主义制度的"卡夫丁峡谷"的设想的证实，而且和他们当时的设想没有任何直接的关系。④

目前，学术界关于此问题的讨论观点不一。正因为如此，我们更应该深入

---

① 参见许全兴：《请不要误解马克思——关于"跨越资本主义卡夫丁峡谷"的辨析》，《探索与争鸣》1996年第18期。
② 参见张凌云：《马克思东方社会理论片论——对马克思跨越"卡夫丁峡谷"理论的再认识》（《社会科学战线》2007年第3期）；《马克思东方社会理论三题》（《江苏行政学院学报》2007年第5期）。
③ 参见张奎良：《马克思东方社会理论的再反思》，《求是学刊》2014年9月。
④ 参见赵家祥：《东方社会发展道路与社会主义的理论和实践》，北京：商务印书馆出版2017版；赵家祥、丰子义：《马克思东方社会理论的历史考察和当代意义》，北京：高等教育出版社2002版。

讨论，弄清楚马克思究竟是如何理解东方社会发展道路的，它与西方资本主义发展有何异同。而要弄清楚这个问题，必然需要深入到东方社会的基础，而这个基础我们认为就是农村公社问题。

（六）关于跨越论

关于马克思、恩格斯有没有提出东方社会有可能"跨越"资本主义制度"卡夫丁峡谷"的思想，是我国学术界研究和讨论的"学术公案"，讨论较多，争议也较大。有一部分学者认为马克思晚年提出了跨越思想，而有一部分学者认为马克思根本没有提出跨越思想，也有部分学者对此持谨慎态度。

许全兴教授认为马克思晚年提出了俄国可以跨越资本主义"卡夫丁峡谷"的设想是对马克思的一个严重误解。他认为"俄国农村公社""能够不通过资本主义制度的卡夫丁峡谷"①，而非指"俄国社会"，它的条件是"俄国革命和西方革命的胜利"②。孟宪东教授指出马克思晚年在研究和回答俄国革命问题时提出的"跨越资本主义卡夫丁峡谷"的理论，提出俄国有可能"不通过资本主义制度的卡夫丁峡谷"而实现"跨越"发展的重大历史课题。③ 赵家祥教授、丰子义教授在《马克思东方社会理论的历史考察和当代意义》一书中认为，马克思、恩格斯关于俄国有可能跨越资本主义"卡夫丁峡谷"的设想，是在特定的历史条件下提出来的，马克思、恩格斯前后思想本质是一致的、一贯的。赵家祥教授在与俞良早教授的讨论中，提出了"俄国公社有可能'跨越'资本主义制度的'卡夫丁峡谷'直接过渡到社会主义社会的观点，是马克思、恩格斯关于俄国社会发展道路理论的根本观点"④。

荣剑教授认为不论是资本主义还是社会主义，人类社会发展中许多共同性

---

① 《马克思恩格斯文集》第3卷，北京：人民出版社2009年版，第580页。
② 参见许全兴：《请不要误解马克思——关于"跨越资本主义卡夫丁峡谷"的辨析》，《探索与争鸣》1996年第18期。
③ 参见孟宪东：《晚年马克思"跨越"思想研究——兼论东方社会主义的历史发展》，北京：当代中国出版社2008年版。
④ 赵家祥：《跨越"资本主义制度的卡夫丁峡谷"问题的再探讨——兼与俞良早教授商榷》，《中国延安干部学院学报》2022年第15卷第1期。

的规律和必经的阶段是不能被超越的。① 周春水、刘军华、赵民学等学者认为，"资本主义制度"作为生产关系来说是可以跨越的，但是作为生产力发展水平层面来说是不能跨越的。张奎良教授在《马克思的东方社会理论》《马克思东方社会理论的再反思》中认为，东方社会可以跨越资本主义制度，而不可跨越商品经济、社会生产力和民主政治及人的个性发展等。俞良早教授鲜明地提出了自己不认可马克思提出了东方社会可以跨越资本主义"卡夫丁峡谷"思想，他认为学术界在论述这一思想理论时均有一个误区，"人们对于'跨越'的'彼岸'不甚清楚，或者根本上是错误的"，甚至用"斯大林模式的社会主义社会"替代马克思设想中的"彼岸"，这是非科学的。②

关于跨越"卡夫丁峡谷"这一理论的研究是一项经久不衰的学术热点，学界的研究在不断地深入，对于马克思晚年是否提出了跨越理论，学界的争论依然较大，甚至存在着两种对立的学说。我们只有联系马克思晚年研究的问题语境和历史情势，着眼于"世界历史"理论的东方维度，把马克思思想当作一以贯之的整体，从世界历史角度，并且结合当代东西方社会发展新实践审视"跨越论"。

四、新的思路

（一）立意与思路

1. 本书的主旨和立意

本书将把马克思晚年关于东方社会的研究，理解为他研究资本主义世界体系和世界历史的东方维度，它既是资本主义向东扩张时必然面对的问题，也是东方社会被迫卷入资本主义世界市场、进到资本主义主导的"世界历史"所必然面对的问题。理解马克思晚年东方社会思想是完整理解马克思关于资本主

---

① 参见荣剑：《关于跨越资本主义"卡夫丁峡谷"问题——对东方社会发展道路的哲学思考》，《哲学研究》1987年第11期。

② 参见俞良早：《评学术界对马克思东方社会理论的研究》，《中国延安干部学院学报》2021年第14卷第5期。

义世界体系及其总危机不可或缺的一个环节。

马克思晚年的探索,是他的政治经济学理论和实践探索的延伸和系统化。马克思试图把他前期政治经济学的研究进一步向前、向东方社会、向西方资本主义主导的全球体系推进,把资本主义世界体系的东方维度呈现出来,把无限丰富的思想脉络勾画清楚,给世人呈现完整清晰的理论体系及结论。但他没有来得及完成这项艰巨任务。本书试图寻找隐藏在马克思文本中的思想,结合他的写作计划、理论体系的内在逻辑,以及问题情境,推测马克思晚年的理论思路。这项工作可从两个角度看:

一是从政治经济学批判的演进逻辑看,马克思晚年的研究,最后应该引向如下目标:资本主义危机是西欧资本主义主导的包括东方古老社会的完整的资本主义世界总危机。因为马克思关于资本主义生产方式矛盾运动的剖析,一方面是以西欧资本主义为典型模型,把全部经济形态看作本质的抽象,并归结为商品及其矛盾运动。另外,研究从西欧的资本主义过渡到东方社会,如何影响和改变东方社会,最后形成由西方资本主义主导、东西方相互影响、相互作用的世界总体性危机的结论。

二是从马克思关于东方社会(包括亚细亚生产方式、农村公社等)的理论看。马克思理应思考在西欧资本主义主导的世界体系中,东方社会居于何种地位,如何发展演化。因为在资本主义世界大工业的影响下,东方社会发展不可能继续封闭地按原有的历史惯性延续,它们会以不同的方式融入世界市场,成为资本主义世界体系的一部分。因此,马克思在研究资本主义生产关系运动之后,他必然要把目光投向东方,研究在西方资本主义冲击之下,东方古老社会应何去何从的问题。我们认为《人类学笔记》《历史学笔记》等,实际就是在做这个工作。在这个大框架下,本书将重点研究马克思关于东方社会的思想,亦即马克思如何看待被迫卷入资本主义世界体系中的东方社会。以农村公社为基础的东方古老社会,是怎么融进资本主义世界市场并成为资本主义总危机的因素?它与共产主义和马克思的"世界历史"观又是什么关系?

2. 思想脉络

马克思早年重点研究的是西欧资本主义经济和社会问题。随着资本主义大工业的发展和交往的日益扩大化，世界市场形成了，东方社会也被卷入其中。他早期的研究虽然以西欧为重点，但也包括了亚洲等东方社会。这些构成了马克思早年关于表现"世界市场""世界历史"和"亚细亚生产方式"的思想。

马克思给《纽约每日论坛报》写的系列评论，认为英国等欧洲资本主义对印度、中国、波斯等东方国家"海盗式入侵"引起了破坏性和建设性的双重问题。从道义上说，殖民主义给亚洲国家带来了灾难；但从客观效果来说，又促成了古老社会的觉醒。不过，这阶段马克思的研究主要还限于政论或时评，尚未深入到规范和系统的政治经济学研究。

在《资本论》及其手稿群中，马克思按照严格的政治经济学方法研究资本主义生产方式。他按照从抽象上升到具体的原则，即从商品开始，经过资本主义经济范畴的逐级丰富和具体化，直到国际贸易和世界市场等范畴，从学理上复原完整的资本主义经济体系，并得出资本主义总危机的结论。马克思理解的总危机，并不像我们过去理解的那么简单，它不只是英国式的资本主义经济矛盾直接放大的结果，而是西方资本主义主导的包括东方社会在内的资本主义世界总危机。针对资本主义经济范畴，马克思有一套严谨的理论和方法。但内容一旦超出资本主义体系本身，通过"国际贸易""世界市场"等范畴而向东方社会过渡时，研究就会变得很困难。马克思晚年之所以在紧张地撰写《资本论》的情况下，同时又花那么大精力研究"人类学"，就是因为他需要研究东方社会，并寻找合适的范式，把资本主义经济范畴与东方社会对接起来。

大量资料表明，马克思想把农村公社视为东方古老社会的基础。农村公社有两大主要特征：一是以血缘共同体（氏族、部落等）为基础的社会组织，二是这种共同体共同占有生产资料的生产方式。马克思的"人类学笔记"、关于俄国社会发展的通信、对毛姆著作的评论等等，突出的都是农村公社。如果考虑马克思研究用词的习惯，则他早年所谓"部落所有制""亚细亚生产方式""马尔克制度"等，主要也是指农村公社，或者与之高度重叠。由此，本书试图提出一个大胆的设想，马克思很可能是想把农村公社视为东方社会的经济细胞，就像把商品视为资本主义经济的细胞一样。

马克思明确否定了俄国按照西欧模式发展，而主张在保留农村公社的基础上引进西方资本主义先进的生产方式，跨越"卡夫丁峡谷"，过渡到共产主义——当然，这个"跨越"是有条件的。这些对于厘清当前中国特色社会主义在世界历史体系中的位置，厘清从农村公社到东方社会发展道路再到中国特色社会主义发展道路之间的内在逻辑，提升对中国特色社会主义道路和理论的自觉，具有非常重要的借鉴价值。本书旨在通过对马克思晚期思想的梳理和重新解读，引申出某些不同于流行观点的见解，供大家批评指正。

（二）视角与方法

本书是以马克思"世界市场"和"世界历史"理论为背景，从资本主义世界体系的整体关联中把握马克思晚年东方社会思想，因此，本书的研究视角就是资本主义世界体系的东方维度。一方面，研究东方社会是马克思理论体系的一部分。我们推测马克思晚年的工作要对他的前期工作尤其是政治经济学批判，提出总结性的结论。探索他晚年东方社会思想，有助于我们深化马克思关于资本主义经济运动和世界总危机理论的认识。另一方面，理解和阐释《人类学笔记》所包含的思想——以农村公社为基础的东方社会，在西方资本主义冲击下解体和演变，被动地融入资本主义世界体系，这有助于深化马克思关于"世界历史"和全球化理论的认识，还有助于深化社会主义的东方道路和中国特色社会主义理论的研究。

研究方法是从事科学研究的重要工具，制定科学合理的研究方法理所当然是从事学术研究的重要任务之一。本书采取了比较分析法和复杂性科学方法，力图在正确理解材料的基础上，分析和梳理马克思晚年关于东方社会主义的思想。本书还借鉴沃勒斯坦在《现代世界体系》中所倡导的"一体化科学方法"，试图利用此方法来探讨和研究。同时，本书通过梳理马克思、恩格斯在不同时期的大量文本，试图厘清马克思晚年的思想脉络。

1. 比较分析法

比较分析法，是用相同或相似的标准，对两个以上不同对象进行对比，以便更加鲜明地发现研究对象的特征。本书拟采取比较分析法，主要是将马克思的晚年思想与他早年、中年思想进行对比，将马克思关于西欧资本主义社会形态的思想与他关于东方社会的思想进行对比，把不同学者对马克思晚年思想的各种解读进行对比。通过这些对比研究，本书期望能更清楚地呈现马克思晚年思想并期望以此对马克思晚年思想做较为合理的阐释。

2. 复杂性科学方法

复杂性科学是指20世纪以来诸多物理学的总称，具有复杂性、离散型、不确定性、非线性运动等特点。其实，马克思对历史发展过程的理解，与复杂性科学认识论有很多相似之处，晚年思想尤其如此。只是过去我们把历史唯物主义简单化，忽视了它复杂的一面。世界历史的发展更是多样的、复杂的整体。本书利用此方法来研究世界历史发展的复杂过程，特别是针对东方社会与西方社会不同的发展进程以及它们之间相互影响、相互作用的历史演进过程等。

3. 一体化科学方法

本书的研究借鉴沃勒斯坦在《现代世界体系》中所倡导的"一体化科学方法"，这种方法力求把资本主义兴起以来的全球化过程当作一个有机整体。不同地区虽然有"中心—边缘"之分，但它们都在全球化和现代化过程中发挥了作用。我们试图借助此方法解释马克思的世界历史理论：无论是欧美还是非西方国家和地区，其实都是资本主义世界体系的一部分，我们应该将它们当作一个互动的、有机的整体来研究。处于世界历史体系中的各个国家，随着国际分工的日益扩大和国际交往的密切联系，无论是东方国家还是西方国家，彼此之间的互动、影响日益加强，共同构成了现存的世界历史。

4. 文献分析法

本书旨在通过梳理马克思、恩格斯不同时期的文本，特别是马克思晚年文献资料，进一步理解马克思、恩格斯思想的主旨大意。本书重点参考的文献有《人类学笔记》《历史学笔记》以及《资本论》《德意志意识形态》《共产党宣言》《纽约每日论坛报》等著作。通过对文献的解读来梳理马克思晚年东方社会思想的大致脉络。例如，从马克思《资本论》的"三部""五篇""六册"研究计划看，其完整的政治经济学批判是包括国际贸易、世界市场的，因而也就包括东方社会在内。也就是说，马克思的研究是为了认识东方古老社会在资本主义入侵下被迫卷入资本主义大潮的过程，及其经济、社会演化规律。

（三）研究意义

1. 理论意义

（1）进一步深化我们关于马克思资本主义世界体系与总危机理论的认识

这主要体现在两个方面：究竟如何看待资本主义的世界体系和总危机，并通过研究深化对这个问题的认识。过去我们对马克思关于资本主义世界体系和总危机的认识，是以马克思鼎盛时期的著作、手稿等为依据，但马克思列入写作计划了的还有不少内容如国际贸易、世界市场。作为完整理论体系，马克思的政治经济学批判还应包括东方社会。如果撇开了这些内容，恐怕就不是完整的马克思主义。如果我们深入到马克思晚年思想，就不难想象，马克思关于资本主义危机的理论，比我们过去理解的复杂和深刻得多。本书的研究就是想呈现马克思理应呈现一个更完整的关于资本主义、资本主义总危机、资本主义世界体系的图像。

（2）可推进我们对马克思全球化和"世界历史"思想的认识

马克思很早就提出了，由于地理大发现、海外殖民运动和国际贸易，资本主义把偏远地区的民族都卷入资本主义世界市场中来。不过马克思早年关注的重心在欧洲，而且在这个时期他还没来得及做相关深入的政治经济学研究。晚年不同，马克思既进行了政治经济学研究，还花了大量精力研究东方社会的部落所有制、农村公社、亚细亚生产方式，以及它们在资本主义裹挟下演变的历史。本书试图按照这个思路诠释马克思的工作，把他关于西方资本主义和东方农村公社的研究结合起来，以呈现马克思完整的资本主义世界体系和"世界历史"的图像。这样的研究在一定程度上会推进马克思理论的研究，尤其是推进马克思关于全球化、资本主义总危机以及世界历史理论研究的不断深入。

2. 实践意义

（1）对重新认识全球化和现代化，科学地解决全球化与东西方关系中的某些问题，具有启示意义

如果我们深入马克思晚年关于东方社会的思想就不难发现，在马克思看来，由欧洲资本主义开创的现代工业文明是世界性的整体运动，但在东西方之间又呈现无比复杂的矛盾关系。理解这点，有助于我们更加全面地看待当今世界局势。当然，马克思的时代，西方社会是以海盗式入侵打开东方社会的市场，东方社会也是以痛苦的方式被迫卷进资本主义世界体系。今天的国际格局发生了极大变化，亚洲尤其是我国的兴起，当前中国在世界格局中发挥着重要作用。以往那种单向度的格局，现在转化为复杂的互动关系：东西方之间、先进国家与落后国家之间，既有矛盾，又需要相互合作。随着全球化的发展，交往的扩大，东西方之间的相互影响日益加强。

（2）有助于进一步思考社会主义的东方道路和中国特色社会主义理论问题

理解中国特色社会主义道路、建构中国式马克思主义理论，一个重要的理论前提是弄清楚马克思关于亚细亚生产方式、农村公社等理论与中国社会主义革命实践之间的内在联系。应该说，学界对马克思农村公社和亚细亚生产方式理论，以及马克思晚年的手稿文献等，研究深入，成果颇丰，但是遗憾的是，学者把马克思农村公社理论、东方社会发展道路的设想与中国社会主义的历史前提统一起来研究，从文本和问题情境中发现马克思本人的思想逻辑，还做得远远不够，以致我们对于中国社会主义道路的许多理解，有简单化之虞。马克思晚年对东方社会的发展作了许多探索。他虽然没有完成其工作计划，但我们大致可以理解马克思的思路：东方国家的发展不是重复西欧的路径，而是东方社会（主要是农村公社）与西方外来因素（资本主义大工业）互动的结果，而互动的模式在不同国家和地区不尽相同。马克思晚年的工作为我们理解中国社会主义的"前史"提供了思路，当然要具体深入，尤其是把文本文献的资源转化为当今中国社会主义理论的思想资源，还需要我们自己的努力。

第一章　东方社会问题的由来

马克思对东方社会的关注，是基于他对资本主义大工业的理解。商品的二重性和资本追逐剩余价值的本性，借助大工业的生产和技术条件，驱使资本主义向海外扩张，形成资本主义主导的世界市场。正因为如此，东方社会问题并不是马克思晚年才研究，事实上是他一生思考的问题，只是不同时期关注的角度和重心不一样。从时间上来说，马克思很早就用世界历史的眼光来观察和理解社会历史现象，这主要体现在《德意志意识形态》和《共产党宣言》等早期著作中。在《德意志意识形态》中，马克思、恩格斯多次提到"世界历史""世界市场"。他们不仅从理论上批判了费尔巴哈、鲍威尔、施蒂纳等人的唯心主义思想，而且从生产力的发展、分工和交往的日益扩大、世界市场的形成等具体社会实践中，得出了世界历史的结论。在为共产主义者同盟起草的共产党人第一个纲领性文献《共产党宣言》里，他们指出地理大发现、大工业的发展和资产阶级的殖民扩张等，促进了世界市场的形成。1851—1862年，马克思在《纽约每日论坛报》上发表了多篇关注东方社会发展道路问题的评论文章。马克思对西方资本主义入侵中国、印度等地进行了道义批判，同时又从历史唯物主义的角度肯定资本主义摧毁旧势力，给亚洲带来新的希望。所以他说英国要在印度完成破坏和重建的两种使命。马克思对东方旧势力进行了历史性批判，他指出资本主义凭借其优势迫使东方古老社会进入了世界历史，它给古老帝国带来严重危机的同时，也为其带来了发达的生产力、先进的生产技术和管理经验，为其新世纪的发展奠定了物质基础。马克思在讨论东方社会时，还广泛涉及亚细亚生产方式、部落所有制以及王权、宗教等各种经济形态。这些经济形态又有哪些特征，它们之间究竟是什么关系；这几个概念究竟是个历史问题（早期社会形态）还是地域问题（东方或亚洲）；又是如何呈现东方社会的基本特征的，这些均是本章节讨论的话题。

一、青年马克思论东方社会

马克思晚年思想与早年思想相比，虽然内容有所不同，侧重点和深入程度有所差异，但总的说是一脉相承、一以贯之的。因此，研究马克思晚年东方社会思想，必然涉及他早年的相关思想。青年马克思从研究资本主义生产方式开始，就关注东方社会。早期阐释东方社会的范式可以归结为"世界历史"理论。这有黑格尔"哲学的历史""世界历史"观念的影响，但更主要的是研究资本主义生产方式的结果。资本主义向全球扩张，把东方国家卷入现代世界体系。青年马克思研究重点是欧洲，但不是孤立的欧洲，而是资本主义全球化语境中的欧洲；晚年，他把东西方贯通起来，描绘更为宏伟的世界历史图像。下面我们按照逻辑与历史统一的方法，梳理马克思世界历史理论的产生、形成、发展和完善的过程。

（一）《德意志意识形态》中的"世界的历史"

马克思与恩格斯在1845年合著的《德意志意识形态》一书中，对鲍威尔、施蒂纳等人的抽象历史观进行了批判，用物质生活资料生产的发展来解释历史，认为对"世界历史"的解释应建立在唯物史观的基础之上。马克思站在无产阶级和全人类解放的立场上，提出了科学的世界历史理论。他们指出："历史向世界历史的转变……是完全物质的、可以通过经验证明的行动。"[①] 人们在解决自己物质生活资料的生产中，慢慢形成了社会分工，彼此之间产生了交往。资本主义发展出大生产和普遍交往，从而形成世界市场和世界体系。在资本主义大工业的时代，人的孤立、封闭和活动的狭隘性被打破，个人的活动越来越受到世界市场力量的支配。随着冒险的远征、殖民地的拓展，市场越来越成为世界市场，民族的历史被世界历史所取代。各个民族国家之间的交流沟

---

① 《马克思恩格斯论中国》，北京：人民出版社2018年版，第130页。

通越来越广泛密切,彼此之间相互影响的范围也日益扩大,逐渐形成了世界历史。欧洲资产阶级开辟了世界市场、开启了世界历史,资本主义带来了大生产和普遍交往,用"世界的历史"代替了"民族的历史"。世界历史的形成又大大促进了世界各民族之间的沟通、交流,使世界市场的范围不断扩大。

随着资本主义大工业的发展,生产力的快速提升,交通运输、通信等迅速发展,社会分工不断扩展并越来越细化,这些使得每个国家(包括发达和不发达的国家)的发展都依赖整个世界。真正的世界历史出现了,这其中必然包含东方社会。各民族之间的交往日益扩大且频繁,它们之间的矛盾也随之扩大且激化,无产阶级阵营也随之不断扩大。现在的资本主义带来的大生产和世界市场,为无产阶级的产生提供了条件和准备,也奠定了物质基础,这些都是为共产主义的产生创造了前提。世界历史的当代发展打破了国家和民族之间的地域界限,开辟了世界历史"新时代",而共产主义又是一项"世界历史性"事业,也只有实现共产主义,历史才能真正成为"世界性历史"。正如马克思所指出,随着时代的更迭,"各个相互影响的活动范围在这个发展进程中越是扩大,各民族的原始封闭状态由于日益完善的生产方式、交往以及因交往而自然形成的不同民族之间的分工消灭得越是彻底,历史也就越是成为世界历史"[①]。

(二)《共产党宣言》中的"世界市场"

在《共产党宣言》中,马克思、恩格斯以诗化的语言,阐述了资本主义的历史地位,分析了资本主义无法克服的矛盾,从而为共产党人在历史舞台的登场作了说明。在这个语境下,他们深入分析了资本主义开创并主导的世界市场。世界市场的形成,把各民族国家联系了起来,使他们不论是生产,还是消费,都是世界性的。马克思、恩格斯在《共产党宣言》中对资本主义世界市场进行了系统的论述,从世界市场的产生、形成、发展规律、未来趋势等等,揭示了资本主义世界市场的本质。

地理大发现为世界市场形成提供了重要条件。地理大发现之后,新旧大陆

---

① 《马克思恩格斯文集》第1卷,北京:人民出版社2009年版,第540—541页。

之间的隔绝状态被打破，使世界连成了一个整体，出现了世界市场。资产阶级不断地在寻找、开辟新的市场，以满足其追求剩余价值最大化的本性，开辟了海外市场、增加了新需求，国际贸易从地中海、北海、波罗的海扩展到了大西洋、美洲、印度、中国和南洋群岛等地。"不断扩大产品销路的需要，驱使资产阶级奔走于全球各地。它必须到处落户，到处开发，到处建立联系。资产阶级，由于开拓了世界市场，使一切国家的生产和消费都成为世界性的了。"①各资本主义国家通过垄断组织向世界范围输出资本，瓜分世界领土、争夺市场和势力范围，形成了西方宗主国与东方附属国之间的掠夺与被掠夺、殖民与被殖民的关系。世界市场是资本主义主导的世界市场，东方市场处于被挟持、被剥削的位置，它使"东方臣属于西方"，使一切古老的民族及其地区都卷入到资本主义世界体系中来。我们可以将这一过程简化为"地理大发现→开辟海外市场→将东方殖民地化→东方臣属于西方"。

资本主义大工业的发展和技术的应用促进了世界市场的形成。大工业的发展创造了巨大的生产力和惊人的社会财富，也带来了生产的全球化、贸易的全球化、消费的全球化，打破了原有地域性、民族性的限制，促进了世界市场的形成和发展。第一次工业革命首先在英国发生，以蒸汽机的发明和改造为标志，开创了以机器代替手工劳动的时代，促进了生产力的快速发展，加强了世界各地之间的连续。第二次工业革命同时在几个比较发达的资本主义国家进行，以电力和内燃机的发明和应用为标志，使人类进入"电气时代"。与第一次工业革命相比，第二次工业革命侧重于重工业，对世界改造的力度更大，推动了资本主义经济飞速发展，使东方完全从属于西方，世界市场最终形成，进而改变了东方社会的生产方式。"大工业通过普遍的竞争迫使所有个人的全部精力处于高度紧张状态。它尽可能地消灭意识形态、宗教、道德等等，而在它无法做到这一点的地方，它就把它们变成赤裸裸的谎言。它首次开创了世界历史，因为它使每个文明国家以及这些国家中的每一个人的需要的满足都依赖于整个世界，因为它消灭了各国以往自然形成的闭关自守的状态。"②

---

① 《马克思恩格斯文集》第2卷，北京：人民出版社2009年版，第35页。
② 《马克思恩格斯选集》第1卷，北京：人民出版社2012年版，第194页。

随着世界市场的形成,古老东方闭关锁国的大门被打开,形成了资本主义时代。资本主义世界市场的形成和进一步扩展,必然涉及东方市场、东方国家。资产阶级主导的资本主义市场如何过渡到东方社会?对东方国家原有市场体系又会产生什么样的影响?资本主义世界市场本身所具有的、不可克服的基本矛盾也随之扩展到整个世界。正如马克思、恩格斯在《共产党宣言》中所强调:"资产阶级的生产关系和交换关系,资产阶级的所有制关系,这个曾经仿佛用法术制造了如此庞大的生产资料和交换手段的现代资产阶级社会,现在像一个魔法师一样不能再支配自己用法术呼唤出来的魔鬼了。几十年来的工业和商业的历史,只不过是现代生产力反抗现代生产关系、反抗作为资产阶级及其统治的存在条件的所有制关系的历史。只要指出在周期性的重复中越来越危及整个资产阶级社会存在的商业危机就够了。"① 当社会矛盾激化到不可调节的时候,必然会引起社会变革,严重时引起社会革命的爆发。按照马克思对当时资产阶级和资本主义社会的分析,指出世界市场必然溢出西方资本主义范围,向东方社会和前资本主义国家扩展。各个民族国家的生产和消费必然溢出其本国范围,进而具有世界性,即使是非常落后、野蛮的民族,也都随着世界市场的建立,被卷到这个洪流之中,按照自己特有的面貌创造出一个世界。

总之,《共产党宣言》虽然主要讨论资本主义的历史地位、深刻矛盾和必然灭亡的趋势,但它明显地把资本主义当作一个全球现象来看待,也就是说,完整地理解资本主义的产生、发展和灭亡过程,必然包括东方社会在内。

二、《纽约每日论坛报》时期评东方社会

19世纪50年代,马克思在给《纽约每日论坛报》作时评期间,写了一系列关于东方社会问题的评论,这些评论主要涉及英国殖民者、俄国殖民者与印度、中国、波斯等亚洲古老国家之间的经济、军事、政治冲突,以及这些冲突可能产生的后果。马克思(以及恩格斯)运用历史辩证法,既从道义和情感的角度深切地同情亚洲人民的苦难,谴责西方殖民者对亚洲人民犯下的滔天罪

---

① 《马克思恩格斯文集》第2卷,北京:人民出版社2009年版,第37页。

行,又从历史唯物主义的高度,批判亚洲国家腐朽落后的封建统治和父权制、封闭、孤立、保守、落后的农村公社,愚昧、野蛮的宗教崇拜等,肯定资本主义入侵,客观上把东方国家带入现代文明,使他们看到"新世纪曙光"。马克思这时期虽然是以时评的形式,没有上升到规范和严谨的政治经济学论证,但如何看待东西方冲突的历史意义,以及东方社会可能的发展方向,其意思已经比较明确了。

(一) 马克思对殖民入侵的道义批判

马克思撰写了一系列关于俄国、中国、印度等的评论文章。在多篇文章中,马克思抨击英国对亚洲的侵略行径。在关于中国问题的系列评论文章中,如《中国革命和欧洲革命》《俄国的对华贸易》《英人在华的残暴行动》《波斯和中国》《鸦片贸易史》《英中条约》《中国和英国的条约》《俄国在远东的成功》《新的对华战争》《对华贸易》等,马克思对两次鸦片战争和太平天国革命等重大历史事件进行了全面分析,抨击了英国对中国的鸦片贸易,认为这种贸易是英国侵略者践踏、剥削不发达国家人民生活利益的有力证明。马克思认为英国侵略者依靠伤天害理的鸦片贸易、鸦片战争获得了大量财富,同时给中国人民带来了沉痛灾难,占领中国领土,破坏了原有经济秩序,使得中国人民遭到身心摧残。马克思在《不列颠在印度的统治》《不列颠在印度统治的未来结果》等系列评论中提出"英国在印度要完成双重的使命:一个是破坏的使命,即消灭旧的亚洲式的社会;另一个是重建的使命,即在亚洲为西方式的社会奠定物质基础。"① "破坏的使命",主要是破坏了印度原有的农村公社制度和宗教组织,打破了印度的完整性,给印度人民和亚洲人民带来了沉重的灾难。"重建的使命",主要是指英国资产阶级残酷的殖民侵略在一定程度上促进了印度民族资本主义经济的发展,推动了印度民族的解放运动,有利于资本主义的产生、发展和社会进步。马克思虽然对被殖民国家表示同情,但是应该辩证地用唯物史观看待这种历史的必然性。马克思从经济掠夺、军事入侵、对传统和家园的破坏等方面从道义角度抨击了殖民者。运用历史唯物主义方

---

① 《马克思恩格斯文集》第2卷,北京:人民出版社2009年版,第686页。

法看待英国对中国和印度的侵略,从技术引进的角度对殖民入侵进行了道义批判。

英国为了转移经济危机、扭转贸易逆差,大规模向中国、印度倾销工业品,结果收效甚微。英国人一次次地策划战争抢占亚洲市场,掠夺亚洲丰富的资源、财产和劳动力。正如马克思所描述,在中国"非法的鸦片贸易年年靠摧残人命和败坏道德来填满英国国库的事情"①。"后来,英国的仁慈强迫中国进行正式的鸦片贸易,用大炮轰倒了中国的围墙,以武力打开了天朝帝国同尘世往来的大门,金属货币流通才发生这样一个明显突出的转折。"② 英国资产阶级摧毁了中国、印度农业与手工业结合的自给自足的经济基础,破坏了东方国家原有的社会结构和传统,造成了社会革命。"这些细小刻板的社会机体大部分已被破坏,并且正在归于消失,这与其说是由于不列颠收税官和不列颠士兵的粗暴干涉,还不如说是由于英国蒸汽机和英国自由贸易的作用。……因为这摧毁了它们的经济基础;结果,就在亚洲造成了一场前所未闻的最大的、老实说也是唯一的一次社会革命。"③ 恩格斯指出:"当时英国军人只是为了取乐而犯下滔天罪行;他们的狂暴既不是被宗教狂热所驱使,也不是由对专横暴虐的征服者的仇恨所激起,也不是英勇的地方的顽强抵抗而引起。"④ 马克思站在世界历史的高度,科学揭示了西方殖民主义对古老中国的侵略,东西方国家之间发生了碰撞。

同时,马克思又在《不列颠在印度的统治》一文中指出:"的确,英国在印度斯坦造成社会革命完全是受极卑鄙的利益所驱使,而且谋取这些利益的方式也很愚蠢……它造成这个革命毕竟是充当了历史的不自觉的工具。"⑤ 英国的殖民者充当了"历史的不自觉的工具",具有"破坏"和"建设"的"双重使命"。从关于东方社会的一系列评论可以看出,马克思是以"世界历史"眼光来看待东方国家的民族运动。当时资本主义最发达的英国通过殖民贸易和

---

① 《马克思恩格斯文集》第2卷,北京:人民出版社2009年版,第621页。
② 《马克思恩格斯论中国》,北京:人民出版社2015年版,第17页。
③ 《马克思恩格斯文集》第2卷,北京:人民出版社2009年版,第682页。
④ 《马克思恩格斯全集》第16卷,北京:人民出版社2007年版,第335页。
⑤ 《马克思恩格斯文集》第2卷,北京:人民出版社2009年版,第683页。

殖民战争的形式与古老保守的东方国家发生了关系，被压迫、被殖民国家的民族解放运动同样也冲击了西方资本主义国家，引发了资本主义的全面危机，甚至导致欧洲革命的爆发。正是马克思的全球化视野、整体性思维、世界历史性思想，使他客观地评价了资本主义的殖民入侵。

（二）马克思对东方旧势力的批判

马克思非常重视对东方传统社会结构的研究，由于东方社会的特殊地理环境和气候条件，产生了东方专制制度。整个东方国家疆域辽阔，发展程度低，例如印度和中国，农业所需要的水利水渠是其农业的基础，而个人又无法单独完成，这就需要中央集权的政府公共工程部门来完成，这也是东方专制制度产生的基础，同时也产生了完全独立的除政府外的村社组织。"气候和土地条件，特别是从撒哈拉经过阿拉伯、波斯、印度和鞑靼区直至最高的亚洲高原的一片广大的沙漠地带，使利用水渠和水利工程的人工灌溉设施成了东方农业的基础。"[1]恩格斯也指出东方社会各个村社之间完全隔绝，彼此不相互交往、沟通，这样就在全国范围内形成了"虽然相同但绝非共同的利益"[2]，正是在这个自然而然形成的基础上，东方社会产生了专制制度。

亚洲的古老社会，生产不发达、社会交往狭小，绝大多数人世世代代生活在孤立、封闭的村落中。东方专制主义正适合建立在这样的基础上。"亚洲这一地区的停滞性质（尽管有政治表面上的各种无效果的运动），完全可以用下面两种相互促进的情况来解释：（1）公共工程是中央政府的事情；（2）除了这个政府之外，整个国家（几个较大的城市不算在内）分为许多村社，它们有完全独立的组织，自成一个小天地。"[3]东方社会的亚细亚传统土地制度不存在土地私有制，而是一种公有、私有兼有的土地制度，其公有制形式掩盖了私有制实质。正如马克思所指出："同直接生产者直接相对立的，如果不是私有

---

[1] 《马克思恩格斯文集》第2卷，北京：人民出版社2009年版，第679页。
[2] 《马克思恩格斯文集》第3卷，北京：人民出版社2009年版，第397页。
[3] 《马克思恩格斯文集》第10卷，北京：人民出版社2009年版，第117页。

土地的所有者，而是像在亚洲那样，是既作为土地所有者同时又作为主权者的国家……在这里，国家就是最高的地主。在这里，主权就是在全国范围内集中的土地所有权。但因此在这种情况下也就没有私有土地的所有权，虽然存在着对土地的私人的和共同的占有权和用益权。"① 皇帝是土地的唯一所有者，国家通过供奉地形式收取剩余劳动。"因此，在东方专制制度下以及那里从法律上看似乎并不存在财产的情况下，这种部落的或公社的财产事实上是作为基础而存在的，这种财产大部分是在小公社范围内通过手工业和农业相结合而创造出来的，因此，这种公社完全能够自给自足，而且在自身中包含着再生产和扩大生产的一切条件。公社的一部分剩余劳动属于最终作为一个个人而存在的更高的共同体，而这种剩余劳动既表现在贡赋等等的形式上，也表现在为了颂扬统一体——部分地是为了颂扬现实的专制君主，部分地为了颂扬想象的部落体即神——而共同完成的工程上。"② 村社制度是以血缘关系为基础的氏族、部落或部落联盟，土地等大型不动产是公社共同所有，但是个人消费品、生产工具以及房屋等逐步私有化。各个村社自给自足过着独立的生活，彼此隔离，几乎没有交往，村社的土地所有制以世袭的形式顽强地保存下来，造成了村社的孤立、保守、腐朽，没有活力。可见，自给自足的村社制度强化了专制制度。如果破坏了村社制度，也就消灭了东方专制制度的基础。

我们通过马克思这一时期对东方社会的关注和研究，特别是马克思关于印度、中国、俄国等国家问题的分析，在英国殖民主义的冲击下，古老陈腐的东方旧制度面临解体。随着资本主义生产方式的扩展，全球化大发展，世界市场形成，各民族的发展都融进了世界历史之中，这改变了他们原有的封闭、落后状态。马克思站在世界历史、现代文明和人类社会发展进步的角度，对东方社会旧势力进行了历史性批判。马克思对印度和中国进行了大量考察的基础上，对其孤立性、停滞性、腐朽性等进行了批判，认为东方社会彼此孤立、长期停滞、发展缓慢、没有活力。他这样批判印度的旧势力，认为印度从古代到现在

---

① 《马克思恩格斯文集》第 7 卷，北京：人民出版社 2009 年版，第 894 页。
② 《马克思恩格斯文集》第 8 卷，北京：人民出版社 2009 年版，第 124—125 页。

一直保持这种古老的、稳定的村社制度，导致其政治上没有多大的波澜起伏，社会状况也相对稳定，没有改变。正是东方社会内部结构的长期性和稳定性使其内部很难爆发革命、引起社会变革，当外来资本主义对其冲击时，反而有可能使其发生革命、实现变革。

（三）马克思论东方社会的希望

马克思、恩格斯研究了几乎所有的农村公社特别是东方社会的农村公社，我们认为这是为探索未来社会发展道路服务的，是为无产阶级革命和全人类解放运动服务的。马克思在讨论东方社会的时候将其作为一个整体的社会形态，站在世界历史维度，从社会分工、国际交往来看待，西方资本主义国家在某种程度上促进了东方社会的整体觉醒，使其试图探寻新的发展道路。

当西方列强的入侵挟持东方社会卷入世界历史、世界市场时，古老的帝国陷入了严重的社会危机，但同时也获得了更高的生产力、更先进的生产技术和管理经验，为未来发展奠定了基础。资本主义殖民国家对东方国家的剥削和压迫，使其社会矛盾进一步激化，引发了民族解放运动，导致革命的爆发，必然影响到欧洲。正如马克思在《中国革命和欧洲革命》一文中指出："中国革命将把火星抛到现今工业体系这个火药装得足而又足的地雷上，把酝酿已久的普遍危机引爆，这个普遍危机一扩展到国外，紧接而来的将是欧洲大陆的政治革命。"① 在世界历史背景下，当英国侵略引起中国革命的时候，中国革命也将导致英国世界市场缩小，引起经济危机、引发欧洲革命。"欧洲人民的下一次起义，他们下一阶段争取共和自由、争取廉洁政府的斗争，在更大的程度上恐怕要决定于天朝帝国（欧洲的直接对立面）目前所发生的事情，而不是决定于现存其他任何政治原因，甚至不是决定于俄国的威胁及其带来的可能发生全欧战争的后果。"② 可见，正是世界历史的普遍交往，使得中国革命具有了世界历史意义。在古老中国这块"活化石"上开始的革命，不仅使得中国传统的社会发生解体，而且将"火星抛到西方工业体系上"，使整个亚洲出现"新

---

① 《马克思恩格斯文集》第2卷，北京：人民出版社2009年版，第612页。
② 《马克思恩格斯文集》第2卷，北京：人民出版社2009年版，第607页。

纪元的曙光"。由此可见，中国并不是被动地接受和适应世界历史，而是积极主动参与和影响世界历史的进程。

处于世界历史中的俄国农村公社则有可能跨越资本主义制度的"卡夫丁峡谷"。俄国是把"农村公社"保存到马克思、恩格斯时代的唯一的国家，其所具有的"二重性"使其未来发展具有两种可能性。"'农业公社'的构成形式只能有两种选择：或者是它所包含的私有制因素战胜集体因素，或者是后者战胜前者。先验地说，两种结局都是可能的，但是，对于其中任何一种，显然都必须有完全不同的历史环境。一切都取决于它所处的历史环境。"① 俄国农村公社"和控制着世界市场的西方生产同时存在，就使俄国可以不通过资本主义制度的卡夫丁峡谷，而把资本主义制度所创造的一切积极的成果用到公社中来"②。正是由于资本主义不仅创造了"神奇"的生产力，促进了工业大发展，为资本主义的发展奠定了基础，也为落后国家的跨越发展提供了可能，而且资本主义正经历着危机，使得"资本主义生产作为一个暂时的经济阶段，充满着各种内在矛盾，这些矛盾随着资本主义生产的发展而发展，并日趋明显""资本主义生产准备着自身的灭亡"③。由于资本主义的"暂时性"，俄国丧失了重走资本主义发展道路覆辙的必要性，使得俄国农村公社有可能"以合作生产来代替资本主义生产，以古代类型的所有制最高形式即共产主义所有制来代替资本主义所有制"④，这决定了俄国实现跨越发展的可能性。正是由于处在世界历史环境中，马克思认为俄国村社是"俄国社会新生的支点；可是要使它能发挥这种作用，首先必须排除从各方面向它袭来的破坏性影响，然后保证它具备自然发展的正常条件"⑤。马克思逝世后，面对俄国农村公社解体和灭亡的必然趋势，恩格斯在《〈论俄国的社会问题〉跋》中指出，俄国可以大大缩短向社会主义发展的进程。他强调："当西欧各国人民的无产阶级取得胜利和生产资料转归公有之后，那些刚刚进入资本主义生产而仍然保全了氏

---

① 《马克思恩格斯文集》第3卷，北京：人民出版社2009年版，第574页。
② 《马克思恩格斯文集》第3卷，北京：人民出版社2009年版，第575页。
③ 《马克思恩格斯文集》第10卷，北京：人民出版社2009年版，第635—636页。
④ 《马克思恩格斯全集》第25卷，北京：人民出版社2001年版，第471—472页。
⑤ 《马克思恩格斯全集》第25卷，北京：人民出版社2001年版，第483页。

族制度或氏族制度残余的国家,可以利用公有制的残余和与之相适应的人民风尚作为强大的手段,来大大缩短自己向社会主义社会发展的过程……这不仅适用于俄国,而且适用于处在资本主义以前的阶段的一切国家。"① 可见,马克思和恩格斯都认为东方社会具有其特殊性可以不重复欧洲资本主义发展道路。

总之,马克思在关注东西方社会碰撞时,既强调东方社会的特殊性,也强调东西方之间的互动关系。西方国家的侵略在某种程度上促进了东方社会的解体,引发了东方国家的革命,在这一背景下,产生了西方资本主义危机,又有助于西方社会革命。在世界历史发展进程中,东方社会可以吸收借鉴西方社会好的、积极的做法,西方由主动变被动,东方由被动变主动,在不断较量与碰撞中互动前进。

三、东方社会的主要问题

我们前面大致勾画了马克思青年时代阐述东方社会时的主要文献和观点;接下来,我们具体讨论上述观点所揭示的主要理论问题。

所谓"东方社会",指欧美典型资本主义国家以外的各民族和地区。从地域上说,"东方社会"就是指"非西方"社会或"非资本主义"社会。从人类社会发展阶段上来看,东方是指古老的、不发达的前资本主义社会形态。在马克思的相关文本文献中,"东方社会"这个概念还与"农村公社""亚细亚生产方式""部落所有制"等概念有密切关系。此外,马克思还提到王权、宗教、战争等社会历史现象。这些概念之间究竟是什么关系,它们究竟是地域性问题还是人类早期社会形态问题?多年来国内外学者就马克思所述"农村公社"及相关问题作了不少讨论。即便如此,许多讨论仍有深入之必要。马克思所谓"农村公社"究竟指什么样的社会形态?以往学者的理解是否有值得商榷的地方?农村公社与亚细亚生产方式和部落所有制究竟是何关系?它们与"东方社会"是何关系?在马克思的研究中,这几个概念究竟是个历史问题(人类早期社会形态),还是个地域问题(东方或亚洲)?

---

① 《马克思恩格斯文集》第4卷,北京:人民出版社2009年版,第459页。

(一) 亚细亚生产方式

1. 什么是亚细亚生产方式？

"亚细亚生产方式"是马克思在《〈政治经济学批判〉序言》中提出来的。他说："大体说来，亚细亚的、古希腊罗马、封建的和现代资产阶级的生产方式可以看作是经济的社会形态演进的几个时代。"① 从语境看，这个概念显然是表示人类最早的社会形态。可是马克思用的却是一个地域性概念，这是为什么呢？笔者认为，马克思实际所指的是人类早期的部落或公社所有制。马克思的时代，这种制度在亚洲特别是在印度还广泛存在，马克思的相关研究资料主要来自印度，所以马克思就用了这样的概念。这个观点的证明如下：马克思、恩格斯在《德意志意识形态》中把人类历史上的第一个社会形态称为"部落所有制"，它与《〈政治经济学批判〉序言》中所谓"亚细亚的"生产方式恰好对应。在《1857—1858 年经济学手稿》中，马克思把公社土地制、亚洲土地制、农村公社等概念，当作大体相同的概念使用。例如"公社是真正的实际所有者"②，"东方公社为基础的公共土地所有制"③ 等。

当然，亚洲这种生产方式不是抽象同一："这种以同一基本关系为基础的形式，本身可以以十分不同的方式实现。"④ 一方面，亚洲这种部落所有制或者农村公社所有制的财产关系是作为东方社会的基础；另一方面，在它们之上有以国家名义支配下的公有土地。也就是说，当时的亚洲社会，纯粹的原始公社已不复存在。不仅出现了私有制，还出现了国家土地制度、原生形态的农村公社与私有制和国家土地制长期并存的局面，其中国家土地所有制占主导地位。故马克思说："在大多数亚细亚的基本形式中，凌驾于所有这一切小的共同体之上的总合的统一体表现为更高的所有者或唯一的所有者，因而实际的公社只不过表现为世袭的占有者。"⑤ "小的共同体"即农村公社，"总合的统一

---

① 《马克思恩格斯文集》第 2 卷，北京：人民出版社 2009 年版，第 592 页。
② 《马克思恩格斯文集》第 8 卷，北京：人民出版社 2009 年版，第 132 页。
③ 《马克思恩格斯文集》第 8 卷，北京：人民出版社 2009 年版，第 122 页。
④ 《马克思恩格斯文集》第 8 卷，北京：人民出版社 2009 年版，第 124 页。
⑤ 《马克思恩格斯文集》第 8 卷，北京：人民出版社 2009 年版，第 124 页。

体"即国家。"亚细亚生产方式"主要是地域性概念,只不过在欧洲很多地方它消失了,而在亚洲等东方社会还普遍存在,可以说,亚细亚生产方式是人类早期生产方式的"活化石"。正因为如此,马克思批评把农村公社理解为特例的错误观点,他认为亚细亚生产方式这种原始的公有制形式不是斯拉夫所特有,也不是俄罗斯所特有的形式,它是一种原始社会普遍的所有制关系。

1868年3月14日在致恩格斯的信中,马克思说他在研究毛勒的近著时发现,毛勒的研究再次证实了无论是欧洲的亚细亚的还是印度的这种所有制形式都是原始社会普遍的形式,而不是某个地域性特征,这也证明了东西方社会的原始形式具有一致性和普遍性。马克思甚至还指出这种原始公有制形式在罗马、日耳曼等地也是普遍存在的,印度的这种所有制至今保存得都比较完整,只是他们具体的公有制表现形式不同,它的解体方式也各不相同。亚洲和欧洲都存在过亚细亚生产方式及其土地公有制,欧洲甚至有些国家在19世纪依然还存在这种原始公社所有制,例如马尔克制度,而这种制度在亚洲保持的时间更久、更完整。总之,由于农村公社是以部落为单位占有土地等天然生存条件,所以马克思称之为"部落所有制";由于这种所有制在亚洲例如印度保存得最典型、最完好,加上在马克思作相关研究时,很多信息来自亚洲(印度),所以马克思称之为"亚细亚生产方式"。

2. 亚细亚生产方式的基本特征

"亚细亚生产方式"字面上看似乎是个地域概念。马克思在不少地方经常提到"亚洲的土地制"也是指这个概念。不过,马克思还把它理解为历史上曾经存在过的一种古老生产方式。马克思在《〈政治经济学批判〉序言》中的说法很具有代表性:"大体说来,亚细亚的、古希腊罗马的、封建的和现代资产阶级的生产方式可以看作是经济的社会形态演进的几个时代。"[①] 亚细亚的、古代的、封建的和现代资产阶级的生产方式,这几种社会形态的演进代表着几个不同的时代。"亚细亚的"这个词所指称的对象其实就是农村公社,它是部落所有制的基础。"亚细亚生产方式"具有如下特征:

[①] 《马克思恩格斯文集》第2卷,北京:人民出版社2009年版,第592页。

一是在所有制上不存在土地私有制。东方社会由于气候、土壤、水利等天然环境，决定了其大规模公共工程只能由国家部门来承担，这就造成了土地国有制。"一切现象的基础是不存在土地私有制。这甚至是了解东方天国的一把真正的钥匙。"① 可见，亚细亚生产方式是不存在土地私有制的一种原始公社所有制，是东方社会的基本特征。它是在农业生产的条件下，主要以土地国有制和公社土地所有制这两种公有制形式为最基本的特征。如前所述，亚洲流行的土地制实际是两种不同土地制的混合物：早期部落所有制的孑遗和后来兴起的国家与寺院土地制。

二是在社会组织方式上实行村社制度。如果说亚细亚生产方式的经济基础是公社土地制，那么，它的社会组织主要是封闭的和自给自足的村社制度。村社是早期部落组织的孑遗，它的显著特点就是封闭性、独立性和排外性。东方社会的整个国家由许许多多的村社组成，各个村社之间彼此独立，自给自足，很少往来。国家是各个村社的统一的共同体，是土地的最高的和唯一的所有者，承担一定的公共职能。亚细亚生产方式正是建立在自给自足的封闭性农业基础之上的，每个小单位都是完全独立和隔绝的组织，这势必导致其落后性。

三是在政治制度上采用中央集权的专制制度。由于各个村社之间的孤立性，彼此都有管理交通、水利等公共工程的需要，这就产生了居于村社之上的中央集权的专制制度。恩格斯也指出东方社会各个村社之间完全隔绝，彼此不相互交往沟通，这样就在全国范围内形成了"虽然相同但绝非共同的利益"②，正是在这个自然而然形成的基础上，东方社会产生了专制制度。

3. 亚细亚生产方式与东方社会

"亚细亚生产方式"主要指一种社会形态，与部落所有制相近，主要是历史或时间意义上的；东方社会主要是亚洲社会，是空间或地域意义上的。因为农村公社主要存在于东方，所以二者又有相同之处。"亚细亚生产方式"是东方社会结构的主要特征。

马克思在《不列颠在印度统治的未来结果》一文中明确提出了"亚洲式社会"这一概念，并将之与"西方社会"相区别。"英国在印度要完成双重的

---

① 《马克思恩格斯全集》第49卷，北京：人民出版社2016年版，第45页。
② 《马克思恩格斯文集》第3卷，北京：人民出版社2009年版，第397页。

使命：一个是破坏的使命，即消灭旧的亚洲式的社会；另一个是重建的使命，即在亚洲为西方式的社会奠定物质基础。"① 在这里，亚洲式社会也指东方社会，其特点主要有：不存在土地私有制，自给自足的村社制度，高度集权的东方专制制度，处于长期的停滞状态等。其中"不存在土地私有制"是了解东方社会的一把钥匙。东方社会主要是公社土地所有制和国家土地所有制，相互独立的、自给自足的农村公社彼此隔离，天然的地理环境使其灌溉、交通等公共基础设施需要中央集权政府来承担，个人无法完成，这种长期的孤立、停滞导致其内部没有发展活力，这些构成了东方社会的基本结构，形成了东方专制制度，例如土耳其、波斯和印度斯坦等东方国家均不存在土地私有制。

马克思在《〈政治经济学批判〉序言》里指出："大体说来，亚细亚的、古希腊罗马的、封建的和现代资产阶级的生产方式可以看作是经济的社会形态演进的几个时代。"② 在这里，马克思所说的"亚细亚的生产方式"是一个历史概念，是一种原始社会形态。亚细亚生产方式的主要特征是土地国有制。在东西方社会，均存在过一定形态的亚细亚生产方式。马克思在研究毛勒著作时证实了亚细亚的所有制形式是东西社会均存在的一种原始形式。"欧洲各地的亚细亚的或印度的所有制形式都是原始形式，这个观点在这里（虽然毛勒对此毫无所知）再次得到了证实。"③ 这段话是否可以证实欧洲早期也存在过亚细亚生产方式，只是它消亡得较早，而东方却较完整地保存下来了。

由于东西方社会的不同特点，其亚细亚生产方式的基本特征不同，解体后的结果也不同。西方社会由于商品经济和城市经济的发展，土地可以用来交易买卖，形成了普遍的土地私有制。例如在罗马，"财产是魁里特的财产，是罗马人的财产；土地私有者只是作为罗马人才是土地私有者。而作为罗马人，他就是土地私有者"④。西方亚细亚解体后形成了以私有制为主体的资本主义社会。当私有制的西方资本主义入侵公有制的古老东方社会时，东方国家会发生怎样的变化？东方社会的亚细亚生产方式又是如何发展、演化、解构？东方社

---

① 《马克思恩格斯选集》第1卷，北京：人民出版社2012年版，第857页。
② 《马克思恩格斯文集》第2卷，北京：人民出版社2009年版，第592页。
③ 《马克思恩格斯文集》第10卷，北京：人民出版社2009年版，第281—282页。
④ 《马克思恩格斯文集》第8卷，北京：人民出版社2009年版，第129页。

会与西方资本主义又是同时存在，在资本主义的冲击下，其亚细亚生产方式解体后是过渡到以私有制为主的资本主义社会，还是过渡到以公有制为主体的更高级的社会主义社会？马克思说这取决于当时具体的社会历史条件。

那么，东方社会当时具体的社会历史条件又是什么？在西方资本主义国家不断向外进行殖民贸易、殖民战争后，它们打开了东方古老社会的大门，东方社会进入了学者的研究视野。亚当·斯密认为中国以前很富有，但近代却停滞发展了；穆勒认为东方内部没有动力，只能靠外力打破其停滞状态；黑格尔认为中国和印度的停滞状态使其处于世界历史之外；马克思提出东方社会的稳定结构使其内部不易产生根本性的社会革命。而西方资本主义对东方社会的殖民贸易、殖民侵略迫使天朝帝国进入世界历史中，充当了"历史不自觉的工具"，引起了中国革命，对印度也将起着"重建"作用。由于中国、印度等东方社会亚细亚形式及其所处的社会历史条件各异，其解体形式也各不相同。

（二）部落所有制

"部落所有制"是从人类社会发展历史形态来描述的。19世纪40年代，马克思、恩格斯在建立唯物主义历史观时，勾画了由生产发展引起的所有制形态转换的一般过程，他们把人类早期的所有制形态称为"部落所有制"。这个概念反映了马克思、恩格斯当时对原始社会的认识。人类社会早期产生了以血缘关系为基础的社会组织，这种组织是人类社会自然发展的结果，包括氏族、部落和部落联盟。马克思应该是基于这样的原因，把早期的所有制称为"部落所有制"。马克思、恩格斯以当时所了解的欧洲古代历史材料为出发点，对希腊和罗马以及中世纪日耳曼国家形成以前的父系氏族社会情况进行了研究。在《德意志意识形态》等文献中，马克思、恩格斯提出了人类社会历史大致经历了部落所有制、古代公社所有制和国家所有制、封建的或等级的所有制、现代资本主义私有制。根据这个说法，人类社会演化为我们今天熟知的原始社会、奴隶制社会、封建制社会和资本主义社会。不过在笔者看来，有几个既相关又有区别的概念还是需要进一步辨析。

一是"部落所有制"不能完全等同于"原始社会"。马克思、恩格斯在《德意志意识形态》中说："第一种所有制形式是部落所有制。它是与生产的不发达的阶段相适应的,当时人们是靠狩猎、捕鱼、牧畜,或者最多是靠耕作生活的。"① 这里的"部落"原文是"Stamm",就是指血缘族群组成的共同体。结合马克思的其他描述,它实际上指进入文明社会前夕的父权制社会,这阶段的所有制后来被称为"原始社会"。不过原始社会是个相对宽泛和模糊的概念,它不完全是针对生产资料的所有制。马克思明确指出:"把所有的原始公社混为一谈是错误的;正像在地质的层次构造中一样,在历史的形态中,也有原生类型、次生类型、再次生类型等一系列的类型。"② 可见,马克思所说的部落所有制概念是比原始社会更具体、更清晰的概念,它指人类早期以血缘家族为共同体进行生产和交往的社会形态。人类文明从自然状态发展而来,最初的社会关系必然是血缘共同体。后来的理论家用"原始社会"取代"部落所有制",实际上把马克思的概念泛化和模糊化了。因为"原始社会"概念囊括了新石器和旧石器的全部历史,是指阶级、国家和文字产生以前人类早期形态的总称,且"原始社会"主要不是一个所有制类型或经济社会形态概念,而是个历史和时间概念。

二是部落所有制与"奴隶社会"的关系。马克思把第二种所有制形态称为"古代的"(《〈政治经济学批判〉导言》《1857—1858 年经济学手稿》)或"古典古代的公社所有制和国家所有制"(《德意志意识形态》)。大家知道,在西方史学传统中,"古代"一词经常专指希腊和罗马,而希腊、罗马都曾经盛行奴隶制;马克思也在很多地方讨论过奴隶制。大概是由于这些原因,学界普遍把第二种社会形态称为"奴隶制"或"奴隶社会"。从社会形态的角度辨析这个问题不是本书的任务;由于奴隶制与部落制和东方社会问题密切关联,笔者是从这个角度辨析部落所有制与奴隶制的关系。马克思主要是在论述希腊城邦制的"劳动使用方式"时谈及奴隶制。不过他在论述部落制和农村公社,甚至在讨论北美早期资本主义社会时也谈到奴隶制。至于部落所有制,如前所述,马克思把它理解为人类文明早期的以血缘家族为纽带的共同体。这种社会形态中有奴隶,但就整个社会形态来说不是奴隶制。例如,部落所有制的家庭

---

① 《马克思恩格斯文集》第 1 卷,北京:人民出版社 2009 年版,第 521 页。
② 《马克思恩格斯全集》第 25 卷,北京:人民出版社 2001 年版,第 467—168 页。

关系中，常见的奴隶来自战俘以及债务奴隶。妻子无条件服从丈夫、子女无条件服从父亲，其实也有奴隶主和奴隶关系的性质。尽管如此，部落所有制的主要特征还是血缘共同体结成社会关系，共同占有生产资料和其他动产与不动产。由于家庭和家庭的扩大形成了部落所有制，这种社会结构是父权制。父权制的酋长管理所有部落成员和奴隶，这种奴隶制是隐蔽在家庭所有制下的奴隶制，随着人口的增长，需求的增加，而逐渐发展起来。可见，马克思、恩格斯所说部落所有制是以公有制为基础的一种无阶级社会形态，是一种建立在自然形成的共同体基础上的部落所有制。

三是部落所有制与亚细亚生产方式的关系。马克思、恩格斯在不同地方表述人类历史的第一个社会形态时，分别用了"部落所有制"和"亚细亚生产方式"两个不同用语，这说明在一定程度上，这两个概念大致等同。不过仔细辨析，二者还是有区别的。部落所有制侧重从人类早期的社会组织和生产方式讲，突出的是血缘共同体；亚细亚生产方式是指19世纪仍广泛存在于印度等亚洲地区的古老社会形态的孑遗。在马克思看来，人类早期在世界各地普遍存在这种血缘组织和生产方式，但它后来在欧洲等地衰落甚至消失了，在亚洲却比较完整地保留下来。可见，亚细亚生产方式实际就是指19世纪在亚洲还普遍存在的这种原始的血缘组织和生产方式。不过亚洲保留下来的这种生产方式和血缘组织也不是纯粹的和原生态的，而是经过宗教和专制体制影响而呈现的混合物。所以，马克思讲亚洲土地制度时，其基础仍然是农村公社所代表的部落所有制，但是又混杂了国家和寺院土地制，所以它是一种复杂的次生形态。

研究部落所有制是了解东方社会和研究其传统社会机构的"一把钥匙"，它的基本特征是不存在土地私有制。因此，为了更好、更深入地了解东方社会，首先要从了解部落所有制入手，这也是马克思、恩格斯研究部落所有制的重要原因。可以说，部落所有制既不同于原始社会、奴隶社会，也不同于亚细亚生产方式。它是"历史的最初时期"的原始人类社会形态，生产力不发达、社会分工也不发达，不存在土地私有制，这是马克思、恩格斯在特定的历史条件下研究提出的"历史性"内容。

（三）农村公社

"农村公社"简称村社，是指古老的血缘组织，以及这种组织跟他们生存的天然条件的结合体。马克思、恩格斯关于东方农村公社的相关思想散落于通信、评论、文章、手稿、摘录和笔记等不同时期的多种文本中。马克思对东方农村公社的关注不是心血来潮，而是长期持续地关注这一问题。马克思为何如此重视农村公社？事实的普遍性和马克思关注的深度表明：他要揭示东方社会形态（也是人类最早的所有制形式和"自然生产"方式）的普遍本质和基础，并将其上升为总体性范畴。

1. 农村公社的范畴

马克思在笔记中摘录了世界上不同地区、不同时期的农村公社，并作了大量翔实的研究和对比。他发现这些农村公社虽然具体形式多样，但是又具有特殊性的统一，其中，从原始公有制向私有制的过渡构成了其土地制度的统一基础，这是生产力发展到一定程度的结果，也是社会发展到一定阶段的历史产物。因此，马克思认为农村公社是一种普遍存在的原始土地所有制形式，只是它在东方社会保存的比较完整、存在的时间也更久。在东方，"农村公社"以一定的形式长期存在和发展，而西方的"农村公社"则很快被取代了。马克思研究亚洲的村社制度时发现，"整个国家（几个较大的城市不算在内）分为许多村社"[①]。

理解马克思"农村公社"概念，应遵循逻辑与历史统一的原则。逻辑和历史的前提是抓住"自然状态"这个特点——当然与霍布斯、卢梭的概念无关。农村公社基于一个历史事实：人类的社会组织方式是从自然状态演化过来。作为"自然生产"形态的总体性范畴，以及这个范畴与资本范畴的对立统一关系。在马克思看来，农村公社源自人的"自然状态"，且贯穿在几种生产关系中，其孑遗一直延续到资本主义兴起之前。因此，它以血缘组织即氏族和部落为基础，共同占有生产资料特别是土地。马克思在《1857—1858 年经

---

① 《马克思恩格斯文集》第 10 卷，北京：人民出版社 2009 年版，第 117 页。

济学手稿》中指出：人类社会首先是自然而然形成的一个个小的部落共同体，家庭或者家庭形式的扩大，即氏族、部落和部落联盟。他们最初居无定所，后来定居下来，共同"占有他们生活的客观条件"①。农村公社的起点是早期血缘族群，以血缘关系为基础的原始公社的基本特征，这方面的证据还可见于其在《人类学笔记》中的大量论述。以血缘关系为基础的共同体是最初的社会形态，它们以自然结合的方式占有人们生活于其中的土地，这是最初的所有制。

不过，农村公社也是不断发展演变的。由于经济社会发展程度不同，私有财产扩展的范围也有所不同。经济社会发展程度越低越原始，共同占有的范围也越大。随着经济社会发展，私有范围也得到扩展。大致说，农村公社早期，土地等大型不动产为公社共有，但消费品、生产工具乃至房屋，则逐步私有化。早期原生态的、发展水平低的，就是原始公社；发展程度高的则叫农业公社；多个部落共同生活在某个区域，就容易形成部落联盟或比邻公社。随着经济社会发展，农村公社中分离出私有土地并逐渐扩大，还出现凌驾于村社之上的国家与寺院（教会）土地制，这在亚洲最典型。一个个亚细亚的基本形式似乎是一个个小的共同体，而在这个小共同体之上就是更高的所有者，也就是唯一的所有者。这些小的共同体之上的统一体是一种特殊的更高的所有制，它的表现形式就是国家。国家是土地名义上或法律上的所有者，公社则是实际使用者。于是，出现了一种复杂现象："从法律上看似乎并不存在财产的情况下，这种部落的或公社的财产事实上是作为基础而存在的。"② 村社土地制以世袭的、事实的状态顽强地保存着，作为隐蔽的社会基础，与国家所有制并存。在《资本论》谈"劳动地租"时马克思再次谈到类似思想，亚洲的国家或国王（皇帝）就是最高的地主，他们拥有土地的所有权。但这些土地需要由农民耕种，而农民耕种的方式仍是以传统的部落制形式进行，这意味着佃农事实上按照部落所有制的传统，以世袭的方式耕种土地。可以说，他们对土地没有所有权但有使用权。需要指出的是，不少学者把马克思谈到的亚洲国家土

---

① 《马克思恩格斯文集》第8卷，北京：人民出版社2009年版，第124页。
② 《马克思恩格斯文集》第8卷，北京：人民出版社2009年版，第124页。

地所有制当作农村公社的根据。本书的看法恰好相反，国有土地是农村公社的否定因素。农村公社原本是古老的血缘组织，以及这种组织跟他们生存的天然条件的结合体。但农村公社又是历史发展的，马克思的时代基本没有了纯粹的原生态的农村公社，亚洲流行的形态是公社土地、私有土地和国家土地并存的混合情况。很多土地所有权属于国家，使用权属于公社，并且世袭。于是，农村公社土地制就成了隐蔽在国家土地制下的基础形态。研读马克思的文本时，我们应辨析哪些是原始公社的孑遗，哪些是既作为农村公社的否定因素又与农村公社长期并存的新形态。

2. 农村公社范畴在东方社会理论中的地位

马克思唯物史观是站在世界历史视域上，包括东西方在内的完整的科学理论。其中，"东方社会"实际上有双重含义：一方面是地域上的东方，即欧美资本主义以外的世界；另一方面是历史意义上的东方，即社会发展落后于西方资本主义的社会形态。马克思的东方社会理论旨在揭示在西方资本主义影响下东方社会如何发展演变的理论。在以《资本论》为代表的政治经济学批判著作、手稿群中，马克思科学、严谨地剖析了欧洲资本主义生产方式、经济关系的运动规律，得出资本主义生产关系的矛盾必然导致资本主义灭亡，被共产主义取代的结论。不过资本主义又是一种世界体系，它必然影响和包括东方社会。而东方社会处于前资本主义发展阶段，生产力水平低，它的发展过程自然不同于原发型资本主义社会，而是落后的经济社会形态在西方资本主义冲击下的综合性后果。它有两种可能的发展道路：一种是在某些特殊条件下，既保留自己的村社基础，又主动地引进、吸收资本主义的先进要素，从而不经历欧洲资本主义那样的混乱而过渡到社会主义社会；另一种是本土的农村公社基础被外来资本主义因素摧毁、重构。具体选择哪一条道路，又是如何过渡，过渡后又是如何发展等，这些都是马克思东方社会理论所研究的基本内容。

东方社会的主要组织形式是农村公社，农村公社土地所有制不存在私有制，这是区别西方社会的主要特征。马克思指出东方社会一切现象的基础是不存在土地私有制，只有理解了这点，才能真正理解东方国家的经济社会宗教等一切现象。例如，土耳其、波斯和印度斯坦等国就不存在土地私有制，这是它们的基本特征,也是理解东方社会的"秘钥"。恩格斯在回信中也非常认可马克思的观点。农村公社在东方社会有普遍性和基础性的意义,我们猜测马克思很可能是把农村公社当作整个东方社会形态的总体性范畴。

首先,农村公社虽然是一种古老的经济和社会形态,但它有强大的生命力,一直延续到资本主义兴起的时代。马克思虽然承认农村公社与部落所有制、亚细亚生产方式密切相关,但他并不把农村公社作为一种所有制形态,也不认为与其他所有制形态截然不同。因为农村公社隐蔽在多个社会形态中,直到资本主义的兴起。例如在俄国,农村公社就大面积地、完整地保存下来,至今还有很大影响力和生命力;而欧洲其他地方的农村公社几乎销声匿迹了,只有个别地方零星地保存下来。在西欧,古老的公社也保存了相当长的时间:英国在18世纪的最后几十年,这种古老公社的孑遗才最后消失。马克思还引证米拉波《弗里德里希大帝时代的普鲁士君主制度》的资料指出,在西里西亚,农民也是农奴,农奴占有公有地,至今保留着份地制度。总而言之,农村公社经历了多种社会形态,具有强大的生命力。

其次,在资本主义开创"世界历史"的时代,农村公社仍是东方社会普遍和基本的形态。如果说马克思早期研究还只是零星涉及农村公社,那么马克思晚年探讨资本主义世界市场和总危机时,就系统地研究了存在与世界各地的村社制度及其演变规律,留下了卷帙浩繁的《人类学笔记》。马克思在摘录墨西哥和秘鲁红种人的公社时,指出它们以家庭份地为前提的土地公社形式;印度的所有村社成员或家庭都可以使用土地;阿尔及利亚的情况是"在这里,氏族所有制和不分居家庭所有制是占统治地位的所有制形式"[①];柏柏尔人遗存的氏族所有制或公社所有制,还是不分居的家庭制生活,基本原则是家庭财产不可出让,到现在仍严格遵守这一规定。按恩格斯的说法,摩尔根的《古代社会》一书,"发现了氏族的真正本质及其对部落的关系"[②]。据此可以说,马克思主要是从氏族、部落等社会组织形态方面考察农村公社,研究了古老的血缘家族组织的形成、演化与各时期的结构,同时研究它们与公社财产制度的

---

① 《马克思古代社会史笔记》,北京:人民出版社1996年版,第101页。
② 《马克思恩格斯文集》第2卷,北京:人民出版社2009年版,第31页注(2)。

关系。其他几份摘要，除《亨利·萨姆纳·梅恩〈古代法制史讲演录〉一书摘要》是探讨欧洲特别是爱尔兰历史上的农村公社外，都是研究当时存在于世界各地的农村公社。在资本主义向全球扩张这一语境下研究世界各地存在的农村公社，马克思的目的应该可以肯定：弄清楚资本主义世界市场和世界体系在东方究竟面对的是什么？

再次，虽然资本主义世界体系及其孕育的危机是通过欧洲资本主义与东方农村公社之间的矛盾和冲突进行的，但由于研究的时期、国度和角度不同，农村公社的状况和互动方式也不同。在给《纽约每日论坛报》写评论时，马克思指出：孤立、分散和封闭的村社制度是东方专制主义的基础。印度像东方其他地方那样，把大规模的工程交给中央政府去管，以家庭为单位的农业和制造业组成分散在全国各地的很小的中心。印度这种特殊的农村公社制度历史悠久，从远古时代到现在，各个组织之间彼此封闭、隔离，又没有一个共同的利益组织，导致其具有顽强的生命力，内部很难发生变革。马克思在回复维·伊·查苏利奇信时指出，他是从受欧洲资本主义影响与俄国农村公社基础这对矛盾中来分析俄国社会未来发展前景的。俄国由于其特殊性，它的农村公社土地所有制到现在仍在全国范围保存得较好也较完整，在社会形态中占有一定基础，并且它又处于资本主义大发展的时代，与资本主义共存，可以利用其积极成果。在《人类学笔记》中，马克思几乎探讨了全部非西方社会的农村公社，但都是在资本主义世界体系和世界历史视域下，从殖民主义与东方古老部落和村社制度的矛盾中来分析这个问题的。对此，我们后面会再具体讨论。

当然，由于马克思的研究工作还是以收集和整理材料为主，很少直接谈及自己的理解，加上马克思有的手稿虽然写就，但"秘不示人"，所以我们的研究只是大致推测：马克思把农村公社视为超越多种社会形态的自然生产方式，视为东方社会的基础，也是反映东方社会形态的本质范畴。如果说商品是资本主义经济形态的总体性范畴，那么马克思很可能想把农村公社视为东方社会的总体性范畴。这样，要诠释西方资本主义与东方古老社会互动并构成现代世界完整的体系，就有了"抓手"。

（四）王权与宗教

马克思不仅关注东方农村公社，而且也非常关注东方古代社会的宗教和王权。农村公社、宗教、王权等因素是影响东方古老社会的各种生产方式的重要因素。正如马克思在给恩格斯的信中曾明确指出："至于宗教，可以归结为一个一般的，从而是易于回答的问题：为什么东方的历史表现为各种宗教的历史？"① 马克思晚年在《历史学笔记》以及相关信件中，在讨论东方社会的时候均涉及王权和宗教。纵览《历史学笔记》涉及的史料，贯穿世界各地1800多年的历史，主要就是围绕王权和宗教两大主题展开。马克思讨论资本主义社会形态时突出的是经济，但《历史学笔记》基本没涉及经济问题。《人类学笔记》以农村公社（土地公有和血缘共同体）为基础，《历史学笔记》强调的是王权和宗教，这两种解释应如何协调呢？

1. 王权

东方社会的土地归公社和国家所有，没有土地私有制，生产不发达，这是东方社会不同于西方的主要特点。正如恩格斯所指出："在整个东方，公社或国家是土地的所有者，在那里的语言中甚至没有'地主'这个名词。"② 王权在东方社会具有主导地位，国王、君主、皇帝等以"王权"的形式占有土地、资料等，并对他们进行统治，皇权是它的主要表现形式，而家长制又是皇权的基础。例如马克思指出中国社会："家长制权威是这个广大国家机器里唯一的精神联系，皇帝被尊为全中国的君父，官吏在各自管区维持这种父权关系。"③ 中国的家长制在中国居主导地位，很具有权威性，君父、父子关系是这个古老国家的精神联系，维持着统治者皇帝的权威。马克思曾强调："如果不是私有土地的所有者，而是像在亚洲那样，是既作为土地所有者同时又作为主权者的国家，那么，地租和赋税就合为一体……在这里，国家就是最高的地主。在这

---

① 《马克思恩格斯文集》第10卷，北京：人民出版社2009年版，第111页。
② 弗·恩格斯：《反杜林论》，《马克思恩格斯文集》第9卷，北京：人民出版社2009年版，第183页。
③ 《马克思恩格斯文集》第2卷，北京：人民出版社2009年版，第608页。

里，主权就是全国范围内集中的土地所有权。但因此在这种情况下也就没有私有土地的所有权，虽然存在着对土地的私人的和共同的占有权和用益权。"① 最高统治者国王具有全部土地的所有权，国王（皇帝）有权把土地作为采邑封赐给贵族和官吏，贵族和官吏又在一定范围内拥有土地的使用权和占有权，其他大部分子民仅仅拥有土地的使用权和用益权。

东方社会的王权又是和小农经济联系在一起的。"在大多数亚细亚的基本形式中，凌驾于所有这一切小的共同体之上的总合的统一体表现为更高的所有者或唯一的所有者。"② 马克思认为小农业和家庭工业相结合构成了东方社会农村公社的基础，君主是最高的或者是唯一的所有者，国家是土地的真正所有者或唯一所有者，是居于一切公社之上的最高统一体。各个公社及其成员，一起从事水利、土地等一些公共事务，而这些公共事务往往是单独个人无法办到的，除此之外，他们经常过着彼此孤立的家族式生活。东方社会专制制度的形成就是建立在东方农村公社基础之上。它使人屈服于环境，臣服于王权。马克思指出了农村公社的孤立性以及各个村社之间完全隔绝的这种状态是东方专制制度的自然基础。而东方社会的专制制度是建立在农村公社基础之上的，背后隐藏的经济关系实质上是剥削关系，专制制度在一定程度上阻碍了公社的发展，然而，王权下的贡赋剥削形式使公社的自然经济更加牢固了。例如马克思分析了法国的小农经济为拿破仑称帝提供了社会基础，马克思评价当时的中国时指出"家长制权威""世代相传的愚昧状态""野蛮的、闭关自守的、与文明世界隔绝的状态"③，"与外界完全隔绝"。

2. 宗教

在马克思看来，宗教是人类历史发展到一定阶段的产物，是人类思维活动的产物，是人的自我意识的丧失或者异化，是一种颠倒的世界观。"宗教是人民的鸦片。"④ 正是在苦难的现实世界中，受压迫者或受剥削者找不到摆脱现实

---

① 《马克思恩格斯文集》第7卷，北京：人民出版社2009年版，第894页。
② 《马克思恩格斯文集》第8卷，北京：人民出版社2009年版，第124页。
③ 《马克思恩格斯文集》第2卷，北京：人民出版社2009年版，第608页。
④ 《马克思恩格斯文集》第1卷，北京：人民出版社2009年版，第4页。

困境的道路，便将精神寄托在幻想的神灵以求解脱。而在阶级社会，作为上层建筑意识形态的宗教代表着统治阶级的利益，是统治阶级维护自身利益的一种方式，是统治者维护自身统治的精神"指挥棒"，是麻痹被统治者的精神工具，也是统治阶级对外扩张的工具。"宗教背后隐藏着的是实实在在的现实利益。"①正如马克思在《宣战——关于东方问题产生的历史》中指出："我们发现在圣墓周围聚集着多不胜数的基督教教派，在它们的宗教野心后面隐藏着同样多的政治的和民族的角逐。"②马克思在《人类学笔记》中也阐释了东方社会模式的宗教特征，宗教也是一种文化形式，甚至可以说宗教的社会意蕴是文化所无法取代的。在《历史学笔记》中有大量关于宗教及宗教战争的摘录。这不仅表现在每次社会的剧烈变化都可以看到宗教的影响，而且还表现在宗教左右着人们的生活方式。正如马克思在给恩格斯的信中明确指出："至于宗教，可以归结为一个一般的，从而是易于回答的问题：为什么东方的历史表现为各种宗教的历史？"③

马克思在《历史学笔记》中聚焦了重大宗教事件，主要包括"十字军东征"，以及英、法、德等国家的宗教改革和欧洲"三十年战争"即"宗教战争"。首先，马克思摘录中世纪时期的十字军远征，这次远征共发动九次，持续近200年，是罗马以维护基督教之名对地中海东岸国家发动的侵略性远征，也是东西方世界一次充分交融，使东西方走向了两条不同的道路，马克思以此来讨论宗教对世界历史进程的影响。其次，马克思摘录了大量宗教改革并关注其对社会发展的影响，指出宗教改革的核心是重置宗教与政治的关系，例如法国的宗教改革先于政治矛盾的解决，它的现代化进程则重在变革政治，而英国则实现了政教合一，它的现代化模式则致力于社会的整体性变革。再次，马克思关注的欧洲"三十年战争"，该战争的背景是基督教内部的天主教与新教的矛盾，反映了顺应资本发展要求的国家与坚持封建反动政策国家之间的斗争，实质是国际范围内的资本主义与封建主义的斗争，影响了近代欧洲的格局。

宗教是人类历史上普遍存在的社会现象，东西方社会都有宗教的存在，只

---

① 《马克思恩格斯全集》第29卷，北京：人民出版社2020年版，第548页。
② 《马克思恩格斯列宁论宗教》，北京：人民出版社2010年版，第479页。
③ 《马克思恩格斯文集》第10卷，北京：人民出版社2009年版，第111页。

是各个地方宗教不尽相同,影响各异。我们认为马克思晚年在《历史学笔记》中摘录大量宗教对政治国家甚至世界历史进程的影响,以此来对照东方。东方文明古国历史悠久,是人类文化的摇篮,也是佛教、伊斯兰教等宗教的诞生地,其宗教的影响更为深刻。宗教深刻影响着东方社会的政治、经济、文化、风俗、习惯等众多领域。例如,中华文明历史悠久、源远流长,在中华民族几千年的社会发展过程中,宗教文化深刻地影响着人们的生活方式、思维方式、行为习惯,在民众生活中有着重要的影响力和凝聚力,并且潜移默化地影响着人们的生产生活。甚至在古代,中国的宗教成为政治统治的一种工具、一种手段,"麻醉"人们,使其恪守"君权神授""三纲五常""君臣"之礼等传统思想。关于印度社会和印度宗教,马克思强调一方面从印度社会看印度宗教,另一方面又从印度宗教看印度社会。他把印度宗教批判和社会批判结合起来,印度传统的社会制度基础是村社制度和种姓制度等,这就成了其批判的基础。马克思终其一生研究资本主义社会和科学社会主义,并积极参与实践指导无产阶级革命运动,对印度社会的研究只是其研究中的一部分,马克思为什么研究印度?这源于印度是最早的西方资本主义的殖民地,其与资本主义相联系,并且是东方国家。这也许是印度作为马克思、恩格斯最感兴趣,也是论述较多的东方国家的重要原因之一。

总之,马克思关于宗教的研究都不仅仅只研究宗教问题,而是把宗教问题纳入人的自由全面解放的革命进程之中。他认为宗教的异化来源于社会的异化,对宗教的批判是他对整个剥削制度,特别是对资本主义制度的批判的一部分。他们认为要彻底改变人的异化状态,实现人的自由而全面发展,就需要进行革命、改造社会。马克思揭示出宗教争论背后是国家之间的利益的争夺、战争的较量,也可以说马克思从宗教的视角剖析了国际局势和国际关系。在马克思看来,东方社会不是从资本的角度而是通过批判专制王权、宗教制度和小生产的狭隘性对人的否定。在小生产条件下,人的主体性和独立自由个性被低下的生产力和狭隘的交往关系所束缚,人的类存在和类本质处在"自由"的状态。这样,人要发展到马克思所设想的自由全面发展的状态,就需要资本主义大工业带来的革命和解放。

四、东方农村公社的基本特征

马克思、恩格斯在多个地方多次讨论过东方农村公社这个问题，虽然对此问题没有专门的、成熟的论述，但其相关思想散落于通信、评论、文章、手稿、摘录和笔记等文本中。例如，马克思、恩格斯之间以及马克思、恩格斯与俄国革命者之间的通信，马克思为《纽约每日论坛报》写的有关中国、印度、俄国等评论以及其他关于俄国社会问题的文章，以及《1857—1858年经济学手稿》《人类学笔记》等大量手稿、笔记和摘录等。从这些不同时期、不同类型的文献中可以看出，马克思、恩格斯针对不同时代的所面临的问题形成了不同的理论认知，但其对东方农村公社的关注却是持续的。他们一生致力于无产阶级的解放和全人类解放，站在"世界历史"的高度，研究处于这个整体中的东方社会及其农村公社制度。

（一）不存在土地私有制

东方社会，由于其特殊的气候和土壤环境，及其社会特征，形成了与西方不同的农村公社所有制。东方社会的土地名义上归中央政府即国家或王权集体所有，实际上属于各个农村公社或地主所有，公社把土地分配给相对较小的家庭公社，实行定期重新分配公社土地的份地制度。因此，马克思提出了不同于西方的"亚细亚生产方式""亚洲社会""亚洲式的社会"来特指东方社会。

农村公社是以血缘关系为基础自然形成的氏族、部落或部落联盟，即"天然的共同体"①，是原始社会向阶级社会过渡进程中形成的，是世界各地普遍存在的所有制方式。马克思研究亚洲的村社制度发现："整个国家（几个较大的城市不算在内）分为许多村社。"② 这种以村社制度为基础的农村公社是东方社会的基本组织形式，它本身不存在土地私有制，这样说是其与西方社会不同的地方。马克思在信中指出："东方（他指的是土耳其、波斯、印度斯坦）一切现象的基础是不存在土地私有制。这甚至是了解东方天国的一把真

---

① 《马克思恩格斯文集》第8卷，北京：人民出版社2009年版，第123页。
② 《马克思恩格斯文集》第10卷，北京：人民出版社2009年版，第117页。

正的钥匙。"① 恩格斯在回信中也非常认可马克思的观点。他回复道："不存在土地私有制，的确是了解整个东方的一把钥匙。"②

马克思所指的东方农村公社"不存在土地私有制"的基本特征是什么？马克思曾在《资本主义生产以前的各种形式》中指出，东方专制制度之下，从法律上看似乎不存在个人财产，但是其实东方社会这种部落的或公社的财产正是这种制度存在的基础，以部落或公社的财产集体占有为其专制制度的基础。东方国家和地区传统的农业和手工业相互结合，没有完全的社会分工，独立的村社可以自给自足，只是通过贡奉地形式向国家交纳部分的剩余劳动。可见，马克思所指出的东方国家农村公社"不存在土地私有制"是从总体上讲的，泛指土地私有制的发展程度不高、不占主导地位来讲的。可以说，东方农村公社用公有的形式掩盖了私有的实质。当时的东方国家不存在土地私有制，那么，它存在的土地所有制形式是什么？我们从马克思、恩格斯论述中可知，"不存在土地私有制"就是存在"土地公有制"或"土地国有制"，即土地国有制占主导地位。

（二）农村公社的二重性

马克思在笔记中摘录了世界上不同地区、不同时期的农村公社相关内容，对农村公社进行了深入研究，得出农村公社在不同地区、不同时期的存在形式复杂多样，各有不同，但它们都具有一些基本的特征。他认为农村公社是从原始公有制向私有制社会的过渡基础，这是生产力发展到一定程度的结果，也是社会发展到一定阶段的历史产物。马克思认为，农村公社所有制在东西方各民族中都是存在过的，只是在东方社会存在的时间更久、保留地更完整，它具有二重性或者过渡性。农村公社是一个过渡性社会，处于从原生社会形态向次生社会形态过渡的历史阶段，这样它既有原生形态的某些特征，又有次生形态的某些特征。正如马克思强调："农业公社既然是原生的社会形态的最后阶段，

---

① 《马克思致恩格斯（1853年6月2日）》，见《马克思恩格斯全集》第49卷，北京：人民出版社2016年版，第415页。

② 《马克思致恩格斯（1853年6月6日）》，见《马克思恩格斯全集》第49卷，北京：人民出版社2016年版，第419页。

所以它同时也是向次生的形态过渡的阶段,即以公有制为基础的社会向以私有制为基础的社会的过渡。"①

例如,俄国农村公社这种二重性,从内部来看,俄国农村公社土地公有制被长期保存下来,"在俄国,全部耕地的半数左右却仍然是农民公社的公有财产"②;而各个家庭的房屋和园地等却是农民的私有财产,农民自己耕种自己的土地,产品归私人占有,这又在一定程度上促进了个人的发展。从外部来看,俄国农村公社的土地所有制的二重性是指:一方面,国家或国王对全国范围内的土地拥有最高的所有权;另一方面,农村公社是土地的占有者,社员是土地的使用者。这就是农村公社的公有和私有的二重性。农村公社这种公私二重性一方面使它具有强大的生命力,能够延续保存下来,另一方面又决定了其终将被解体的命运。马克思指出农村公社公有制的不同形式产生了它解体的不同形式。农村公社内部到底是公有制占优势,还是私有制占优势,决定了其解体的不同发展形式。"农业公社固有的二重性使得它只可能是下面两种情况之一:或者是私有成分在公社中战胜集体成分,或者是后者战胜前者。一切都取决于它所处的历史环境。"③

(三) 农村公社的普遍性

在马克思看来,农村公社是人类早期普遍的社会形态,各民族概莫能外。但由于不同地域不同民族发展不平衡,许多地区尤其是欧洲各国的农村公社被新的社会形态所取代;再加上考察不深入,以致有些人误以为农村公社只是某些民族的特例。马克思批评了这种误解。例如,他指出,把原始的公有制形式看作是俄国特有(或者斯拉夫特有)的形式是一种非常可笑的偏见,它存在于一切民族的原始社会。马克思认为农村公社这种原始的所有制形态是各地社会都普遍存在的,是"一切文明民族的起点"④。

在西方,完整的农村公社已经消失了,但仍有孑遗,"例如,在我的家乡

---

① 《马克思恩格斯全集》第 25 卷,北京:人民出版社 2001 年版,第 478 页。
② 《马克思恩格斯全集》第 29 卷,北京:人民出版社 2020 年版,第 516 页。
③ 《马克思恩格斯全集》第 25 卷,北京:人民出版社 2001 年版,第 478 页。
④ 《马克思恩格斯全集》第 31 卷,北京:人民出版社 1998 年版,第 294 页。

特里尔专区就有"①。在东方，这种古老的农村公社却被完整地保存下来，例如俄国和印度，农村公社至今还有很大影响力。俄国在全国范围内保存着农村公社制度，在社会上占主导地位，并且大面积、较完整地保存下来，可以说是欧洲唯一这样的国家。印度农村公社是东方国家中的典型。马克思研究了印度的、俄国的和日耳曼的农村公社，弄清楚了从印度到爱尔兰等各地原始社会形态都存在过土地公有的村社制度。这种原始社会在不同的历史进程中具有不同的原始形态，即氏族公社、家庭公社和农村公社等。正是由于这种不同的公有制形式，产生了不同的解体形式。总而言之，马克思广泛地探讨了曾经存在和至今仍然存在于世界各地的农村公社，包括它的社会组织和土地制度等。可见，这是具有普遍意义的历史事实。

（四）农村公社的特殊性和多样性

在马克思、恩格斯创立和发展唯物史观的过程中，他们不仅强调社会发展的普遍性、统一性，同时也强调社会发展的特殊性、多样性。马克思、恩格斯在研究东方农村公社的过程中，尤其是在比较东西方社会发展的过程中，深化了对社会发展多样性的认识，对各国不同的历史境遇和不同的发展道路的具体的、历史的科学认识。马克思通过大量史料，一方面研究各个民族国家历史发展过程中的共性即统一性，同时又研究各个民族国家历史发展中所表现的特殊性和多样性。

农村公社发展的多样性。农村公社有一个从原始公社到农业公社的发展过程。在《给维·伊·查苏利奇的复信》初稿中，马克思以地质层的构造来作比喻，他指出农村公社有"原生类型、次生类型、再次生类型等一系列的类型"②，它们是包含不同组织类型的一系列社会组织。马克思对这三种不同形态的农村公社进行了具体的、历史的分析，提出了不同形态的公社组织有不同的解体方式。在具体的社会历史发展过程中，各地农村公社的发展极不平衡，有的地方很早就消失了，有的地方则比较完整地保存下来了。

---

① 《马克思恩格斯文集》第3卷，北京：人民出版社2009年版，第572页。
② 《马克思恩格斯文集》第3卷，北京：人民出版社2009年版，第581页。

几种不同形式的农村公社。马克思、恩格斯论述资本主义以前的社会时，在其著作中提到了许多公社的名称，如"亚细亚的公社""日耳曼的公社""印度公社""亚洲村社""斯拉夫公社"等等，这些形形色色的公社形态有其共同特征，也因所处的历史环境、地理环境、发展阶段等不同而呈现出不同的形态。例如印度公社，马克思在《不列颠在印度的统治》著作中，指出印度各个村社之间是孤立的、分散的，过着闭关自守的生活，公社内部"存在着奴隶制和种姓制"①。

马克思已经看到东方社会主要是公社土地所有制和国家土地所有制两种形式，并且他认为农村公社在东方社会具有普遍性和基础性意义。从前文可知，农村公社虽然是古老的经济和社会形态，但它有强大的生命力，并且一直延续到资本主义兴起的时代。在资本主义世界发展时期，农村公社仍然是东方社会普遍和基本的形态。由于研究时期、国度和角度的不同，农村公社状况和互动方式也不同。马克思很可能是把农村公社当作整个东方社会形态的总体性范畴。

综上所述，马克思研究资本主义生产方式，一开始就把它当作开放的世界市场和世界体系看待。鼎盛时期马克思研究的重心虽然是以西欧为代表的资本主义，但无论是就资本主义世界市场的事实，还是就马克思的写作计划，以及他留下的手稿看，马克思都有研究东方社会的必要，马克思把它当作资本主义世界体系的有机构成部分，以及影响资本主义世界体系发展演化的必要因素。不过马克思深入研究东方社会时，发现它比西方社会更复杂和难以把握。马克思试图通过农村公社、部落所有制、亚细亚生产方式，甚至王权和宗教等范畴，理解东方社会的本质。马克思将东方社会纳入西欧资本主义国家主导的世界体系中，从东西方一体化的整体去考察。

---

① 《马克思恩格斯文集》第 10 卷，北京：人民出版社 2009 年版，第 117 页。

第二章　东方社会思想的世界市场背景

本章试图从马克思一生最重要的工作——《资本论》及相关著作、手稿群入手，研究马克思作了计划却没来得及完成的研究和写作思路，探究马克思打算如何通过国际贸易、世界市场等环节研究，转向东方社会的研究。

马克思1857年正式开始研究并撰写《政治经济学批判》，但政治经济学批判的写作计划几经调整，最后决定先撰写《资本论》。《资本论》的叙述从"资本一般"开始，遵循从抽象上升到具体的原则，分析资本各环节的运行过程，通过国际贸易、世界市场，最后才能完成对资本主义生产方式和资本主义世界体系的系统批判。如果我们循着马克思政治经济学批判的逻辑向前推进，不难理解，在他的理论体系中，东方社会的维度是不可或缺的环节。无论是按照资本主义经济运行的历史事实，还是按照政治经济学批判的理论逻辑，马克思最后都应该探讨资本主义经济范畴与东方社会或亚细亚生产方式等经济范畴之间的矛盾与冲突，以及由此所形成的历史发展趋势。很遗憾，马克思未能完成他的工作就过早逝世，资本主义世界体系下的国际贸易、世界市场，以及由此导致的东方古老社会形态的解体与重构等问题，就成了他的未竟事业。

鉴于此，我们要探讨马克思晚年东方社会思想，就有必要深入到马克思的各种相关著作、手稿中，探讨马克思准备做却没来得及做的工作，这主要涉及资本扩张、世界市场与东方社会之间的逻辑关系。我们从马克思的"三部""五篇""六册"研究计划以及《资本论》的叙事方法、叙事逻辑及其待呈现的叙事方式可以看出，马克思有一个完整的政治经济学批判设想，即世界历史、世界市场的总体性思想。马克思一直关注国际贸易、世界市场和资本主义总危机，而这些必然涉及东方社会。这表明马克思不仅研究西欧资本主义，关注资产阶级社会，而且关注东方，关注东方社会的未来发展情况。马克思透过资本主义经济生活中纷纭杂乱的表象，深入本质，抽象出"商品"这一资本主义经济的"细胞形态"，经由商品、价值、劳动和剩余劳动、生产资本、商业资本、信贷资本、地租等环节，进入世界体系。马克思用理想化、典型化的理论模型完美地解释了以西欧资本主义特别是以英国为代表的资本主义经济运动，那么，这种理论模型能不能直接用来解释东方社会呢？如果不能，那用什么逻辑来解释合适？如何分析东西方之间的互动？面对西方社会的殖民入侵，东方社会的反应又是怎样？这些都是马克思晚年所需要考虑的问题。

一、从《资本论》为什么没写完说起

《资本论》于1867年第一卷出版后，直到马克思1883年去世，差不多20年的时间仍没有完成全部写作，尤其是第三卷甚至留下的手稿都非常粗糙凌乱。这十多年时间，马克思花了大量的时间和精力研读柯瓦列夫斯基、摩尔根、菲尔、梅恩等人的著作，并作了大量的摘录和笔记，留下"人类学笔记"和"历史学笔记"等出乎人们意料之外的大量手稿。正因为如此，马克思去世后，尤其是1974年美国学者克拉德整理出版马克思的《人类学笔记》后，人们对马克思晚年的工作进行了系统解读。对马克思晚年思想的研究，应该从马克思晚年所面对的问题着手，按照马克思一以贯之的内在逻辑，回到马克思追求的科学理想，向着他心目中描述的"世界历史"图景趋近，回到马克思的旨趣和真谛上来。

（一）《资本论》概述

《资本论》是一部具有划时代意义的巨著，是"百科全书"式的著作。它的内容覆盖面很广泛，不仅涉及经济、政治、法律、历史和教育，还包括道德、宗教、科学技术，甚至文学艺术、生态环境等也蕴含其中。《资本论》被称为工人阶级的"圣经"，马克思主义的百科全书。马克思利用辩证唯物主义和历史唯物主义，深入科学地揭示了资本主义剥削的秘密，分析了资本主义社会运动发展的规律，得出了"两个必然"的结论。

第二章 东方社会思想的世界市场背景

马克思为写作《资本论》付出了毕生精力。在1842年至1843年马克思担任《莱茵报》主编期间，他接触到了许多现实的经济问题，例如林木盗窃、地产析分、自由贸易和关税保护等，为了弄清楚这些看似是法律但实际是经济的问题，马克思开始研究经济学问题。马克思在1843年写的《黑格尔法哲学批判》与《〈黑格尔法哲学批判〉导言》第一次论证了上层建筑和经济基础之间的辩证关系。1847年出版的《哲学的贫困》和《雇佣劳动与资本》，则系统阐述了资本家剥削工人的实质。1848年欧洲革命失败后，他开始重新钻研经济学，写了大量手稿。1848年马克思、恩格斯合著的《共产党宣言》问世，它是共产主义纲领性文件，分析了资产阶级灭亡的必然性和无产阶级革命胜利的必然性。1857—1858年，马克思写了《经济学手稿（1857—1858）》，也是《资本论》第一稿。1859年6月他出版了《政治经济学批判》（第一分册）。1861—1863年，他又写了第二稿，即《1861—1863年经济学手稿》。《资本论》第三稿在1864—1865年又进行了重新写。1867年《资本论》第一卷由马克思亲自校订出版。1883年马克思逝世后，恩格斯遵照马克思的有关论述和提示，在深入研究的基础上，对马克思留下的手稿进行整理和编辑，完成第二卷、第三卷的出版。

马克思在谈到《资本论》的研究对象和研究方法时强调，他所采用的方法是唯物辩证法。他用此方法分析了资本主义生产方式的产生，揭示了与之相适应的生产关系和交换关系，揭示了现代资本主义经济社会的运动规律。其采用的方法是充分占有材料再探索其中的内在联系。正如马克思所说："当然，在形式上，叙述方法必须与研究方法不同。研究必须充分地占有材料，分析它的各种发展形式，探索这些形式的内在联系。只有这项工作完成以后，现实的运动才能适当地叙述出来。"① 只有在此基础之上，资本主义内在的运动规律才能被发现。商品经济将存在一个很长的历史时期，并经过不同的历史阶段。资本主义生产方式使一切产品的生产转化为商品生产，并具有世界属性。

在《资本论》及其手稿群中，马克思按照严格的政治经济学方法研究资本主义生产方式的矛盾运动。他遵循从抽象上升到具体的原则，从商品一般开

---

① 《马克思恩格斯文集》第5卷，北京：人民出版社2009年版，第21—22页。

始,经过生产资本、商业资本、信贷与地租,进而过渡到国际贸易和世界市场等范畴,得出资本主义总危机的结论。显然,马克思理解的总危机,并不像我们过去理解的那么简单,似乎只是英国式资本主义经济矛盾直接扩大化的结果,而是西方资本主义主导的,包括东方社会在内的资本主义世界总危机。问题是,一旦政治经济学批判的范畴越出资本主义社会,向东方社会过渡,亦即向国际贸易、世界市场等范畴过渡时,《资本论》该按照什么样的范畴和逻辑展开,才能保持首尾一贯的缜密性和严谨性?资本与商品范畴如何过渡到东方社会的相关范畴?这既是马克思的科学理想,也是很困难的事。如果我们把马克思晚年《人类学笔记》和《历史学笔记》等相关著作和《资本论》的后续内容对接起来,就不难看出,马克思的思路是非常清晰的:他试图寻找东方社会的本质范畴和运行逻辑,并按照政治经济学批判的严谨性,与《资本论》对接,以阐明国际贸易、世界市场和资本主义世界体系的总危机。

(二)《资本论》为什么没有写完?

1867年9月《资本论》第一卷第一个版本(德文版)出版后,马克思就投入到第二卷、第三卷的修订工作中,马克思的初稿工作已经完成,并计划于1868年春全部出齐。但是,马克思的这个计划没有顺利地完成,甚至直到他逝世,这项工作还未完成。这到底是什么原因呢?学界关于此问题的讨论众多,观点各异,争论也多,以下罗列学界主要流行的几种观点:

一是马克思严谨的科学态度、开放的理论视野。有学者认为马克思之所以没有写完《资本论》是由于马克思认真严谨的科学态度。他们根据恩格斯或者马克思本人有关描述对此进行例证。例如,恩格斯在《资本论》第二卷序言中明确指出马克思"是以多么无比的认真态度,以多么严格的自我批评精神,力求使这些伟大发现达到最完善的程度"[①];马克思本人在同他的朋友拉萨尔交流中也流露过他的这个特点,"要是隔一个月重看自己所写的一些东西,就会感到不满意,于是又得全部改写"[②]。即使对于已经出版的《资本论》

---

① 《马克思恩格斯全集》第45卷,北京:人民出版社2003年版,第4页。
② 《马克思致斐迪南·拉萨尔(4月28日)》,见《马克思恩格斯全集》第30卷,北京:人民出版社1975年版,第617页。

第一卷，马克思也是不断对其内容和篇章进行修订。例如，马克思亲自校订并修改第二版，对文字、内容作了修改和补充，对篇章也作了新的安排，将第一版的六章改成七篇二十五章。所以有部分学者坚持认为正是马克思这种精益求精、不断探索的精神，致使《资本论》迟迟没有完成。

二是 19 世纪 70 年代后资本主义世界出现的新变化超出了《资本论》原有的判断和设计。部分学者认为经历了两次世界性经济危机，特别是资本集中的规模不断扩大，在一定程度上改变了原有资本社会的结构，使得资本主义国家穷人越来越穷、富人越来越富，出现了一系列新的变化。这些新的变化改变了马克思原来对资本的看法，他所期待的英国工业危机并没有如期出现，因此，这是马克思未完成《资本论》的主要原因。这些学者认为，马克思所遇到的客观实际情况改变了他对暴力革命的观点。正如他所说："在英国目前的工业危机（指 1873 年的世界经济危机）还没有达到顶峰之前，我决不出版第二卷。"① 正是马克思所遇到的新现实、新情况让他对之前的理论有所反思。"必须注视事件的目前进程，直到它们完全成熟，然后才能把它们'消费'到'生产上'，我的意思是'理论上'。"② 马克思非常关注这些新出现的事件，对此进行认真研究，进而提出自己更加成熟的理论。正是从这些论述中，有学者得出，马克思晚年没有整理、出版《资本论》定稿，是因为他对《资本论》所讨论问题有了新的现实情况，这引发了马克思新的思考。

三是来自俄国、美国的新资料。有学者认为晚年马克思接触到了俄国、美国的一些新资料，使马克思不得不重新进行思考，并不断完善修订《资本论》的内容，以致其久久没有整理出版。这些学者认为，马克思晚年研究视野扩展到东方，例如俄国和印度。以往，马克思主要以西欧资本主义为背景进行研究，深刻分析了资本主义本身所固有的无法克服的桎梏，导致其以自我否定为前提；而现在，面对古老的东方大国如俄国，它的农村公社制度刚刚解体，资本主义制度还没有建立起来。当俄国早期社会主义运动女活动家维·伊·查苏利奇写信请教马克思的时候，马克思对俄国农村公社的历史、现状作了大量的

---

① 《马克思恩格斯文集》第 10 卷，北京：人民出版社 2009 年版，第 431 页。
② 《马克思恩格斯文集》第 10 卷，北京：人民出版社 2009 年版，第 431 页。

分析，总结其特点，并且四易其稿，最终的正式回信也没有发出去，并且强调它不合适发表。凡此种种，可以看出马克思对此问题的回答非常谨慎。当他提出了俄国的农村公社因为和资本主义生产处于同一时代，机器大生产为它提供了集体劳动的可能，同时，它又可以利用资本主义制度创造的科技成果、管理经验、世界市场等积极成果，这样俄国就有可能"不通过资本主义制度的卡夫丁峡谷"①。这只是马克思提出的构想。由于马克思有机会接触了美国、俄国等大批有用的资料，这些资料又引发马克思新的思考。马克思说："我不仅从俄国而且也从美国等地得到了大批资料，这使我幸运地得到一个能够继续进行我的研究的'借口'，而不是最后结束这项研究以便发表。"② 他晚年自学俄语，阅读俄国文献，编写《我藏书中的俄文书目》，与俄国学者沟通交流，获得大量一手新的资料，特别是对俄国农村公社土地制度的研究，而东方社会的这些特征与西方社会又不相同，这就引发了马克思关于东方社会本身所具有的特殊性及其未来发展趋势的新判断，导致其没有按时完成《资本论》的后续写作。

四是身体原因。有学者认为身体原因导致马克思没有按时完成《资本论》的后续写作。马克思晚年贫困的生活、过度的劳累使他的健康受到了严重损害，特别是长期遭受痈疖疮的折磨，1865年在写作《资本论》手稿期间肝病复发使他头脑迟钝、四肢麻木；1866年由于过度的夜间工作再次引起肝病复发"差一点送了命"③；1867年他完成《资本论》第一卷时，每天遭受疾病的折磨，为了能够继续他的研究工作，完成他的著作，他仍没日没夜地工作。"我一直在坟墓的边缘徘徊。因此，我不得不利用我还能工作的每时每刻来完成我的著作。为了它，我已经牺牲了我的健康、幸福和家庭。"④ 马克思用坚强的意志克服了疾病的折磨，毅然完成了《资本论》第二、三卷的手稿和对第一卷的修改工作。一直到1867年底，马克思的"健康状况已经大大恶化，

---

① 《马克思恩格斯文集》第3卷，北京：人民出版社2009年版，第578页。
② 《马克思恩格斯文集》第10卷，北京：人民出版社2009年版，第433页。
③ 《马克思恩格斯全集》第31卷，北京：人民出版社1972年版，第176页。
④ 《马克思恩格斯全集》第31卷，北京：人民出版社1972年版，第543页。

根本谈不上工作了"①，持续到 1868 年 9 月，情况严重地不能工作了。1870 年由于病情，马克思几乎中断了《资本论》的研究写作。马克思的医生也不断警告他要大大缩短工作时间，马克思的这种精神非常值得我们学习。正是由于这些马克思本人或他的好朋友恩格斯的论述，有学者认为身体原因是马克思未完成《资本论》的主要原因。

学界关于《资本论》为什么没有写完的讨论非常激烈，争议较大，以上学界所谈的原因也都有一定道理，每一种解释有其合理性，并有相应的证据来印证。但总的来说，他们的解释有一个共同的问题：没有把《资本论》和《人类学笔记》《历史学笔记》联系起来研究，而是当成"两张皮"，也没有考虑到马克思研究的整体性计划；离开了马克思的问题语境、思想逻辑和方法论转换，因而不能真正解释其原因。

1862 年 12 月，马克思给他的经济学手稿命名为《资本论》，三年后马克思曾宣布整个研究要接近尾声了，也就是快要完成了，主要包括最后的结束理论部分和历史文献部分，按照我们常规来理解，这部分应该很快就能完成的。马克思本人也乐观地说当年 12 月底就能完成。可见，马克思是很有信心尽快完成《资本论》的写作并且尽快出版的。但是，直到马克思去世，这鸿篇巨著也没有出版。到底是什么原因呢？如果是因为马克思的健康状况导致无法完成最后部分，但是，又如何解释马克思晚年转向对东方社会的研究呢？他完成了《人类学笔记》《历史学笔记》等宏大巨著。因此，本书不赞同学界关于疾病、社会事务、生活困苦等阻碍了马克思完成《资本论》，也不认为资本主义世界出现的新变化，来自俄国和美国的新资料等是其主要原因。那么，究竟是什么原因致使马克思没有最终完成《资本论》的写作呢？

马克思之所以没有完成《资本论》写作，却又停下来阅读其他资料并撰写了两部字数浩瀚的笔记等，主要原因是他要弄清楚如下问题：资本主义向海外扩张导致东方古老的经济社会形态解体，资本主义主导的世界体系究竟会按照什么样的规律发展演变？他不仅要理解这个规律，还需用科学、严谨的经济学范式将这个规律阐述出来，把东方与西方、《资本论》前几卷与政治经济学

---

① 《马克思恩格斯全集》第 31 卷，北京：人民出版社 1972 年版，第 395 页。

批判后面的部分，需要完美对接起来。《资本论》和政治经济学批判多部手稿，它们有一套完整严密的理论体系和研究范式，即从商品开始，依据从抽象上升到具体、从一般到个别的逻辑，揭示资本主义生产方式及其矛盾运动。但是，一旦进入国际贸易和世界市场，马克思必须面对东方社会，必须另有一套揭示东方社会形态的本质范畴和科学方法，它不但要达到《资本论》那样的严谨缜密，而且两套范式、两种完全不同的社会形态之间要完美对接，这个难度无疑是非常大的。不难想象：马克思在构思和撰写《资本论》后面部分时，必然要思考资本主义商品经济究竟如何影响以农村公社为基础的东方社会？或者说东方社会究竟如何被资本主义改变？这一相互作用的关系究竟如何以政治经济学批判的严谨形态呈现出来？如何构思完整严密的资本主义总危机理论和"世界历史"理论？这才是马克思一边紧张地撰写《资本论》，一边大量阅读东方社会的资料并撰写笔记的原因。马克思要在世界市场、世界体系的大视野下研究资本下一步的运行问题，而要解决这些问题，他就得理解东方社会，并且在理论、话语、方法、逻辑等方面，都要完美地实现从西方资本主义范式向东方古老社会形态的范式过渡、转化。这一科学探索任务过于艰难，以致马克思未能在有生之年完成《资本论》后面几卷的写作。

我们推测马克思晚年在撰写《资本论》第二、三卷的过程中，他在思考当资本主义因素向东方社会扩展的时候，必然会引起东方社会的变化。弄清楚这个问题也是马克思构建资本主义世界体系理论和世界历史理论的必要内容。马克思在研究东方社会的时候，特别是在研究俄国社会的时候，发现了俄国农村公社土地所有制有其特殊性，与传统的西欧资本主义国家的土地所有制存在着很大的不同。他认为，农村公社是东方专制制度的基础，从世界市场、世界经济发展的角度，从社会分工、国际交往趋势的扩大来看，马克思试图寻找东方社会的未来发展之路，提出了"不通过资本主义制度的卡夫丁峡谷"[①] 等设想。同时，我们也可以看出，马克思还研究了东方社会的农村公社制度以及它在西方资本主义制度入侵和冲击下的反应。例如他不只是研究印第安人的原始公社，还研究公社在西班牙人入侵下演变的命运；他不只是研究印度的农村公

---

① 《马克思恩格斯全集》第25卷，北京：人民出版社2001年版，第465页。

社，还研究公社在英国人入侵下演变的命运；他不仅是研究柏柏尔人的农村公社，还研究公社在法国人入侵下演变的命运；等等。马克思在论述中国面对资本主义入侵时，他认为英国打破了中国的隔绝状态，必然引发原有社会制度的解体。他在论述俄国社会的时候，指出俄国农村公社本身具有一定优越性，又与资本主义共存，使其可以利用其自身优势和资本主义制度的积极成果，跨越"卡夫丁峡谷"。可见，马克思没能完成《资本论》的后续写作是因为他有着宏大的世界历史体系和世界历史视域，他的世界历史理论是包括东西方在内的整体的世界历史情境。

二、政治经济学批判的完整思路

我们无论是从政治经济学批判的提纲看，还是从政治经济学批判的叙事逻辑看，以及其他的一些辅证来看，马克思都有一个完整的思路。按照马克思的计划以及理论的内在逻辑，完整的政治经济学批判必然通过国际贸易、世界市场等范畴，影响东方社会，进而将其纳入世界历史体系中。

（一）从政治经济学批判的提纲看

马克思关于政治经济学批判的研究工作占据了马克思生平大半时间，马克思对此也有一定的研究计划和构想，并反复进行了修改。通过梳理，我们发现，马克思的构想大致经历了从"三部""五篇"到"六册"的发展历程。

一是马克思在《雇佣劳动与资本》中，提出了政治经济学"三部"设想："（1）雇佣劳动对资本的关系，工人遭受奴役的地位，资本家的统治；（2）各个中间市民阶级和所谓的市民等级在现存制度下必然发生灭亡的过程；（3）欧洲各国资产者阶级在商业上受世界市场霸主英国的奴役和剥削的情形。"① 这是马克思较早明确表示其政治经济学批判的研究计划；**二是**马克思在《1857——1858年经济学手稿》中，1857年8月下旬在《〈政治经济学批判〉导言》中提出了"五篇"计划，即"（1）一般的抽象的规定……（2）形成资产阶级

---

① 《马克思恩格斯文集》第1卷，北京：人民出版社2009年版，第713页。

社会内部结构并且成为基本阶级的依据的范畴……（3）资产阶级社会在国家形式上的概括……（4）生产的国际关系……（5）世界市场和危机"①。三是马克思在1858年又开始调整，对"五篇"计划稍作修改，即改为政治经济学批判的"六册"计划，根据《〈政治经济学批判〉序言》可以看出马克思的考察顺序是，"资本、土地所有制、雇佣劳动、国家、对外贸易、世界市场"②。通过对比，我们发现"六册"的研究计划相当精简，和"五篇"计划相比，取消了第一篇关于研究方法的论述，而把"形成资产阶级社会内部结构并且成为基本阶级的依据的范畴"③，部分拆分为"资本""土地所有制""雇佣劳动"等章节来论述，后面的三篇基本上没有进行改动。从马克思1858年3月11日致拉萨尔的信中可以看出马克思这种改动的考虑，他的前三册主要阐释基本原理，后三册只做一些基本叙述。可见，在马克思的研究计划和构想中，他不仅研究资产阶级市民社会，而且有一个更为宏观的整体的规划，超越资产阶级社会，关注对外贸易和世界市场的宏大思想，而这些必然涉及东方社会。

因此，我们从《资本论》及其手稿群可以看出，在讨论了"资产阶级社会在国家形式上的概括"或"国家"范畴后，马克思应该接着讨论"对外贸易""世界市场"。而这两个环节的讨论必然要过渡到东方社会，讨论东西方社会之间互动问题。这正是马克思晚年要关注的对象，也正是《人类学笔记》《历史学笔记》所讨论的内容。《人类学笔记》标志着马克思把研究视野转向了更广阔的领域，体现了世界历史的整体图像，他重点关注了诸如中国、印度等东方国家的未来走向。

（二）从政治经济学批判的叙事逻辑看

从上述马克思关于政治经济学批判总体构思和写作计划来看，马克思的叙事逻辑深受黑格尔的影响，不是从经验出发，也不是从具体问题如人口、占有关系等来进行研究，而是从抽象的、简单的"商品"范畴来研究，这一范畴

---

① 《马克思恩格斯文集》第8卷，北京：人民出版社2009年版，第33页。
② 《马克思恩格斯文集》第2卷，北京：人民出版社2009年版，第588页。
③ 《马克思恩格斯文集》第8卷，北京：人民出版社2009年版，第33页。

最能体现资本主义生产方式的本质,最能代表资本主义生产方式的核心。黑格尔把"绝对观念"作为他研究的逻辑起点,通过"绝对精神"不断自我否定,范畴也就趋于具体、全面和深刻。马克思借鉴黑格尔的方法,他把商品作为解释全部资本主义生产方式和社会形态的起点。资本具体形态和具体范畴的过渡类似黑格尔哲学中概念的自我否定。马克思按照这样的方式,从商品—货币—剩余价值的生产—资本的积累,从资本循环—资本周转,从商业资本—信贷资本(银行资本)—地租,展开研究,可以说是商品转化为"自己的他物"。这个解释体系很严谨、很严密,但它也排除了其他非本质的因素。在研究资本主义经济范畴时是必要的,超出资本主义范畴就会遇到如何转换、如何过渡的问题。

类似问题也表现在其他方面。例如,马克思、恩格斯也把社会结构典型化、理想化。他们在研究资本主义制度时,从众多关系中抽象出商品关系,从众多阶级中抽象出资产阶级和无产阶级,现实社会还应该有其他关系和其他阶级,尤其是越出西欧社会的范围后更是如此。但这里研究的是资本主义生产方式,是这个社会中的本质范畴。

不过,这又引发我们新的思考:《资本论》中所运用的叙事方法、理论逻辑在东方古老的社会适用吗?马克思晚年的两部笔记就是对这一研究的继续和深入,是为了研究以农村公社为基础的东方社会在西方资本主义冲击下的解体、重构的规律与趋势,最后勾画出一幅完整的"哲学的历史"图像。

(三) 从其他的一些辅证看

马克思早年关注东方社会,主要是从西方的视角看东方,认为东方的古老社会在西方资本主义的冲击下会经过痛苦的涅槃获得新生。例如,马克思在谈到不列颠对印度的统治实现了"双重历史使命",即"破坏使命"和"重建使命",西方资本主义生产方式是如何影响东方古老的生产方式的,东方社会对此又会作出何种反应,并由此导致资本主义世界总危机等,马克思没有留下成熟的文本文献,但是我们可以从马克思的书信、笔记等文献中试图探索马克思的此种思想。一方面,在马克思关于俄国社会问题的通信等文献中,马克思提出了俄国在保留具有强大生命力的农村公社的同时,主动引进资本主义先进因素,从而跨越"卡夫丁峡谷"过渡到共产主义的设想;另一方面,在《人类学笔记》等文献中,马克思试图探讨东方社会固有的经济社会基础被外来的资本主义势力摧毁,向某种未知的经济社会形态演变。这两者的相似之处就是:以农村公社为基础的东方社会,在西方资本主义经济因素的冲击之下,是如何发展演变的。

马克思晚年的笔记被称为"人类学笔记""民族学笔记"或者"社会历史笔记",是因为人们注意到这些笔记探讨了古老民族的生产、生活方式,而这些内容往往是民族学或人类学研究的对象。但是,马克思并不是基于民族学或人类学的兴趣研究这些问题,而是与他要解决的资本主义世界体系和世界历史问题相关:东方社会的基础是什么?它可以上升到什么样的本质范畴?在外来资本主义入侵和打压之下,它如何解体和演变?孙美堂教授认为,马克思"人类学笔记"中包括三个环节:原始民族(原居民)的社会形态特别是农村公社;资本主义或殖民主义的入侵;原有的农村公社解体并融入资本主义世界体系。马克思的重心在第三个环节。他"用符号来表示如下推演过程:以农村公社为基础的东方社会用'A'表示,在西方资本主义经济因素的冲击下用'B'表示,发展演变为某种新的经济社会形态用'C'表示,$A \rightarrow B \rightarrow C$,$A$ 在 B 的催化作用下如何发展到 C"①。笔者完全同意这个解释。

不同的农村公社,受到资本主义生产方式的冲击影响不同,其前途命运也会有所不同。比如俄国、中国和印度,它们的具体历史境遇不同,命运也不相同。如果说《人类学笔记》中研究的主要是落后的东方社会在资本主义入侵下,农村公社等古老形态被动地解体,被迫卷入资本主义体系,那么,马克思对俄国还提出了另一种设想。俄国是当时的军事政治强国,处于西方向东方的过渡地带,它保留有比较完整的农村公社,马克思认为它是西欧资本主义因素与东方固有经济基础互动,向未来社会发展演变的另一种典型。

从马克思的论述中可以看出,他多次讨论俄国农村公社的重要性和生命力。农村公社在俄国大面积地、完整地被保持至今,与资本主义处于同一个时代,有助于俄国利用资本主义先进的生产技术、广阔的世界市场等优势条件,

---

① 孙美堂:《马克思危机理论的世界体系视野》,《江海学刊》2020年第5期。

不必经历西欧式的原始积累和后来的经济危机,"不必自杀就能开始获得新的生命"①,走上更为现代、更为先进的社会制度。

马克思对俄国未来社会的发展道路也进行了设想。他指出,如果俄国发生了社会革命,并且这种革命又成为西方无产阶级革命的信号的话,两者会相互影响、相互补充,那么,俄国的土地公有制就会成为新社会即共产主义社会发展的起点。可见,按照马克思的思路,完整的政治经济学批判必须把东方社会形态容纳进去,农村公社又是东方社会生产方式的基本范畴,它在面对资本主义的对外贸易、生产的国际化和世界市场的冲击时,必然要面对东西方之间的交互影响。

三、《资本论》叙事方式及其限度

为了研究现代资本主义生产方式,马克思在《资本论》中借鉴黑格尔整体的辩证法和经典物理学方法。他以英国资本主义作为典型范例,并从众多关系中抽象出最普遍、最本质的"商品"范畴,按照从抽象上升到具体的原则,步步深入。不过在完成了资本主义内部范畴叙述后,如何过渡到古老的东方社会,必然需要理论过渡和方法转型。

(一)《资本论》的叙事方式

马克思晚年关于东方社会的研究,既是他早期资本主义生产方式研究的延续,是资本主义"世界历史"理论的一部分,又是资本主义生产方式向东方古老社会形态的转换与过渡。前期与后期、欧洲资本主义生产方式的研究与亚细亚生产方式的研究,必然有所不同。由于这个原因,我们研究马克思晚年东方社会思想,就离不开对《资本论》叙事方式探讨:《资本论》的内容与叙事方式为后面关于东方社会问题,进而关于资本主义世界体系问题,提出了哪些任务?它们在何种意义上要延续,何种意义上要转换?

我们知道,《资本论》研究的对象是现代资本主义生产方式。为了研究的

---

① 《马克思恩格斯全集》第25卷,北京:人民出版社2001年版,第467页。

科学性和严谨性，马克思的叙事方式有许多特点：

一是在某些章节采用黑格尔整体的辩证法。马克思本人也曾明确表示："有些地方我甚至卖弄起黑格尔特有的表达方式。"① 我们知道，黑格尔哲学把一切都视为"绝对精神"的具体形态，它从"纯有"开始一步步演化。马克思研究资本主义生产方式，把一切都视为商品或资本。研究资本主义经济运动，从商品这个最普遍、最本质的范畴开始推演。资本主义经济形态的各个环节、各个阶段，都是商品、资本的具体呈现形态。

二是借用经典物理学方法。马克思借用经典物理学家在"表现得最确实、最少受干扰"②的地方观察自然过程的方式方法，把资本主义生产方式及其相应的生产关系、交换关系简单化、典型化，将其看作是一种社会自然历史发展的演进过程，"这种生产方式的典型地点是英国"③。可见，马克思把英国作为资本主义社会发展的典型，抽象出体现资本主义本质特征的"商品"范畴，并且把社会的阶级结构简单化为"资产阶级"和"无产阶级"这两大敌对的阵营。

三是抽象方法。马克思曾说，分析人类经济社会发展形式，"既不能用显微镜，也不能用化学试剂"④，这就需要用抽象的方法。抽象法就是从众多现实的、复杂的关系中抽象出某种范畴，然后再把它用到具体的现实中去。马克思曾采取经济学家的方法，从人口、民族、国家等整体分析出抽象的分工、货币、价值等关系，再从劳动、分工、需要、交换等简单的东西上升到国家、国际交换和世界市场的各种经济学体系。例如，马克思从资产阶级社会众多经济形式中，抽象出"商品"这个细胞，再对此进行分析研究，得出其内部无法解决的矛盾，最终得出资本主义必然被更高级的共产主义社会形态所代替的历史必然性。

四是辩证唯物主义与历史唯物主义。辩证唯物主义和历史唯物主义是科学的世界观和方法论，是马克思主义哲学的显著标志，揭示了事物发展的本质规

---

① 《马克思恩格斯文集》第5卷，北京：人民出版社2009年版，第22页。
② 《马克思恩格斯文集》第5卷，北京：人民出版社2009年版，第8页。
③ 《马克思恩格斯文集》第5卷，北京：人民出版社2009年版，第8页。
④ 《马克思恩格斯文集》第5卷，北京：人民出版社2009年版，第8页。

律和内在联系,是"伟大的认识工具"。如马克思在《〈政治经济学批判〉序言》中指出了生产力与生产关系、经济基础与上层建筑的辩证关系是一切社会发展的根本矛盾。人类社会的发展变化又是一个客观的、历史的复杂过程,是多种社会因素合力的结果,不以单个人的意志为转移。他强调:"我的观点是把经济的社会形态的发展理解为一种自然史的过程。不管个人在主观上怎样超脱各种关系,他在社会意义上总是这些关系的产物。同其他任何观点比起来,我的观点是更不能要个人对这些关系负责的。"①

(二) 待呈现的叙事方式问题

人们通常把马克思已完成(包括恩格斯整理)的《资本论》及其手稿当作马克思关于资本主义总危机理论的全部。实际上,它们虽然是最重要的部分,但并不是全部。完整的政治经济学批判应该是包括东方社会在内的世界体系。事实上,马克思并没有完成《资本论》。无论是从手稿本身看,还是从政治经济学批判所要解决的问题看,马克思至少面对以下几个问题:

一是如何从以商品为基础的资本主义叙事方法过渡到以农村公社为基础的东方社会叙事方法问题。西欧资本主义理想化、典型化的资本逻辑能不能用来解释古老的东方社会?如何分析东西方之间的互动?面对西方社会的殖民入侵,东方社会的反应又是怎样的?这些都是马克思晚年所需要考虑的问题。我们从《资本论》的叙事逻辑可以看出,马克思首先是抽象出"商品"这个本质范畴,从商品范畴的自我否定到商品一般形态,再到生产资本—商业资本—信贷—地租等多种形态,必然涉及世界市场、世界体系。这样,东方社会作为整个世界市场、世界体系的一部分,必然会被卷入其中。

东方社会的小生产、专制制度、王权和宗教甚至是东方古老的原始的农村公社形态,他们在面对西方资本主义生产方式、思想文化等冲击后何去何从?马克思要研究这些问题,都需要超出西欧资本主义经济范畴,通过对外贸易、世界市场等问题,过渡到东方社会,研究东西方之间的互动关系问题。这样的话,原有叙事方式方法还适用吗?《人类学笔记》从东方的角度来研究,研究

---

① 《马克思恩格斯文集》第5卷,北京:人民出版社2009年版,第10页。

占全世界大多数非西方民族,如美洲、澳洲、亚洲、非洲等古老民族,涉及古爱尔兰人、柏柏尔人、美洲红种人等这些民族在受到外族入侵或者被资本主义殖民统治后,他们原有民族的经济基础、社会基础被瓦解问题。马克思为什么花这么大精力来研究这些内容?马克思想通过大量史实的剖析和研究,试图从中找出一定的社会规律来,而这背后的规律又是什么?这与他后来关于东方社会未来发展道路的设想又是什么关系?我们从马克思关于俄国社会发展道路的研究可以得知,马克思认为俄国的农村公社、俄国的土地公有制形式、俄国的集体耕种可以成为"共产主义"发展的起点,俄国可以"不必自杀就能开始获得新的生命"①。

二是关于西欧资本主义的理想模型如何过渡到复杂的东方社会,东方社会应该建立什么样的解释模型的问题。马克思在分析资本主义生产方式时(尤其是《资本论》的最初几章),多少借鉴了当时物理学的方法,从商品的二重性出发,到资本的循环和周转。但是当资本扩大到再生产范围特别是世界市场、世界体系时,必然涉及非西方、非资本主义社会的生产方式、社会组织乃至文化传统等问题。面对这些更加复杂、具体的问题时,原有的思路和方法是不是还适用?也就是说,描述典型的西欧式资本主义经济范畴及其运行机制的概念、方法和逻辑,是否能直接用来描述资本主义大背景下的东方古老社会,显然是不行的。

三是西方资本主义与东方古老社会怎样相互作用并构成资本主义世界体系的问题。资本主义开拓了世界市场,东方社会被迫卷入以资本主义为首的世界体系中,形成了东西方相互影响、相互作用的整体。马克思研究了资本主义社会的经济关系后,面对开放的世界市场、国际关系,马克思必然会考虑东西方社会之间的相互影响、相互作用关系。随着西欧资本主义对东方社会的殖民入侵,东方社会面对殖民入侵后的反应,以及东方社会本身具有的特殊性,东方社会亦对西方社会产生一定影响,都构成了东西方交互作用的整体。而随着世界市场的形成,西方社会对东方社会的影响不仅仅表现在战争方面,也体现在经济、政治、文化、宗教等多个方面,这就自然形成了东西方不同地域之间、

---

① 《马克思恩格斯全集》第25卷,北京:人民出版社2001年版,第467页。

不同社会制度之间、不同生产方式之间相互影响、相互作用的整体历史。

四、资本主义经济危机的东方"在场"

前文提及，马克思的政治经济学批判的写作计划，是从资本一般开始，一步一步地推进，最后通过"国际贸易""世界市场"等范畴，过渡到东方社会，构成包括东西方在内的完整的资本主义总危机理论和世界历史理论。因此，马克思《资本论》的写作计划，并不是到"地租"就结束了。在前几卷写作中，马克思借鉴黑格尔辩证法和物理学方法，把以英国为案例的资本主义生产方式典型化，上升为抽象概念和理论模型，但下一步的研究要突破资本主义内部范畴，向东方社会过渡。可想而知马克思需要找到一种新的叙事方式，既能揭示东方社会的本质以及它与资本主义经济的互动关系，又能与《资本论》前面的叙事方式协调和融合。很遗憾，这些内容和形式，马克思没有来得及完成。我们可以说，这是马克思政治经济学的"未竟问题"。

（一）国际贸易

国际贸易是国家之间实现商品、服务交换的过程，也是各个国家民族之间交流、互动的重要方式。在资本主义社会产生以前，由于受到地理位置的限制，国际交往相对较少。随着资本主义社会生产力发展，交往的普遍，社会分工的细化，国际贸易范围扩大，参与成员也越来越多，交往越来越宽泛，分工协作程度不断加深，相互依赖程度不断加强。马克思深刻地分析到，资本主义由于其大工业、大生产的发展，生产出来的产品越来越多，需要不断扩展新的市场，于是把东方开拓为殖民地，最终形成了世界市场。对外贸易的不断发展，又在一定程度上促进了世界市场的不断扩大，国际贸易的扩大，又促进了资本主义向全世界发展。随着资本主义国际贸易的进一步扩大和发展，东西方社会融合在一起，发达国家和落后国家融合在一起，世界也最终成为一个有机整体。在这个世界体系中，资本主义国家处于主导地位，前资本主义国家即古老的东方社会处于附属或臣服地位。面对资本主义强大的冲击，东方社会原有社会形态必然面临解体的命运。那么，东方社会如何发展，这是马克思研究东方社会理论的重要任务。

一是国际贸易的动力。资产阶级为了实现商品的价值，追求剩余价值特别是超额剩余价值，除了竭尽全力地尽可能地扩大再生产、提高劳动生产率外，还不断扩大产品销路，开辟国际市场，进行对外贸易。首先，通过国际贸易可以进口廉价生活资料和使用廉价的劳动力，降低成本，进而提高利润。其次，在国际贸易中，较发达国家由于其更先进的生产条件、更低廉的商品价格，与其他较不发达国家相比，更具有优势，更容易获得超额利润。资本家为了获得超额的剩余价值打破了地域界限，不断寻找新的市场，扩大了世界市场。马克思对此分析较为深入，他指出资本为了交往用一切手段，打破一切地域和民族的限制，甚至是最古老、最野蛮的民族也不放过，甚至用战争的方式征服东方，扩大世界市场。资本在不断地用时间去消灭空间，不断扩大空间，扩大产品销售市场。再次，通过殖民掠夺获得大量财富。西方发达资本主义国家通过对东方古老国家的殖民地掠夺、殖民地贸易获得大量财富。例如，英国对中国的鸦片战争，使得中国的白银源源不断地流入英国。在资本主义生产方式下，资本通过国际贸易突破了民族地域的界限，在世界范围内寻求更多的剩余价值。西方资本主义国家通过殖民、贸易等形式打开了东方社会的大门。也正是由于国际贸易、世界市场的形成，东方民族国家与西方民族国家之间，发达资本主义国家与古老的民族国家之间、工业国与农业国之间的贸易、交往都成为世界性的，每个国家每个民族都或多或少地相互影响着。国际贸易形成的世界市场，使得东西方成为相互影响、相互作用的整体。

二是国际贸易的发展趋势。资本主义社会的发展，使得各国各民族之间经济、贸易、文化等往来日益频繁，国际经济与贸易发展向纵深不断发展，不断向着全球化、多元化、规范化和区域经济合作化发展。全球化不断发展的趋势是国际贸易的大环境。国与国之间、民族与民族之间、各经济体之间的合作交流日益深入，实现了互联互通一体化发展格局。多元化趋势之下，发展中国家在国际贸易中的地位明显上升。随着发展中国家经济水平的不断提升，特别是中国经济建设的快速发展，影响着国家贸易格局的变化，对其产生了一定的冲击。规范化是指在国际经济与贸易中，企业和个人应遵循相关规则，各国之间的贸易行为受到规则约束，进而使得国际经济与贸易稳定、有序发展。在目前的世界市场中，资本主义国家依然占主导地位，生产力较为发达的资本主义国家天然地占有优势地位，并且存在不平等行为。资产阶级正是利用自身的优势最大化地赚取利润，进而实现对生产力落后国家的剥削，使得"未开化和半开化的国家从属于文明的国家，使农民的民族从属于资产阶级的民族，使东方从属于西方"①。当资本主义通过殖民贸易、殖民战争等形式入侵东方社会的时候，必然导致古老东方社会的原有社会形态受到冲击，进而发展演变或解体重构。这正是马克思晚年重点研究东方社会的重要原因之一。

总之，马克思写作计划中虽然有"国际贸易"部分，但是他却没来得及写出来。我们试图从马克思的众多论述中，阐释资本主义由于其资本的本性，必然向国际贸易发展，资本主义的国际贸易必然把东方社会融入进来，使整个世界成为一体。这种世界体系是由资本主义主导的，是服从资产阶级利益的。

（二）世界市场

按照马克思政治经济学批判的完整写作计划，从国际贸易必然要过渡到"世界市场"。世界市场的发展是"国际贸易"发展的必然结果。按照马克思的写作计划，"世界市场"问题是马克思该写却没有写出来的内容。那么马克思原来的思路是什么？随着地理大发现的完成，新航道的开辟，新的市场形成了，资本开始全球扩张，世界市场形成了。那么，世界市场到底是如何形成？包括哪些发展阶段？又有哪些基本特征？它的主要影响又有哪些？

1. 世界市场形成的原因

世界市场是由各国市场形成的总和，每个国家的市场都是世界市场的一部分。世界市场的形成也是一个逐步发展的综合的过程，具体原因如下：**一是**集市的兴起和城市的发展。集市起源于史前时期，是人类定期聚集进行物质交换的场所。随着城市经济的发展，集市贸易的范围日益扩大，打破了地域的、民族的界限，形成了国家贸易。**二是**新航道的开辟。地理大发现不但发现了美洲新大陆，还开辟了东西方的新航道，导致西方资本主义对东方国家的殖民掠夺

---

① 《马克思恩格斯文集》第 2 卷，北京：人民出版社 2009 年版，第 36 页。

更为猖獗，也使得当时的市场规模越来越大地扩大为世界市场。**三是**工业革命的发展。经过了三次工业革命，世界产业格局发生了重大变革，特别是随着资本主义工业革命的兴起和发展，机器大工业促进了技术革新、生产力的发展，推动了世界经济的发展。**四是**交通运输及通信技术的发展。随着工业革命的深入发展，交通工具获得快速发展。地域的限制被打破了，轮船、铁路等交通工具的出现使得各地的货物可以便捷地运输，这就创造了世界市场，使得世界各地融合为一体。正如马克思指出："加利福尼亚和澳大利亚已经加入了世界市场，源源不断地大量提供黄金；电报已经把整个欧洲变成了一个证券交易所；铁路和轮船已经把交通和交换扩大了一百倍。"① 电报业的发展，交通范围的扩展和便利，又打开了"以前只是潜在的世界市场"②，使原有的世界市场不断外扩。当今社会世界市场的发展日新月异，特别是随着互联网、大数据、区块链的形成，更加促进了世界一体化发展，实现了经济全球化，并带动政治、文化等全球化发展的浪潮，使世界变成了"地球村"。

2. 世界市场的发展阶段

马克思认为世界市场"不是过去一直存在的"，而是人类历史发展到一定阶段的产物，正如"世界史不是过去一直存在的；作为世界史的历史是结果"③一样。世界市场是以近代地理大发现为契机，以生产力发展和资本的扩展为基本动力而逐渐形成的。我们根据马克思在《德意志意识形态》中围绕生产力和分工的发展所讲的资产阶级社会形成和发展的三个阶段，来划分世界市场形成和发展的三个阶段。④

一是世界市场的起步阶段（从欧洲中世纪末到 17 世纪中叶）。这一时期，生产力随着社会分工的扩大而获得发展，造成了生产和交往的分离，产生了"同附近地区以外的地区建立贸易联系的可能"，"最初的地域局限性开始逐渐

---

① 《马克思恩格斯全集》第 10 卷，北京：人民出版社 1962 年版，第 653 页。
② 《马克思恩格斯全集》第 29 卷，北京：人民出版社 2020 年版，第 313 页。
③ 《马克思恩格斯文集》第 8 卷，北京：人民出版社 2009 年版，第 34 页。
④ 参见丰子义、杨学功：《马克思"世界历史"理论与全球化》，北京：人民出版社 2002 年版，第 35 页。

消失"①,"随着美洲和通往东印度的航线的发现,交往扩大了,工场手工业和整个生产运动有了巨大的发展。从那里输入的新产品,特别是进入流通的大量金银完全改变了阶级之间的相互关系,并且沉重地打击了封建土地所有制和劳动者;冒险者的远征,殖民地的开拓,首先是当时市场已经可能扩大为而且日益扩大为世界市场"②。马克思研究了西欧近百年的发展历史以及资本主义萌芽过程中重大社会政治事件。这一时期王权、宗教与城市资产阶级的发展联系起来,与封建势力斗争,导致封建制度衰落、资本主义时代的到来。新航线的开辟、地理大发现和海上贸易,加强了各民族国家之间的联系,为资本主义奠定了物质基础和交往基础,促进了世界历史体系和世界市场的形成。

二是世界市场的形成阶段(从17世纪中叶到18世纪末)。正如马克思所说,"这一时期是从航海条例和殖民地垄断开始的"③,"商业和航运比那种起次要作用的工场手工业发展得更快;各殖民地开始成为巨大的消费者;各国经过长期的斗争,彼此瓜分了已开辟出来的世界市场"④。随着英国等工业革命的完成,各国的对外贸易发展,世界市场建立了同机器生产相适应的工业国和农业国的国际分工。"商业和工场手工业不可阻挡地集中于一个国家——英国。这种集中逐渐地给这个国家创造了相对的世界市场,因而也造成了对它的工场手工业产品的需求,这种需求是旧的工业生产力所不能满足的。"⑤ 欧美主要资本主义国家工业革命完成后,其国内市场已经不能满足机器大工业产品的销售,资产阶级急需在世界范围内开拓商品市场和廉价的原材料产地。蒸汽机和轮船等交通运输业的发展,使得世界各地之间的联系更为便捷,西方资本主义用刀枪火炮和廉价商品向世界各地大肆侵略扩张,亚、非、拉地区成为原料产地和工业品销售市场和殖民地,东方社会就这样被挟持卷进了世界市场。

三是世界市场的发展阶段(从18世纪末开始)。第二次工业革命"电气时代",极大地推动了社会生产力的发展。资本主义生产的社会化大大加强,

---

① 《马克思恩格斯选集》第1卷,北京:人民出版社1972年版,第59页。
② 《马克思恩格斯文集》第1卷,北京:人民出版社2009年版,第562页。
③ 《马克思恩格斯选集》第1卷,北京:人民出版社2012年版,第192页。
④ 《马克思恩格斯选集》第1卷,北京:人民出版社2012年版,第191—192页。
⑤ 《马克思恩格斯选集》第1卷,北京:人民出版社2012年版,第193页。

垄断组织形成，帝国主义争夺市场经济和世界霸权的斗争更加激烈，这促进了世界殖民体系的形成，世界逐渐成为一个整体（包括东西方在内的整体）。资本主义主导的世界市场的范围随着它的国际贸易、殖民贸易、殖民战争的扩大而扩大，资本主义世界市场最终完成。"这种超过了生产力的需求正是引起中世纪以来私有制发展的第三个时期的动力，它产生了大工业——把自然力用于工业目的，采用机器生产以及实行最广泛的分工。""竞争很快就迫使每一个不愿丧失自己的历史作用的国家为保护自己的工场手工业而采取新的关税措施（旧的关税已无力抵制大工业了），并随即在保护关税之下兴办大工业。"① 而"大工业创造了交通工具和现代的世界市场，控制了商业，把所有的资本都变为工业资本，从而使流通加速（货币制度得到发展）、资本集中。"② 世界市场"消灭了各国以往自然形成的闭关自守的状态"③，是资本主义占主导地位的市场，是"东方从属于西方"的市场。

3. 世界市场的主要特征

马克思计划写作的"世界市场"问题主要包括："生产的国际关系。国际分工。国际交换。输出和输入。汇率。"④ 这些也必然包含东方社会在内。因此，我们认为马克思计划写作的世界市场包括东西方在内的整体，它们之间相互作用、相互影响形成了复杂的、互动的整体。

资本主义主导的世界市场发展有其不平衡性，东方国家被迫卷入资本主义世界市场。马克思、恩格斯在《共产党宣言》中这样评价世界市场的结果："正像它使农村从属于城市一样，它使未开化和半开化的国家从属于文明的国家，使农民的民族从属于资产阶级的民族，使东方从属于西方。"⑤ 西欧资本主义国家凭借先进的科技创新、生产力水平等优势，成为世界市场的主导者。落后的国家和地区被迫卷入由资本主义国家主导的世界市场体系中，依赖并服务于资本主义国家的发展。资本主义国家得到发展和巩固的同时，市场主体之间也出

---

① 《马克思恩格斯选集》第1卷，北京：人民出版社2012年版，第193—194页。
② 《马克思恩格斯选集》第1卷，北京：人民出版社2012年版，第194页。
③ 《马克思恩格斯选集》第1卷，北京：人民出版社2012年版，第194页。
④ 《马克思恩格斯文集》第8卷，北京：人民出版社2009年版，第33页。
⑤ 《马克思恩格斯文集》第2卷，北京：人民出版社2009年版，第36页。

现了不平衡性,这种不平衡性表现在:一方面,资本主义国家之间发展的不平衡性,另一方面,资本主义国家与非资本主义国家之间发展的不平衡性。正是这种不同主体之间的不平衡性导致了世界贫富差距悬殊,形成了先进的资本主义国家与落后国家地区之间的剥削与被剥削、压迫与被压迫、主导与被主导的关系。

世界市场主体之间的竞争性。通过商品和生产要素的跨国流动,把各个分散的国家市场联系起来,进而形成了全球性的统一的大市场即世界市场。从市场主体来看,不同国家、地区、民族、经济组织等不同的市场主体,构成了一个商品交易市场,彼此之间相互影响、相互作用。生产要素的全球流动性,使得商品由价格低的国家或地区流向价格高的国家或地区,资本从利润率低的流向利润率高的地方,技术也是从先进的国家向后进的国家进行扩散等,由此形成了一个全球统一整体。随着世界市场的扩大,资本的流动性更大,国家间的竞争更为激烈,进一步推动了世界市场的发展。在全球化市场竞争环境下,跨国企业跨越地域限制,把产品带到世界的各个角落。各经济主体之间相互渗透,市场竞争更加激烈。同时,竞争也从传统的经济领域不断向政治、文化、科技、军事等领域扩展。随着竞争的发展,垄断形成了,由简单的资本积聚形成了资本集中。各经济主体之间的竞争更为激烈,特别是东西方社会之间,竞争激烈的同时,彼此之间也学会了相互借鉴、相互促进。然而,随着东方社会主义国家的崛起,由资本主义主导的旧的世界市场格局慢慢被打破,新的世界市场格局正在逐渐形成。

世界市场的形成对某些落后民族和国家实现"跨越"提供了条件。马克思曾记录过英格兰和那不勒斯在被诺曼人征服后实现"跨越"发展的现象,这种"跨越"现象在世界市场形成以前只是个例,而且都是由于外族入侵导致的。世界市场形成后,一些落后民族和国家可以借助世界市场获得西方资本主义的一切积极成果,充分利用先进的生产力水平和密切的国际交往,可以实现跨越发展。晚年马克思以俄国发展道路为例,指出俄国"和控制着世界市场的西方生产同时存在,就使俄国可以不通过资本主义制度的卡夫丁峡谷,而把资本主义制度所创造的一切积极的成果用到公社中来"①。同时,资本主义

---

① 《马克思恩格斯选集》第3卷,北京:人民出版社2012年版,第825页。

正经历着危机,"不论是在西欧,还是在美国,这种社会制度现在都处于同科学、同人民群众以致同它自己所产生的生产力本身相抗争的境地"①。因此,可以借助其特定的历史条件实现跨越发展。

4. 世界市场的影响

世界市场的形成打破各国、各民族封闭隔离的状态,使得一国的发展必然影响到其他国家,这不仅体现在经济方面,还体现在社会的其他方面。东西方社会成为一个互动的整体,形成了世界历史。而当前的世界市场是由资本主义国家主导的,它把西方资本主义制度和其基本矛盾也扩展到全球范围,它给东方落后国家带来了发展机遇也带去了灾难,同时也为共产主义社会的建立奠定了基础。马克思非常重视世界市场的研究,他毕生致力研究和揭示资本主义生产方式产生、发展以及被更高社会形态所取代的历史规律。而从某种程度上可以说,世界市场是资本主义国家的生命线,正是因为商品流通扩展了世界贸易、开拓了世界市场,使得资本主义得以发展和生存。

世界市场是资本主义生产的前提和结果。资本主义生产使一切国家的生产和消费都具有世界性,克服了地方的、民族的自给自足、闭关自守状态,形成了相互往来、相互作用、相互依赖的世界市场。同时,世界市场又是资本主义生产方式的基础和条件。世界市场的形成与资本主义生产发展是同步的、相向的,影响是双重的。一方面,世界市场是资本主义存在和发展的必要基础,为其发展提供了历史平台。正如马克思指出:"世界市场是资本主义生产方式的基本和生活环境。"② 同时,建立世界市场又是资产阶级的本质任务。马克思认为:"资产阶级社会的真正任务是建成世界市场(至少是一个轮廓)和确立以这种市场为基础的生产。"③ 由此说明马克思已经意识到了世界市场与资本主义生产之间的相互关系。另一方面,世界市场又加深了资本主义生产的内部矛盾,又是终结其历史的力量。世界市场将资本主义固有的、自身无法克服的矛盾扩展到世界范围,从而加深了这种矛盾。"如果说资本主义生产方式是发

---

① 《马克思恩格斯全集》第 25 卷,北京:人民出版社 2001 年版,第 456 页。
② 《马克思恩格斯全集》第 46 卷,北京:人民出版社 2003 年版,第 126 页。
③ 《马克思恩格斯论中国》,北京:人民出版社 2015 年版,第 147 页。

展物质生产力并且创造同这种生产力相适应的世界市场的历史手段,那么,它同时也是它的这个历史任务和同它相适应的社会生产关系之间的不断的矛盾。"① 在世界市场条件下,无产阶级和资产阶级的矛盾由一国扩展至世界范围,由西方扩展至东方,这就迫切需要各国无产阶级加强国际团结以反对资本的国际剥削。

世界市场对世界经济的影响。市场是资源配置的最基本的经济手段,受供求关系的变化和价值规律的影响,资源流向效益相对较好的部门、地区和国家。资本主义创造的世界市场使资源在世界范围内配置,各国的生产、消费和交换等各要素和各环节得到了最大范围扩展,都具有了世界性。世界市场使一切经济要素获得了自身性质,形成了国际价值、国际货币、国际生产价格。在世界市场上,商品的国际价值不是由个别国家的社会必要劳动时间而是由世界上的平均必要劳动时间来决定,各个国家的劳动生产率不同,同一劳动时间内所生产的同种商品的量不同、国际价值就不同。正如马克思写道:"每一个国家都有一个中等的劳动强度,在这个强度以下的劳动,在生产一种商品时所耗费的时间要多于社会必要劳动时间,所以不能算作正常质量的劳动。在一个国家内,只有超过国民平均水平的强度,才会改变单纯以劳动的持续时间进行的价值计量。在以各个国家作为组成部分的世界市场上,情形就不同了。国家不同,劳动的中等强度也就不同;有的国家高些,有的国家低些。于是各国的平均数形成一个阶梯,它的计量单位是世界劳动的平均单位。因此,强度较大的国民劳动比强度较小的国民劳动,会在同一时间内生产出更多的价值,从而表现为更多的货币。"② 一般情况下,劳动生产率高的国家获利程度要高于劳动生产率低的国家,这样就形成了不同国家之间的竞争性和发展不平衡性。东方落后国家在世界市场中,处于明显劣势地位,西方资本主义国家开拓世界市场,挟持东方落后国家卷入世界市场,是源于资本对剩余价值无限追求的本性。

世界市场对资本主义经济危机的缓和作用。资本主义爆发周期性的经济危

---

① 《马克思恩格斯选集》第2卷,北京:人民出版社1995年版,第463页。
② 《马克思恩格斯文集》第5卷,北京:人民出版社2009年版,第645页。

机,其直接原因是"市场的扩张赶不上生产的扩张"①。从生产和流通领域看经济危机的实质是:"社会的生产和资本主义占有之间的矛盾剧烈地爆发出来。商品流通暂时停顿下来;流通手段即货币成为流通的障碍;商品生产和商品流通的一切规律都颠倒过来了。经济的冲突达到了顶点:生产方式起来反对交换方式。"②资本主义又是通过经济危机来缓和国内资本主义矛盾,通过对外贸易来转移国内的经济危机,"把矛盾推入更广的范围,为这些矛盾开辟更广阔的活动场所"③。因此,世界市场在一定程度抵消和延缓了经济危机带来的损失。"世界市场危机必须看做是资产阶级经济一切矛盾的现实综合和暴力方式的平衡。"④但同时它也带来了更广范围的危机。"资产阶级用什么办法来克服这种危机呢?一方面不得不消灭大量生产力,另一方面夺取新的市场,更加彻底地利用旧的市场。"⑤在世界市场、经济全球化的大趋势下,一国的商品贸易越来越受世界市场的影响,看似贸易更加自由、更加广泛,其实也更容易受世界市场和全球化的影响,一国经济危机就会引发甚至导致全世界的经济危机。

世界市场对东方落后国家的冲击。由资本主义国家主导的世界市场体系的形成,极大地促进了世界经济发展。西方国家通过殖民贸易、战争等方式强行把东方落后国家纳入资本主义经济发展的轨道。但是,西方资本主义国家在殖民地半殖民地的所作所为,并不是帮助当地人民发展资本主义,而是为了促进西方资本主义自身的发展。在经济上,西方国家大肆掠夺殖民地半殖民地的原材料、免费劳动力和广泛的商品市场,瓦解了落后民族的自给自足的自然经济。在政治上,西方国家摧毁了东方落后国家的原有土地制度和政治秩序,使其丧失了政治主权,成为资本主义统治的机器。在文化上,西方列强极力摧毁当地民族文化,强制推行西方语言、宗教信仰、思想文化等,使其服务于资本主义主导的世界市场体系的统治。资本主义国家采取赤裸裸地掠夺、战争等方式瓜分世界,而广大亚非拉等地区的落后国家成为其附属物,使得"东方从

---

① 《马克思恩格斯全集》第25卷,北京:人民出版社2001年版,第404页。
② 《马克思恩格斯全集》第25卷,北京:人民出版社2001年版,第404—405页。
③ 《马克思恩格斯文集》第6卷,北京:人民出版社2009年版,第525页。
④ 《马克思恩格斯全集》第34卷,北京:人民出版社2008年版,第578页。
⑤ 《马克思恩格斯文集》第2卷,北京:人民出版社2009年版,第37页。

属于西方",给东方社会带来了极大的灾难。但在客观上,世界市场的建立在一定程度上推动了被殖民地国家的现代化进程,为促进落后国家资本主义经济的发展和社会的进步创造了必要条件。正如马克思指出:"英国在印度要完成双重的使命,一个是破坏性的使命,即消灭旧的亚洲式的社会;另一个是建设性的使命,即在亚洲为西方式的革命奠定物质基础。"①

总之,世界市场的形成是一个客观发展的历史过程,必然涉及东方社会、东方市场。世界市场、世界贸易是资本主义社会发展的必然产物,马克思在揭示资本主义发展规律的同时,也为未来世界市场、国际贸易的发展指明了方向。可以说,世界市场的形成、发展和完善为未来共产主义社会的出现奠定了基础。

(三) 资本主义总危机理论

按照马克思政治经济学批判的叙事逻辑,晚年他的"未竟问题"之一是"世界市场和危机"。资本主义大生产是世界性、全球性的,马克思的政治经济学批判必然通过国家贸易、世界市场等范畴扩展至东方社会,通过上文阐释可知,其引发的资本主义危机也必然是世界性、总体性危机。马克思所说的资本主义总危机不是单纯的西欧式资本主义经济危机,而是由资本主义国家主导的、东西方互动的全球一体化的整体性危机。

1. 资本主义总危机的形成原因

马克思、恩格斯运用辩证唯物主义和历史唯物主义,在唯物史观和剩余价值的基础上,深入分析资本主义社会的特征,并且系统论证了其产生、发展和灭亡的规律。马克思在《资本论》中,全面、深刻剖析了资本主义积累的历史趋势。随着资本垄断的进一步发展,垄断产生繁荣的同时也产生了其本身无法克服的矛盾,成为其生产发展的桎梏,阻碍其发展。马克思政治经济学批判的目标之一,是系统地论证资本主义总危机。马克思在《资本论》第一卷第二版跋里提出:"使实际的资产者最深切地感到资本主义社会充满矛盾的运动

---

① 《马克思恩格斯选集》第 1 卷,北京:人民出版社 2012 年版,第 857 页。

的,是现代工业所经历的周期循环的各个变动,而这种变动的顶点就是普遍危机。"① 资本主义社会有其自身无法克服的基本矛盾,周期性经济危机就是它的调节器,随着危机的范围越来越广,会引起普遍性危机。马克思这里所说的"普遍危机"实际上就是指经济危机,既指经济各方面的总的危机,也包括西方的经济危机对东方造成的影响,以及东方社会面对危机的反应,是东西方互动形成的整体的总危机。

马克思、恩格斯在《共产党宣言》中曾对资本主义社会的危机做出判断,认为它是普遍存在的且是不可调和的。究其原因如下:**一是**根本原因。这主要是资本主义社会的基本矛盾。正是生产力和生产关系之间这一对矛盾构成了资本主义危机的主要原因。在资本主义社会中,基本矛盾是生产的社会化与资本主义私人占有之间的矛盾,各企业内部的有组织性同整个社会的无政府状态之间的矛盾,以及生产的无限扩大和劳动社会需求能力缩小之间的矛盾。首先,从组织生产上看,资本主义各企业内部分工越来越细,具有严密的组织性,但整个社会生产又是无组织的,每个企业都各自为政。其次,从生产与消费关系上看,资本家为了榨取更多的利润,无限地扩大生产规模,但是市场的需求却是有限的,甚至劳动者买不起自己所需要的商品,造成商品大量积压,这使得生产与消费之间的矛盾愈来愈尖锐。当这种矛盾不可调和的时候,就会爆发经济危机,引发普遍危机和总危机。**二是**直接原因。资本主义生产力快速发展,造成了社会化大生产,社会化大生产又形成了产品相对过剩。而资本主义私有制的性质决定了少数资本家占有这种剩余产品、剩余价值,使得资本主义社会基本矛盾异常突起。正如马克思在《资本论》中全面剖析了资本主义积累的发展趋势时指出:"资本的垄断成了与这种垄断一起并在这种垄断之下繁荣起来的生产方式的桎梏。生产资料的集中和劳动的社会化,达到了同他们的资本主义外壳不能相容的地步。这个外壳就要炸毁了。资本主义私有制的丧钟就要响了。剥夺者就要被剥夺了。"② 随着世界市场的形成,资本主义国家将国内的基本矛盾也扩展至全球,使得东方国家成为总危机中的一部分。总危机就包

---

① 《马克思恩格斯文集》第 5 卷,北京:人民出版社 2009 年版,第 23 页。
② 《马克思恩格斯文集》第 5 卷,北京:人民出版社 2009 年版,第 874 页。

含了西方资本主义之间、东西方之间以及东方国家之间的错综复杂的矛盾。**三是间接原因**。资本主义总危机是政治与经济、革命与战争交织在一切,不仅包括资本主义国家的无产阶级反对资产阶级的革命,也包括被殖民地国家反抗殖民国家的民族民主革命,这在一定程度上使得资本主义总危机更加复杂。马克思、恩格斯已经有所预见:"把人类从阶级社会中永远解放出来的伟大的社会革命的曙光。"① 马克思在《资本论》中指出:"在普遍危机的时刻,支付差额对每个国家来说,至少对每个商业发达的国家来说,都是逆差,不过,这种情况,总是像排炮一样,按照支付的序列,先后在这些国家里发生……接着就在一切国家发生同样的总崩溃。"② 从某种程度上来说,战争是资本主义总危机的一种反映形式,同时战争在一定程度上加剧了资本主义总危机。正如斯大林在分析资本主义总危机时指出:"资本主义世界经济体系第一次危机的结果引起了第一次世界大战,而第二次危机的结果就引起了第二次世界大战。"③

2. 马克思晚年对资本主义总危机的考虑

按照马克思政治经济学批判的完整思路,将《资本论》及其手稿群和《人类学笔记》《历史学笔记》以及关于俄国社会问题的通信等资料结合起来进行研究,对于认识马克思文稿中的关于资本主义总危机思想十分必要。马克思晚年在《人类学笔记》中研究农村公社,范围几乎遍及世界各地,可谓"集村社之大全"。问题是马克思在紧张地撰写《资本论》的同时,花那么大精力研究遍布世界各地的原始民族和农村公社,这是为什么?他撰写《人类学笔记》的动机是什么?一些研究离开了马克思晚年研究的问题语境、理论逻辑和历史使命,忽略了马克思关注的重心——传统的农村公社组织与殖民入侵之间的博弈、互动过程及其后果。马克思的研究服务于他对资本主义总危机及其出路的理论探索,与政治经济学批判紧密关联。

---

① 《马克思恩格斯全集》第18卷,北京:人民出版社1964年版,第61页。
② 《马克思恩格斯文集》第7卷,北京:人民出版社2009年版,第557页。
③ 斯大林:《在莫斯科市斯大林选区选举前的选民大会上的演说》,《斯大林选集》下集,北京:人民出版社1995年版,第489页。

马克思在分析西欧资本主义生产方式时，以商品为基础，通过不断自我否定完成资本主义生产的全过程，如资本一般—生产资本—商业资本—信贷资本（银行资本）—地租，也可概括为商品—货币—资本。当马克思晚年将研究转向东方社会的时候，他的叙事基础是什么？通过本书第一章的分析，我们认为这个基础可能就是农村公社，也有可能是王权和宗教。通过马克思关于俄国农村公社的分析，"在欧洲，只有俄国的'农村公社'在全国范围内广泛地保存下来了"①，"俄国是在全国范围内把'农业公社'保存到今天的欧洲惟一的国家"②，"现今的俄国土地公有制便能成为共产主义发展的起点"③。但是在资本主义世界市场体系下，东方社会已不是原来封闭的、孤立的系统，而是处于开放的、受到西方社会冲击的世界体系中。当东方社会的农村公社受到西方资本主义（商品）的冲击后，如何发展演变？如何解体重构？这些成了马克思晚年研究的未竟问题。

马克思晚年在《人类学笔记》中摘录了美洲红种人、古印度和锡兰人、阿尔及利亚人、普那路亚人等原始族群社会，观察了他们在受到外来民族入侵、冲击后的发展演化过程。联系当时的实际，可以发现以农村公社为基础的东方社会在受到西方资本主义冲击后的解体有其特定的规律。例如，西班牙的入侵破坏了印第安人的农村公社，英国人的入侵摧毁了印度的农村公社，法国人的入侵摧毁了柏柏尔人和卡比尔人的农村公社，等等。马克思研究这些问题的理论背景是，西方资本主义通过国际贸易、世界市场改变了东方社会，东方社会被迫卷入西方资本主义主导的世界市场体系。面对西方国家的冲击，东方社会将如何解体、重构？面对资本主义的冲击，前资本主义国家将如何发展演变？④ 本书猜测，这些问题均是马克思晚年关于资本主义总危机所要考虑的问题。马克思在全面剖析资本主义社会本质的基础上，已经预测到资本主义将发生总危机，只是在当时，资本主义总危机并没有全面爆发，马克思只能依据对社会历史发展规律的把握来预测社会发展的主要方向，而不能把帝国主义时代

---

① 《马克思恩格斯全集》第25卷，北京：人民出版社2001年版，第465页。
② 《马克思恩格斯全集》第25卷，北京：人民出版社2001年版，第461页。
③ 《马克思恩格斯文集》第2卷，北京：人民出版社2009年版，第8页。
④ 参见孙美堂：《马克思危机理论的世界体系视野》，《江海学刊》2020年第5期。

的全部内容都预测到。"世界资本主义体系的总危机,是既包括经济,也包括政治的全面危机。"①

总之,随着世界市场、世界历史的形成,资本主义危机逐渐成为世界性总体危机。以商品为基础的欧洲资本主义生产方式随着世界市场而遍布全球,以农村公社为基础的东方也必然被波及。资本主义入侵东方社会后,必然会对其传统生产方式产生冲击,从而形成东西方互动的总危机。在资本主义总危机中,资本主义处于主导地位,西方社会处于主导地位,而社会主义处于从属地位,东方社会处于从属地位,形成"一元主导、多元互动"②的发展格局。但是这个格局不是一成不变的。随着新兴的东方社会主义国家的快速发展,资本主义国家的衰弱,这一格局也将发生变化。当前,随着世界市场、经济全球化的快速发展,东西方之间的双向互动更加频繁和深刻。在资本主义主导的世界市场体系中,虽然东方社会的作用日益显著和强劲,但它们之间的矛盾和危机也更加复杂。这就需要我们重新"回到马克思"寻求解决之道,领悟晚年马克思宏大的世界历史图像。

---

① 斯大林:《苏联社会主义经济问题》,北京:人民出版社1975年版,第45页。
② 参见孙美堂:《未完成的"哲学的历史"——马克思〈人类学笔记〉主旨再探》,《马克思主义哲学论丛》2014年第4期。

第三章　东方社会的"解构"模式

本书第二章分析了马克思政治经济学批判：无论是按马克思的写作计划，还是按资本主义生产方式的内在逻辑，都必然要延伸到东方社会，把亚细亚生产方式、农村公社等范畴纳入资本主义世界体系中来。本章则从东方社会的角度，与第二章呼应。马克思晚年在紧张写作《资本论》的同时，却花那么大的功夫研究所谓"人类学"和"历史学"，给我们留下了《人类学笔记》和《历史学笔记》等手稿，其目的在于从东方社会的角度研究资本主义主导、东西方一体化的世界体系。东方古老社会在资本主义冲击下如何演变？显然，把这个问题弄清楚，是完整地阐释资本主义世界体系所必要的。换句话说，马克思晚年不是基于人类学或民族学的兴趣研究东方社会，而是基于完整、系统地揭示资本主义世界体系的需要，研究现代资本主义世界历史的东方维度。

马克思晚年关于东方社会研究，主要有两项工作：一是以《人类学笔记》和《历史学笔记》为代表，研究东方社会的经济社会基础——农村公社，特别是它在西方殖民主义、资本主义的入侵和冲击下，如何解体、演变，以及农村公社和资本主义世界体系及其总危机之间的关系。另一项是以《给维·伊·查苏利奇的复信》和《给〈祖国纪事〉杂志编辑部的信》为代表，这两封信主要讨论作为非典型西方国家的俄国，其军事力量强大但经济社会落后，它的农村公社所有制具有强大的生命力，有集中占有土地和集体劳作的传统，因而从农村公社通向共产主义具有某些"后发优势"。虽然前一项工作远没有完成，而后一项工作，马克思写的主要内容没有发表，但我们还是能够看出，马克思关于资本主义影响之下的东方社会（非典型资本主义社会）发展道路，大致有两种设想。我们把《人类学笔记》设想的模式归结为"解构模式"，把他关于俄国社会发展道路的设想,归结为"跨越模式"。本章以《人类学笔记》为主要文本,分析东方社会的"解构模式",下一章再分析马克思关于俄国社会发展的"跨越模式"。

一、马克思晚年手稿的宗旨

1867年马克思出版《资本论》第一卷第一版(德文版)后,继续写作后面几卷。可是,直到他1883年去世,马克思仍没完成《资本论》的全部写作,但他却留下了大量研究东方社会、原始民族、古代史等方面的手稿,后人将其整理成《人类学笔记》和《历史学笔记》出版。《人类学笔记》是马克思研究视野由西方转到东方的结果,有着更加宏大的世界历史图像,是他"哲学的历史"的构想。在《历史学笔记》中,马克思关注的三大问题是:政治(王权)、军事和宗教。不过,马克思在很多地方也经常提到东方社会的王权与宗教问题,联系马克思晚年研究的问题语境,我们认为《历史学笔记》是马克思晚年研究的总体目标的一部分,即研究东方古老社会形态的基础,以便与资本主义经济范畴"对接"。马克思晚年研究人类早期社会形态,我们猜测他试图寻找世界各民族人类早期社会形态中共有的东西,而这就是农村公社制度以及与之相关的土地制度和财产关系等,它们所具有的生命力以及在外来民族入侵和冲击下的解体、演变规律,我们称之为"解构模式",本书以此来探讨东方社会未来可能的发展路径。

(一)《人类学笔记》的主要内容

《人类学笔记》又被称为《民族学笔记》或《古代社会史笔记》,收录了马克思在1879—1882年间,阅读柯瓦列夫斯基、摩尔根、梅恩、拉伯克、菲儿等人的著作时所作的笔记。1972年,这些笔记第一次被劳伦斯·克拉德命名为《卡尔·马克思的民族学笔记》,学界亦称《人类学笔记》。《人类学笔记》从形式来看基本都是摘录,加上许多评论和批注,且是由多个笔记构成的文本群,这就给人们理解它的主旨和要义带来了困难。从笔记的主要内容来梳理,马克思关注早期人类社会形态,特别是农村公社所有制。他的研究范围遍及世界各地，时间跨度很大，不同国家和地区，不同形式的原始所有制，在不同的社会环境和历史条件下，面对外来民族的入侵，有着不同的演化特点和历史结局。

1.《马·科瓦列夫斯基〈公社土地占有制，其解体的原因、进程和结果〉一书摘要》论公社解体

该笔记是马克思阅读柯瓦列夫斯基《公社土地占有制，其解体的原因、进程和结果》后所作的评语和批注。笔记以土地所有制为主，兼及与军事和政治相关的经济制度、血缘共同体制度等。本书视野惊人的宽广，涉及印第安人、印度人、阿拉伯人等。马克思讨论的内容几乎遍及全球，但大致过程差不多：从人类社会的原始群落发展出氏族、部落和部落联盟，并形成与这种共同体相适应的财产制度特别是土地制度。外来入侵者（主要是欧洲资本主义、殖民主义）对原有的公社土地制度产生巨大冲击，使得原有土地制度开始解体。**一是**美洲印第安人在被西班牙征服以前就实行这种古老的氏族公社土地占有制。西班牙入侵后，西班牙人破坏了公社所有制并导致其解体。这就意味着随着西班牙的入侵，印第安人的村社被慢慢瓦解了。**二是**印度农村公社和土地公有制度千年来一直保存较完整，具有较强的生命力，但是英国野蛮、残酷的殖民统治破坏了印度原有的土地制度，使其解体了。**三是**阿尔及利亚境内的柏柏尔人，他们古老的土地所有制长期保存比较好，即使阿拉伯人入侵也没有将其破坏。但是，法国人的入侵及其专横统治使得当地集体土地占有制衰落了。无论是殖民地还是宗主国都知道保留公社所有制是非常危险的，因此，他们就分割氏族占有地，瓦解原有的集体所有制并使之彻底消灭，这个社会失去了基础。

2.《路易斯·亨·摩尔根〈古代社会〉一书摘要》论血缘共同体的**解体**

摩尔根通过对美洲印第安人、南太平洋群岛、古希腊和古罗马等人类社会群的调查研究，对氏族公社进行了详细考察和分析，证明了无阶级的社会曾经存在、母系氏族是史前社会的基本单位、婚姻和家庭形式从产生至今经历了漫长而复杂的演变历史、私有制起源于非常晚近的时期并最终催生出现代政治机构等。《古代社会》原书的结构为"各种发明和发现所体现的智力发展、政治

观念的发展、家庭观念的发展、财产观念的发展"①，这四个方面在摩尔根看来是"沿着人类蒙昧社会到文明社会的进步途径平行前进"②。马克思调整并改造了《古代社会》的结构，将其调整为"各种发明和发现所体现的智力发展—家庭观念的发展—财产观念的发展—管理观念的发展"③。马克思在摩尔根研究的基础上，重新考察了氏族公社的起源、发展、演变和瓦解的历史过程。

3.《约翰·菲尔爵士〈印度和锡兰的雅利安人村社〉一书摘要》论村社、家庭和生活方式的改变

从马克思笔记的文本来看，该部分内容主要包括孟加拉、锡兰和印度雅利安人社会土地制度三部分，第一部分占比一半以上，第三部分最少。马克思摘录了反映印度包括锡兰地区的19世纪后半期的农业公社的现状资料。该笔记分析了东方社会原有社会的经济、文化、宗教等特征，以及西方的入侵对东方社会发展演变的影响等。村社本身的发展从原始到成熟是一个逐渐运动的过程，马克思通过深入考察东西方社会存在过的各种农村公社制度，并且对其进行深入分析研究，得出农村公社的发展也是一个从原生到次生发展演化的过程。他在研究菲尔的著作中指出："这证明，锡兰形式比较原始；因为村首领或村长不是地主，他不收取'地租'，满足于'徭役'。"④ 原有的印度农村公社制度被破坏，形成了大范围的地租现象，这样就产生了农村公社组织和政府之间的代理人——柴明达尔。特别是随着英国对印度的入侵，破坏了原有社会运行机制，"在孟加拉，他们创作了一幅英国大土地所有制的漫画"⑤。

4.《亨利·萨姆纳·梅恩〈古代法制史讲演录〉一书摘要》论古爱尔兰人氏族公社的解体与演化

梅恩在《古代法制史讲演录》一书中重点对《古制全书》和《艾锡尔书》

---

① 参见摩尔根：《古代社会》，杨东莼、马雍等译，北京：商务印书馆1997年版。
② 参见摩尔根：《古代社会》，杨东莼、马雍等译，北京：商务印书馆1997年版。
③ 参见马克思：《马克思古代社会史笔记》，北京：人民出版社1996年版。
④ 《马列主义研究资料》（总第49期），北京：人民出版社1987年版，第4页。
⑤ 《马克思恩格斯论中国》，北京：人民出版社2015年版，第162页。

中的布雷亨法规进行了解读。从马克思关于此书的笔记中可以看出，马克思并不赞同梅恩把父权制作为原始社会的基础，而是赞同摩尔根关于氏族和母系社会存在的事实，马克思认为家庭社会的演变是一个漫长的历史过程。他认为梅恩本质是为英国殖民主义做辩护。马克思这个笔记的侧重点是古代爱尔兰人的氏族公社在英国殖民入侵后的解体演化过程。马克思试图从世界历史的角度来探索人类社会的历史发展进程。英国的殖民者在掠夺爱尔兰的土地和财产的同时，摧毁了其原有的法治体系和行政制度，爱尔兰原有的氏族制度被全部废除，相反，英国在爱尔兰不断推广英国的法律、宗教、语言等等。"詹姆斯的明确目的是'掠夺'，他把这称为殖民化。驱逐和奴役爱尔兰人，没收他们的土地和财产，所有这一切均以反教皇主义作为幌子。"①

5.《约·拉伯克〈文明的起源和人的原始状态〉一书摘要》论早期家庭与宗教

对于约·拉伯克的《文明的起源和人的原始状态》一书，马克思摘录的内容较少，他对原始社会的婚姻制度、家庭制度和宗教制度作了大量批注，他认为拉伯克没有透过表象看清氏族社会的本质特征，而带有资产阶级的偏见。从另一方面也印证了他在研究摩尔根《古代社会》后所得出的一些结论。马克思利用研究《古代社会》得出的结论，批评了拉伯克及其理论来源——麦克伦南关于外婚制、内婚制和群婚等问题的错误观点。马克思依据拉伯克的说法，总结了宗教观念演化的七个阶段的特征。古代社会的政治和宗教的边界较为模糊，随着社会文明程度日益提高，首领们更加残暴却要人民尊敬他们，人们对权力的信仰和对神的信仰都达到了前所未有的高度。马克思认为宗教的产生有其历史根源，并且在一定程度上对社会体制有着重要影响。

通过以上五个方面主要内容的论述，可以发现马克思几乎探讨了全部非西方社会的农村公社。我们可以发现，马克思在《人类学笔记》中所关注的问题有这样的侧重点：一是以农村公社为主的原始社会的血缘家族制度及其财产关系特别是土地制度的发展演变规律，以及当时的宗教、伦理的发展演变；二

---

① 亨利·萨姆纳·梅恩：《古代法制史讲演录》，伦敦：1875年版，第185页。

是不同的原始制度和社会关系在资本主义生产方式的入侵下，它们的发展演化。由此可以看出，马克思有一个清晰的研究思路，就是通过研究史实总结归纳，以农村公社、血缘家族为基础的东方社会在西欧资本主义生产方式的冲击下如何发展演变，这就和《资本论》中的思路形成呼应关系。马克思晚年的思想并没有发生所谓的"人类学转向"，而是有一个更加宏伟的世界历史图像，东西方社会之间如何互相影响、互相作用形成一个整体的世界，这才是马克思晚年所真正考虑的问题旨要。我们猜测马克思试图通过研究东方社会的生产过程和社会结构的发展及其在外来入侵下的演变过程，进而探索未来共产主义社会的建构模式。

（二）《人类学笔记》的宗旨

通过上文对《人类学笔记》主要内容的分析可知，马克思在当时所能掌握资料的情况下，几乎研究了史前社会所有公社土地所有制及其解体的历史。《人类学笔记》出版后，在学术界引起了很大的关注和讨论，观点不一、争议较大，具体前文已做讨论。本书认为《人类学笔记》研究和写作的真正目的是探讨以部落所有制（包括氏族、家庭、部落和部落联盟）和农村公社为基础的东方社会，在受到外来殖民者（西方资本主义国家）入侵后，原有体制解体和重构，被迫融进资本主义世界体系的问题。

从《人类学笔记》写作所处的时代背景看。《人类学笔记》的写作时间为19世纪的70年代到80年代，正是1873年危机到1895年的资本主义大衰退时期，处于资本主义自由竞争时期向垄断时期转变的阶段，资本主义制度处于剧烈动荡时期，经济衰退、工人失业、资产阶级与无产阶级之间的矛盾激化，这一时期无产阶级革命形势复杂。1840年，英国率先完成工业革命，成为第一个工业国家，随后法国、美国、俄国、奥地利、日本等国也完成了工业革命，资本主义世界市场初步形成。完成工业革命的西方资本主义国家用暴力打开了东方社会的大门，西方对中国发动的两次鸦片战争，英国完全占有印度，法国控制阿尔及利亚等。面对西方资本主义的残酷侵略，东方国家也爆发了革命，如印度民族大起义，但均以失败告终。巴黎公社失败后，资产阶级代表们大肆镇压无产阶级活动。此时，无产阶级代表之间的观念也有冲突，社会主义道路有待探索。巴黎公社失败后给我们的启示是：无产阶级的胜利需要科学的社会主义理论做指导，同时要有无产阶级政党的领导，这样才能保证革命的成果，而巴黎公社的失败恰好说明了这一点。马克思、恩格斯在深刻反思和系统总结无产阶级革命道路的基础上，提出了无产阶级革命的最重要手段是暴力革命，人民群众是革命成功的决定性力量、工人和农民的工农联盟是革命胜利的基本力量等理论，提出了巴黎公社革命的目的是"代表着社会中一切不靠他人劳动生活的阶级的公社革命"①。正是在这种历史背景下，马克思想更好地、更完整地研究东方社会农村公社在资本主义冲击下的发展演变规律，以及东方社会可能的未来发展之路。特别是面对资本主义的衰退，无产阶级革命运动的兴起，以及社会主义道路的探索经验，使得东方社会有可能不通过资本主义制度的"卡夫丁峡谷"。

从《人类学笔记》写作的具体内容看。《人类学笔记》内容基本上都是摘录，马克思并没有直抒胸臆。为了更好地理解《人类学笔记》的深意，这就需要我们一方面根据马克思阅读的内容和摘录进行分析，另一方面也要根据马克思的其他论述，例如书信、评论等，特别是同时期写作的《历史学笔记》作为佐证，并且结合马克思当时的生活背景、社会现实等客观条件进行分析。从《人类学笔记》收录的五篇摘要和述评，以及从上文的主要内容分析可知，马克思分析了公社的解体，血缘共同体的解体，村社、家庭和生活方式的改变，古爱尔兰人氏族公社的解体与演化，论早期家庭与宗教等。可以看出马克思想通过对古代社会的研究，观察原有的公社所有制在外来民族的入侵下的冲击反应，以及它未来的可能发展之路及其所具有的规律。从《人类学笔记》来看，马克思研究一些民族早期的社会形态，绝不是一种学究气的研究，而是为了研究它们在西方资本主义冲击下的反应模式，进而加以总结。从笔记中，我们推测马克思关注世界范围内的早期社会形态特别是农村公社，试图寻找其中共同的、相通的东西。例如，马克思对美洲印第安人、印度古代公社所有制、阿尔及利亚、南北美洲、古代爱尔兰等的关注，不仅有他们的土地所有制形式，更重要的是他们的土地所有制在面对外族入侵和冲

---

① 《马克思恩格斯文集》第3卷，北京：人民出版社2009年版，第203页。

击后的反应。

在《人类学笔记》中,马克思重点考察了前资本主义社会的社会历史形态及其历史发展过程,为了更全面地揭示人类社会发展的客观规律和历史趋势,他的研究视野从西方转向东方。这部笔记中蕴含着马克思丰富的东方社会理论。通过对东方农村公社在外来民族入侵下发展演变的大量事实的研究,我们推测马克思可能把农村公社作为东方社会经济形态的本质的、抽象的、核心的概念,这种原始所有制在资本主义大潮中的发展演变规律是什么,它背后隐藏的关于资本主义全球体系和"世界历史"的完整图像或总体解释又是什么,这些才是马克思晚年撰写《人类学笔记》的主旨。

(三)《人类学笔记》在马克思思想史上的地位

1. 蕴含了对东方社会的经济社会形态本质的某种解释模式

马克思晚年对前资本主义形态的原始公社所有制进行了系统研究,他认为这些民族的原始公社所有制面对外来民族入侵后发生了解体。他纠正了摩尔根、梅恩等许多错误观点,对原始社会的生产生活实践、婚姻家庭关系、政治组织活动、宗教神话等多方面进行了系统地研究,再现了原始社会到资本主义社会的历史发展过程。我们知道《人类学笔记》是研究马克思思想史的一部重要作品,马克思研究视野由西方转到东方,蕴含着他的"哲学的历史"构思。根据马克思的这部著作,我们可以推测,在马克思的心目中,特别是对古老的东方社会,不同国家和地区,不同的原始所有制,不同的社会环境和历史条件,它们在欧洲资本主义的入侵下,其所有制的发展演化过程不同,进而形成了西欧资本主义与东方社会以农村公社为主的土地制度及生产方式的互动、相互作用、相互影响的世界历史。

2. 蕴含着一套关于东方社会形态在资本主义大潮中发展演变的解释体系

马克思指出资本主义大工业、大生产的快速发展,促进了世界市场的形成,而世界历史是一个客观形成过程,不是一直存在的,是随着资本主义的大力发展,将东方社会纳入世界市场,才形成了东西方相互作用、相互影响的世界历史。在《人类学笔记》中，马克思把世界历史作为一个动态的过程来研究，明确地认识到前资本主义社会与资本主义社会的"世界历史性联系"。在资本主义开创的世界市场、世界历史下，东方社会在资本主义大潮的冲击下，面对资本主义的殖民掠夺、殖民贸易和殖民战争，东方社会的可能反应模式有哪些？马克思在《人类学笔记》中研究了大量农村公社在外来民族入侵下的反应。如在西班牙人征服和殖民下，美洲印第安人原有的公社"卡尔普里"农村公社瓦解了。英国殖民者的残酷统治破坏了印度原有的公社土地所有制。法国人破坏了阿尔及利亚柏柏尔人传统的血亲制度和公社土地所有制等。我们推测，马克思研究农村公社，是想从中揣摩资本主义冲击和解构东方社会的一般规律。资本主义经济形态向外扩张，对东方社会最大的影响和冲击，是解构原始农村公社所有制并把它同化到资本主义世界体系中。《人类学笔记》对研究当代东方社会在资本主义冲击下的反应模式具有重要借鉴意义，它提出了一套关于东方社会形态在资本主义大潮中发展演变的解释体系。

3. 隐藏着关于资本主义全球体系和"世界历史"的完整图像或总体解释

马克思对世界历史做出了系统、科学的论述，深化了世界历史发展的统一性和多样性的认识。世界历史必然涉及东方社会，东方社会在资本主义主导的全球体系和世界历史下，应该何去何从。马克思在《人类学笔记》中探讨了几乎所有前资本主义社会的农村公社，并且重点研究了这些农村公社在外来民族入侵下的发展演变模式。这就形成了以资本主义为主导的，包含东西互动在内的整体性理论，蕴含着马克思关于资本主义全球体系和"世界历史"的完整图像。在资本的扩张和殖民本性下，资本打破了国家和地域的限制，形成了世界市场和全球性的普遍交往。随着资本主义全球化自西向东扩展，西方资本主义对东方社会的冲击和影响逐渐加深。东方社会在此环境下，一方面借鉴吸收了西方社会科学技术和管理经验等文明成果，另一方面充分利用其自身特殊性以崭新的面貌融入世界历史发展潮流之中。马克思正是站在世界历史高度，从人类社会发展一般规律和历史趋势，来看东方社会的未来发展方向，得出人类社会是一个从原始的公有制到私有制再到更高级的公有制的发展过程，对资本主义社会进行了全面剖析，对资本主义私有制进行了批判，在批判过程中，发现了"真正的共同体"①，也就是共产主义社会。

（四）《历史学笔记》的主要内容

马克思在《历史学笔记》中摘录了非常翔实的史料内容，涵盖从奴隶制社会到资本主义社会近 2000 年的历史资料。《历史学笔记》分四册对欧洲历史上的奴隶制向封建制转向、封建制的发展及其内部矛盾斗争和封建制向资本主义发展的过程进行了全景式的展现。该笔记内容重点关注了封建主义如何衰落，资本主义如何从新兴力量和弱势地位逐渐成长起来并获得历史必然性的过程。从时间上来看，笔记摘录内容主要是公元前 1 世纪到 17 世纪中叶，涉及原始社会之后的整个前资本主义社会；从空间上来看，笔记摘录内容遍布世界各国，涉及西欧及以外的地区如俄国和巴尔干国家，第一册更是包括了广大亚非拉地区；从内容上来看，笔记摘录主要是政治事件，也涉及经济和文化领域，特别是从资本主义产生和形成的角度对意大利的社会制度、尼德兰革命、英国社会演变和原始积累以及文艺复兴、宗教改革、自然科学和哲学发展状况等都给予了充分的重视。

1. 第一册笔记摘录了由奴隶制向封建制发展转变的过程

这部分笔记从体量上来看一共包括 141 页手稿，时间从公元前 91 年到 1320 年，跨度 1400 多年，内容涵盖了从罗马帝国初期奴隶制逐渐衰落，到西欧封建制度形成时期欧洲各主要民族国家社会政治发展史。摘录了罗马帝国政治史以及其奴隶制走向衰落的过程和主要表现，罗马帝国后期奴隶制危机四伏，日耳曼人对罗马进行进攻，导致西罗马帝国的灭亡。笔记内容记录了由法国、德国、意大利和英国封建主组织的九次十字军东征，这是东西方首次以战争的形式碰撞，东西方贸易的大门打开了，客观上促进了东西方商品交换和文化交流。此外，笔记还摘录了 14 世纪中叶以前的北欧和中欧诸国的社会政治史，关注了欧洲商品贸易与城市发展进程。罗马"人口稠密兴旺，各省物产

---

① 《马克思恩格斯全集》第 3 卷，北京：人民出版社 2002 年版，第 643 页。

丰富，各个城市繁荣昌盛，国内外贸易也十分活跃。对外贸易主要是同印度的贸易（因为罗马帝国包括整个西欧）；后来通过埃及、巴尔米拉、叙利亚，继续同印度进行贸易。"① 随着商品贸易发展，城市的扩大，逐渐形成了小共和国和城市联盟，欧洲各国之间，欧洲与亚洲和非洲等都有一定程度的贸易。

2. 第二册笔记记录了欧洲封建制的衰落

该笔记摘录了从1300年到1470年一些重要史实资料，共有145页手稿。马克思以此考察欧洲封建制度走向衰落进而影响世界历史走向的重大社会政治历史事件及其背后复杂的社会关系和影响因素。马克思摘录了这一时期欧洲政治发展、国家间战争、国内革命运动等研究成果，内容重点关注德意志、意大利、英格兰、法兰西、西班牙、葡萄牙等国政治发展，如内部阶级矛盾激化、人民革命起义高涨。笔记内容还关注了封建制形成及向资本主义的过渡等问题。14世纪末，法国、英国和德国革命浪潮都同城市市民争取自由的斗争有关。在法国和英国，在这一时期，大封建主和骑士阶层之间常有战争。在笔记中，马克思还摘录了一些重要历史事件及其来源，如意大利多里奇诺人民起义、法国扎克雷运动、英国瓦特泰勒起义、捷克胡斯战争、佛兰德大锤党人起义，以及英法百年战争等。马克思肯定了这些人民革命运动，认为它们在一定程度上打击了封建统治阶级，动摇了封建制度，促进了资本主义制度的发展。

3. 第三册笔记摘录了资本主义萌芽时期的西欧社会

这部分笔记摘录内容的时间是从1470年到1580年，马克思关注了西欧近百年的发展历史以及资本主义萌芽过程中重大社会政治事件。这一时期王权、宗教与城市资产阶级的发展联系起来，与封建势力斗争，导致封建制度走向衰落，资本主义时代到来。马克思用了一半多的篇幅摘录了宗教改革以及与之相关的战争，如法国的几次宗教战争，德意志、意大利和法兰西的战争，法国和西班牙、尼德兰的战争等，这些都为资本主义的发展清除了障碍。马克思认为："这场斗争的目的是为了制伏资本即资产阶级的祸患；制伏这个产生于封

---

① 马克思：《历史学笔记》第1册，北京：中国人民大学出版社2005年版，第2页。

建国家，还带有封建痕迹的君主国。在宗教上的反映就是教廷和宗教改革的斗争。"① 对此，恩格斯也说："宗教改革——路德的和加尔文的宗教改革——这是包括农民战争这一危急事件在内的第一号资产阶级革命。"② 随着新航线的开辟、地理大发现和海上贸易，加强了各民族国家之间的联系，为资本主义奠定了物质基础和交往基础，促进了世界历史体系和世界市场、世界历史的形成。此外，在本册笔记中，马克思还关注了欧洲航海家的全球航行以及哥伦布发现新大陆，其研究视野也随着拓展至美洲，马克思甚至揭露了这些航海家的真正目的，即"截船抢劫是一些美洲的西班牙冒险家的唯一目的"，"贩奴就是基本准则"③。

4. 第四册笔记摘录了近代欧洲资本主义体系的形成

该册笔记摘录的内容是从1580年到1648年，重点摘录了"三十年战争"即"宗教战争"，是欧洲近代史的开端，促进了近代欧洲民族国家的形成，构建了欧洲近代国际关系体系。马克思详细地说明了这场战争所发生的各种事件，研究了参战双方各国的历史、相互关系、对外政策和发展过程。马克思在对约·格林的《英国人民史》所作的摘录中，对"威廉征服"的过程与英国封建制的形成关系等问题进行研究，可以看出英国的封建制不是从罗马奴隶制发展而来，而是建立在氏族制度瓦解的基础之上，由原始氏族公社直接过渡到封建制度。"——人民大会是军事性的，该族的全体武装的自由人民。——咨议院是智者的会议，部族的军事委员会。"④ 笔记内容详细研究了英国社会的发展，对英国封建制度从形成到萌芽之间的历史进行了详细地论述。农民起义、社会革命、圈地运动等冲击了封建主义生产方式，使资本开始原始积累并促进了资本主义的进一步发展。"英国封建主义起源于那些曾亲自参加国王的征战因其个人效劳而被奖以公有土地中的地产的'军人'、'义勇兵团官兵'或者'大乡绅'（thegns）。后来这种封建性分配地产的做法大大地加强了，因

---

① 马克思：《历史学笔记》第3册，北京：中国人民大学出版社2005年版，第55页。
② 《马克思恩格斯全集》第21卷，北京：人民出版社1965年版，第459页。
③ 马克思：《历史学笔记》第3册，北京：中国人民大学出版社2005年版，第57页。
④ 马克思：《历史学笔记》第4册，北京：中国人民大学出版社2005年版，第186—187页。

为大部分贵族效法国王的榜样,也用分赐采邑的办法把他们的佃农同自己联系在一起……封建主义在英国取代昔日自由的这种趋势,因(威廉的)征服而得以加强和加速。"① "三十年战争"从小规模宗教内战开始,后波及全欧洲,通过这一战争,改变了欧洲原有政治力量,保护了新兴资产阶级的权利和地位,初步形成了近代欧洲国际关系格局。值得一提的是,这册笔记增加了俄国的篇幅,马克思摘录了862—1613年的俄罗斯历史,对研究俄国历史等具有重要的历史意义。

马克思在《历史学笔记》中引用了大量事实,诸如日耳曼人的入侵摧毁了罗马帝国奴隶制建立了封建社会;十字军东征使西欧封建文明与东方拜占庭、伊斯兰世界接触并发展了西欧商品经济。马克思对欧洲革命、战争、政治、经济等重要历史事件进行了摘录和评论。在东方社会的土地所有制中,国王、君主、皇帝等以"王权"的形式占有土地、资料等,并对他们进行统治,皇权是它的主要表现形式。马克思分析了奴隶制、封建制的瓦解,现代资本主义国家的起源和资产阶级的政治统治,以及亚洲、非洲等东方社会的发展等等,他通过对一系列政治事件的研究,解释人类社会发展的普遍性和特殊性。英国"蔷薇战争"爆发,冲击了英国原有封建主义,促进了资本主义的发展。而欧洲的宗教改革也是一场资产阶级革命等,宗教也在一定程度上对东方社会各领域有着重要影响。《历史学笔记》记录了欧洲社会从奴隶制解体、封建主义产生至衰落到资本主义形成的历史过程。可以说,农村公社、宗教、王权、战争等因素是影响东方古老社会的各种生产方式的重要因素。

(五)《人类学笔记》与《历史学笔记》的互补关系

马克思在《人类学笔记》中广泛而深入地考察了公社所有制即农村公社所有制,从非洲、阿拉伯、澳大利亚、南美、印度、俄国、斯拉夫及西欧等地区,对历史上存在的几种社会形态的依次更替关系作了系统阐述,特别研究了原始的社会制度在西方资本主义生产方式的冲击下的发展演化过程。马克思晚年的巨幅笔记手稿《历史学笔记》,字数达160多万,内容涵盖时间长达2000

---

① 马克思:《历史学笔记》第4册,北京:中国人民大学出版社2005年版,第187页。

多年。笔记内容涵盖了人类社会从奴隶社会、封建社会到资本主义社会变迁的翔实的史料。如果说《德意志意识形态》和《资本论》是从典型的理论抽象来阐释马克思世界历史理论,那么《历史学笔记》则是通过大量具体史实来进行具体例证。可以说,《人类学笔记》《历史学笔记》两者都是马克思晚年理论研究的阶段性成果。从时间上来说,两者的写作均在19世纪七八十年代,马克思从当时的世界历史情况出发,研究社会历史发展的客观规律性,以及资本主义社会的历史性和暂时性。两者所表达的思想在时空上具有一致性。《人类学笔记》主要的研究时间段是人类社会的史前时期,《历史学笔记》是从奴隶社会经过封建社会再到资本主义的萌芽时期。从空间上看,《人类学笔记》着重研究的是古代社会的人类学问题和社会问题,《历史学笔记》侧重研究从奴隶社会、封建社会到资本主义社会的发展历史。

两部笔记的内容是一致的且具有互补性,是一个完整的整体。它们所研究的社会形态的时间也是连续的:一个是史前时期人类社会的发展,另一个是前资本主义社会形态的发展,两者串起来就是一部完整的人类社会发展史研究。《人类学笔记》和《历史学笔记》可以说是马克思对不同阶段的人类历史研究,既相互区别,又相互联结为统一整体。《人类学笔记》中,《公社土地占有制,其解体的原因、进程和结果》和《文明的起源和人类的原始状态》,重点研究的是古代社会问题,从原始公社土地所有制、人类文明的起源等,再到私有制的产生及其导致的家庭和文明社会的产生。而《历史学笔记》侧重研究的是人类从奴隶社会—封建社会—资本主义社会萌芽阶段的历史发展。两部笔记的主旨是探讨东方社会在资本主义冲击下解体、演变的规律,进而建构其东西方互动整体的历史观即"哲学的历史"。《资本论》主要是研究英国资本主义原始积累,《人类学笔记》《历史学笔记》旨在通过翔实的史实资料对前资本主义社会发展规律进行研究。可见,两个笔记的内容都与《资本论》的研究息息相关,具有一致性和一贯性。

总之,《历史学笔记》对前资本主义史作了深入研究,摘录了对世界尤其是对欧洲影响巨大的重要历史事件和资料,包括古罗马、欧洲、土耳其、阿拉伯的历史,以及花剌子模和蒙古人的历史。由于马克思没有直接阐述,我们只能结合当时的问题语境和其他零星旁证做推测:如果说《人类学笔记》侧重研究建立在农村公社和血族组织基础上的东方社会，在西方资本主义殖民统治下的"解构"规律是什么的话，那么《历史学笔记》很可能是研究东方社会的"上层建筑"——王权、军事、宗教的发展演化有什么样的规律和特点。

二、东方社会的基础

马克思晚年阅读大量资料撰写笔记，其真正目的应该是在普遍性基础上提炼东方社会的基础，作为核心范畴，类似《资本论》中"商品"这个核心范畴一样。马克思晚年如何理解东方社会的基础（亦即东方经济社会形态的本质抽象），为什么要探究东方社会的基础？他在阐释东方社会时，主要侧重以部落为基础的社会组织，包括家庭、氏族、部落及部落联盟和农村公社，也提到了王权和宗教等，它们在东方社会是何地位，不同基础之间的关系如何理解？这些都是本节需要讨论的议题。通过前文对《人类学笔记》和《历史学笔记》主旨的分析，可以看出马克思讨论东方社会的部落所有制和农村公社，以及它们在外来民族入侵下，原有体制解体重构规律。笔者认为马克思是想把农村公社作为东方社会的基础，同时，由于东方社会的特殊性，王权和宗教在东方社会也具有重要地位。

（一）东方社会

按照马克思的政治经济学批判逻辑和思路，资本主义生产方式经过国际贸易、世界市场，必然过渡到东方社会。马克思在分析西方资本主义社会时把"商品"作为核心范畴，认为"资本主义生产方式占统治地位的社会的财富，表现为'庞大的商品堆积'"[1]，并且以"英国"为范例，"我要在本书研究的，是资本主义生产方式以及和它相适应的生产关系和交换关系。到现在为止，这种生产方式的典型地点是英国。因此，我在理论阐述上主要用英国作为例证"[2]。当西方资本主义扩展到东方社会，东方社会被资本主义强行纳入世界市场体系和资本主义总危机后，两者之间如何实现贯通？通过对马克思晚年

---

[1] 《马克思恩格斯文集》第2卷，北京：人民出版社2009年版，第47页。
[2] 《马克思恩格斯文集》第5卷，北京：人民出版社2009年版，第8页。

著作的分析，我们猜测农村公社似乎是核心范畴，它是东方社会经济形态的本质特征，是人类早期普遍存在的社会组织，在东方社会保存地较完整，具有强大的生命力。资本主义向外扩张入侵东方社会，可以简化为以商品为基础的资本主义经济形态冲击以农村公社为基础的前资本主义社会形态，它们之间的冲击反应、双向互动的规律和趋势又是什么？我们猜测这些正是马克思晚年关心的话题。而要研究这一话题，就需要对东方社会做系统地研究和分析。

1. 东方社会的主要特征

东方国家由于地域较大和其天然地理条件，大都实行中央集权的政府管理体制，正是由于高度集中的中央集权制，使得其权力得不到有效地监督和制约，进而形成了专制制度。也正是因为如此，马克思、恩格斯在研究东方这些国家时，使用了"中央集权的政府"[①]和"东方专制制度"[②]的概念。马克思在《不列颠在印度的统治》中曾指出："但是在东方，由于文明程度太低，幅员太大，不能产生自愿的联合，因而需要中央集权的政府进行干预。所以亚洲的一切政府都不能不执行一种经济职能，即举办公共工程的职能。"[③]例如在中国、印度、埃及等东方国家，需要利用中央政府的力量来修建水利工程，实现灌溉，这又是古代农业发展的基础，这样就形成了一种特殊的"村社制度"。马克思曾批判过此制度："我们不应该忘记，这些田园风味的农村公社不管看起来怎样祥和无害，却始终是东方专制制度的牢固基础，它们使人的头脑局限在极小的范围内，成为迷信的驯服工具，成为传统规则的奴隶，表现不出任何伟大的作为和历史首创精神。"[④]马克思认为印度的村社制度"始终是东方专制主义的牢固基础"[⑤]。面对英国的殖民入侵破坏了印度原有的村社制度，马克思认为英国"在亚洲造成了一场前所未闻的最大的，老实说也是唯

---

① 《马克思恩格斯文集》第2卷，北京：人民出版社2009年版，第679页。
② 《马克思恩格斯文集》第2卷，北京：人民出版社2009年版，第682页。
③ 《马克思恩格斯文集》第2卷，北京：人民出版社2009年版，第679页。
④ 《马克思恩格斯文集》第2卷，北京：人民出版社2009年版，第682—683页。
⑤ 《马克思恩格斯文集》第2卷，北京：人民出版社2009年版，第682页。

一的一次社会革命"①,"充当了历史的不自觉的工具"②。马克思认为东方社会这种制度使人民的生活没有活力,消极被动又停滞不前,这就必然导致人们只能依赖并屈服外界环境而生存,而不能主宰环境。

但是,晚年马克思研究东方农村公社时又特别强调其具有强大的生命力,他甚至提出原始公社的生命力比资本主义社会的生命力还要强得多:"(1)原始公社的生命力比闪族社会、希腊社会、罗马社会以及其他社会,尤其是资本主义社会的生命力要强得多;(2)它们衰落的原因,是那些阻碍它们通过一定发展阶段的经济条件,是和今日俄国公社的历史环境毫无相似之处的历史环境。"③并且,马克思认为农村公社的强大生命力源于其公私兼有的二重性,而农村公社的瓦解并不是自然经济规律发展的必然,而是外族入侵、殖民统治的结果,"死于暴力之下"④。他曾指出:"我们在阅读资产者所写的原始公社历史时必须有所警惕。他们是甚至不惜伪造的。例如,亨利·梅恩爵士本来是英国政府用暴力破坏印度公社的热心帮手,但他却伪善地要我们相信:政府维护这些公社的一切崇高的努力,碰到经济规律的自发力量都失败了!"⑤马克思认为资本主义殖民统治摧毁了东方农村公社是历史的退步,"至于比如说东印度,那么,大概除了亨·梅恩爵士及其同流人物之外,谁都知道,那里的土地公有制是由于英国的野蛮行为才被消灭的,这种行为不是使当地人民前进,而是使他们后退"⑥。马克思强调:"阿尔及利亚存在高利贷的类似活动,在那里,国税重担是他们手中的进攻武器。"⑦马克思认为世界历史的最终形成是东西方互动作用的结果,已不再是西方社会主导,甚至可能是东方国家反抗西方殖民统治,实现更高发展的结果。他认为:"资本主义正经历着危机,这种危机只能随着资本主义的消灭,随着现代社会回复到'古代'类型的公有制

---

① 《马克思恩格斯文集》第2卷,北京:人民出版社2009年版,第682页。
② 《马克思恩格斯文集》第2卷,北京:人民出版社2009年版,第683页。
③ 《马克思恩格斯全集》第25卷,北京:人民出版社2001年版,第468页。
④ 《马克思恩格斯全集》第25卷,北京:人民出版社2001年版,第476页。
⑤ 《马克思恩格斯全集》第25卷,北京:人民出版社2001年版,第468页。
⑥ 《马克思恩格斯全集》第25卷,北京:人民出版社2001年版,第476页。
⑦ 《马克思恩格斯全集》第45卷,北京:人民出版社1985年版,第324页。

而告终。"① 马克思认为东方农村公社"是俄国社会新生的支点"②"共产主义发展的起点"③。

2. 中央集权的政府和东方专制制度产生的原因

马克思很早就关注土地所有制关系,东方社会是土地国有制占主导地位,它的基本特征是不存在土地私有制,马克思在研究东方社会性质时曾指出:"东方(他指的是土耳其、波斯、印度斯坦)一切现象的基础是不存在土地私有制。这甚至是了解东方天国的一把真正的钥匙。"④ 那么它存在哪种土地所有制?东方社会主要以土地国有制和集体所有制形式存在,那么它又是怎么产生的土地国有制或集体所有制,是怎么产生的东方专制制度?我们试图从以下几个方面进行探讨。

一是东方社会的地理条件。由于东方社会的气候和土壤性质特别是沙漠地带的影响,东方社会土地广袤且干旱。"气候和土地条件,特别是从撒哈拉经过阿拉伯、波斯、印度和鞑靼区直到最高的亚洲高原的一片广大的沙漠地带,使利用水渠和水利工程的人工灌溉设施成了东方农业的基础。"⑤ 并且,东方社会以农业生产为主,需要靠人工灌溉,这就需要集权部门治水用水。"土壤肥力是靠人工达到的,灌溉系统一旦遭到破坏,土壤肥力就立即消失,这就说明了用其他理由难以说明的下述事实,即过去耕种很好的整个地区(巴尔米拉、佩特拉、也门废墟,以及埃及、波斯和印度斯坦的某些地区),现在一片荒芜,成了不毛之地。"⑥ "这种用人工方法提高土地肥沃程度的设施靠中央政府办理,中央政府如果忽略灌溉或排水,这种设施立刻就会废置。"⑦ 这样就产生了中央公共部门负责水利事业,"作为东方农业的必要条件的水利事业就

---

① 《马克思恩格斯全集》第25卷,北京:人民出版社2001年版,第456—459页。
② 《马克思恩格斯文集》第3卷,北京:人民出版社2009年版,第590页。
③ 《马克思恩格斯文集》第2卷,北京:人民出版社2009年版,第8页。
④ 《马克思恩格斯全集》第49卷,北京:人民出版社2016年版,第415页。
⑤ 《马克思恩格斯文集》第2卷,北京:人民出版社2009年版,第679页。
⑥ 《马克思恩格斯全集》第49卷,北京:人民出版社2016年版,第419—420页。
⑦ 《马克思恩格斯文集》第2卷,北京:人民出版社2009年版,第679—680页。

会大大发展"①。马克思还将东西方治水工程作了对比,他指出:"在西方,例如在弗兰德和意大利,曾使私人企业家结成自愿的联合;但是在东方,由于文明程度太低,幅员太大,不能产生自愿的联合,因而需要中央集权的政府进行干预。"②东方社会受地理环境的影响,需要公共部门负责治水工程等,这是中央集权和东方专制主义存在的原因之一。

二是以农村公社为主的社会基础。东方社会由于生产力不发达、交往不普遍,各个村社之间的孤立性、封闭性等,导致了中央集权和专制制度。农村公社是农业和手工业结合的自然经济体系,彼此之间相互独立、封闭。"农村公社的孤立性,公社与公社之间的生活缺乏联系,这种与世隔绝的小天地,并不到处都是这种最后的原始类型的内在特征,但是,在有这一特征的任何地方,它总是把集权的专制制度矗立在公社上面。"③ 农业生产上的劳动组合方式,以及兴修水利需要中央集权,这就产生了专门管理各地公社的人,逐渐产生了专制君主。君主为了统治阶级的利益反过来会加强村社土地公有制,并把它作为专制统治的基础。"古代的公社,在它继续存在的地方,在数千年中曾经是从印度到俄国的最野蛮的国家形式,即东方专制制度的基础。"④ 可以说,君主专制制度既是农村公社的结果又是其前提。经济社会发展程度不同,私有制范围不同,农村公社的形态也不同。马克思分析了不同历史时期的农村公社,早期的原始公社,发展程度较高的农业公社,多个部落共同生活的比邻公社,以及凌驾于村社之上的国家和寺院(教会)土地所有制。特别是在亚洲,"在大多数亚细亚的基本形式中,凌驾于所有这一切小的共同体之上的总合的统一体表现为更高的所有者或唯一的所有者,因而实际的公社却只不过表现为世袭的占有者……所以统一体本身能够表现为一种凌驾于这许多实际的单个共同体之上的特殊的东西。"⑤ 国家是土地的唯一或者最高的所有者,各个公社是实际使用者。"从法律上看似乎并不存在财产的情况下,这种部落的或公社的财

---

① 《马克思恩格斯文集》第 2 卷,北京:人民出版社 2009 年版,第 687 页。
② 《马克思恩格斯文集》第 2 卷,北京:人民出版社 2009 年版,第 679 页。
③ 《马克思恩格斯全集》第 25 卷,北京:人民出版社 2001 年版,第 473 页。
④ 《马克思恩格斯全集》第 20 卷,北京:人民出版社 1971 年版,第 197 页。
⑤ 《马克思恩格斯文集》第 8 卷,北京:人民出版社 2009 年版,第 124 页。

产事实上是作为基础而存在的。"①

三是东方农业与手工业相结合这种独立自主的生产方式是形成中央集权和专制制度的重要经济基础。东方国家和地区传统的农业和手工业相互结合，没有完全的社会分工，独立的村社可以自给自足，只是通过贡奉地形式向国家（最高地主）交纳赋税，并在全国范围内实行集中的土地所有权，这就自然而然形成了东方专制制度。马克思指出："我们不应该忘记，这些田园风味的农村公社不管看起来怎样祥和无害，却始终是东方专制制度的牢固基础。"② 恩格斯也强调："各个公社相互间这种完全隔绝的状态，在全国造成虽然相同但绝非共同的利益，这就是东方专制制度的自然形成的基础。"③ 专制制度形成以后，专制君主以最高统治者（家长）的宗法关系来统治全国的公社，各公社首领或者族长统治家庭公社和公社所有制，因此，农村公社又成为专制君主实行专制统治的基础，并极力维护这种统治。正是在这种专制制度下，东方农村公社并没有随着私有因素的增长而完全瓦解，而是在专制制度下长期存在，形成了东方社会特有的社会形态即亚细亚社会。当外来资本主义入侵时，原有的土地制度被破坏，原有公社的宗法性质消失，私有制蔓延，村社制度被瓦解。正如马克思在《不列颠在印度的统治》中强调："这些细小刻板的社会机体大部分已被破坏，并且正在归于消灭，这与其说是由于不列颠的收税官和不列颠士兵的粗暴干涉，还不如说是由于英国蒸汽机和英国自由贸易的作用。"④

3. 典型的几个东方国家

一是印度。19 世纪 50 年代，马克思深入地分析了印度传统的文化结构。对印度的村社制度给予了高度关注，同时，他也指出印度没有自己的历史而一直处于四分五裂的情况下，正如在《不列颠在印度统治的未来结果》中，马克思曾指出"印度社会根本没有历史"⑤。而马克思在《不列颠在印度的统治》中对印度的村社进行了细致地论述，并且强调农村公社是印度社会的基础，对

---

① 《马克思恩格斯文集》第 8 卷，北京：人民出版社 2009 年版，第 124 页。
② 《马克思恩格斯文集》第 2 卷，北京：人民出版社 2009 年版，第 682 页。
③ 《马克思恩格斯文集》第 3 卷，北京：人民出版社 2009 年版，第 397 页。
④ 《马克思恩格斯文集》第 2 卷，北京：人民出版社 2009 年版，第 682 页。
⑤ 《马克思恩格斯文集》第 2 卷，北京：人民出版社 2009 年版，第 685 页。

农村公社的主要特征进行了阐释。他指出印度的村社制度是一种从远古产生，一直保留到现在的一种制度，这些小的村社组织彼此独立，一个个小的结合体，自给自足，过着彼此隔离、封闭的生活，造成了"农村公社的最坏的一个特点，即社会分解为许多固定不变、互不联系的原子的现象，却残留下来"①。整个国家存在穆斯林与印度教徒、部落与部落、种姓与种姓之间的对立，没有形成统一团结的力量，缺乏内驱力和凝聚力，使"印度本来就逃不掉被征服的命运"②。印度村社这种"半野蛮半文明的公社"，从遥远的古代一直到19世纪最初的十年，虽经历外族入侵、王朝更替，但是其社会状况始终没有变。"从遥远的古代直到十九世纪最初十年，无论印度过去在政治上变化多么大，它的社会状况却始终没有改变。"③但当英国资本主义入侵印度后，破坏了其原有的旧的亚洲式的社会，破坏了其农村公社的基础。"不列颠统治下的印度斯坦同它的一切古代传统，同它过去的全部历史断绝了联系。"④英国人摧毁了印度农业和手工业相结合自给自足的经济基础，使得印度村社制度大部分解体并完全消灭，促使印度专制制度基础消失了。但是，马克思在批判英国资产阶级残酷侵略的同时，又指出"它在造成这个革命的时候毕竟是充当了历史的不自觉的工具"⑤。

二是俄国。俄国在全国范围内完整地保留着农村公社，"俄国是在全国范围内把'农业公社'保存到今天的欧洲惟一的国家。它不像东印度那样，是外国征服者的猎获物"⑥。俄国公社特点之一就是孤立性，"公社与公社之间的生活缺乏联系，保持与世隔绝的小天地"⑦，但这种孤立性在一定程度上促进了其集权专制制度的发展，"它总是把集权的专制制度矗立在公社的上面"⑧。同时，农村公社具有公私二重性，正是这种二重性决定它具有强大的生命力。

---

① 《马克思恩格斯文集》第 2 卷，北京：人民出版社 2009 年版，第 688 页。
② 《马克思恩格斯文集》第 2 卷，北京：人民出版社 2009 年版，第 685 页。
③ 《马克思恩格斯文集》第 2 卷，北京：人民出版社 2009 年版，第 680 页。
④ 《马克思恩格斯文集》第 2 卷，北京：人民出版社 2009 年版，第 679 页。
⑤ 《马克思恩格斯文集》第 2 卷，北京：人民出版社 2009 年版，第 683 页。
⑥ 《马克思恩格斯全集》第 25 卷，北京：人民出版社 2001 年版，第 461 页。
⑦ 《马克思恩格斯全集》第 25 卷，北京：人民出版社 2001 年版，第 473 页。
⑧ 《马克思恩格斯全集》第 25 卷，北京：人民出版社 2001 年版，第 473 页。

"农业公社制度所固有的这种二重性能够成为它的巨大生命力的源泉。"① 正是这种二重性又决定了俄国社会走向的两种可能性，"或者是它所包含的私有制因素战胜公有制因素，或者是后者战胜前者"②。后一种情况可以成为俄国社会新生的支点，"那它就能够成为现代社会所趋向的那种经济制度的直接出发点，不必自杀就可以获得新的生命"③。至于哪一种情况可能会实现，马克思并没有给出明确结论，"一切都取决于它所处的历史环境"④。结合俄国农村公社当时所处的历史环境，俄国农村公社在全国范围内完整地保存，没有受到外国征服者的侵略，与西方资本主义处于同一时代，天然地势和劳动组合适合大规模耕种，使其可以"不必经受资本主义制度的苦难"⑤，实现跨越发展。而要保证俄国农村公社处于自然发展的正常条件，就需要爆发俄国革命。"要挽救俄国公社，就必须有俄国革命……如果革命在适当的时候发生，如果它能把自己的一切力量集中起来以保证农村公社的自由发展，那么，农村公社就会很快地变为俄国社会新生的因素，变为优于其他还处在资本主义制度奴役下的国家的因素。"⑥

三是中国。中国有着悠久的历史和深厚的文化底蕴，是有着传统的小农经济和家庭手工业相结合的社会。早在19世纪40年代，马克思、恩格斯就十分重视中国这个东方文明古国，这体现在《中国革命和欧洲革命》《德意志意识形态》《共产党宣言》等众多著作中。马克思在《中国纪事》中将中国比作一块"活的化石"，长期处于"野蛮的、闭关自守的、与文明世界隔绝的状态"⑦，使得中国形成了以皇权为中心的中央集权制度，"正如皇帝通常被尊为全中国的君父一样，皇帝的官吏也都被认为对他们各自的管区维持着这种父权关系"⑧。而专制的皇权制度又加强了中国的闭关自守、与世隔绝状态。当资

---

① 《马克思恩格斯全集》第25卷，北京：人民出版社2001年版，第477—478页。
② 《马克思恩格斯文集》第3卷，北京：人民出版社2009年版，第574页。
③ 《马克思恩格斯文集》第3卷，北京：人民出版社2009年版，第576页。
④ 《马克思恩格斯文集》第3卷，北京：人民出版社2009年版，第574页。
⑤ 《马克思恩格斯选集》第4卷，北京：人民出版社1995年版，第724页。
⑥ 《马克思恩格斯全集》第25卷，北京：人民出版社2001年版，第469页。
⑦ 《马克思恩格斯文集》第2卷，北京：人民出版社2009年版，第608页。
⑧ 《马克思恩格斯文集》第2卷，人民出版社2009年版，第608页。

本主义的英国强迫打开古老中国大门的时候,"英国用大炮强迫中国输入名叫鸦片的麻醉剂。满族王朝的声威一遇到不列颠的枪炮就扫地以尽,天朝帝国万世长存的迷信破了产,野蛮的、闭关自守的、与文明世界隔绝的状态被打破了,开始同外界发生联系,这种联系从那时起就在加利福尼亚和澳大利亚黄金的吸引之下迅速地发展了起来。"① 英国用鸦片贸易迫使"天朝帝国与地上的世界接触"②,通过鸦片战争摧毁了中国原有的封建专制制度,破坏了中国主权和领土完整,使中国沦为半殖民地半封建社会。同时,资本主义的入侵引发了中国的反抗,爆发了太平天国革命,虽然马克思在《中国纪事》中指出,"运动一开始就带有宗教色彩,但这是一切东方运动所共有的"③。同时马克思也预言:"中国革命将把火星抛到现今工业体系这个火药装得足而又足的地雷上,把酝酿已久的普遍危机引爆,这个普遍危机一扩展到国外,紧接而来的将是欧洲大陆的政治革命。"④

(二) 氏族及其特征:氏族—胞族—部落—联盟

根据马克思在《人类学笔记》《历史学笔记》中研究人类历史发展的线索可知,氏族制度是人类社会政治观念的前提。马克思在摘录摩尔根的著作时指出:"氏族必然从杂交集团中产生;一旦在这个集团内部开始排除兄弟和姊妹之间的婚姻关系,氏族就会从这种集团里面生长出来,而不会更早。氏族的前提条件,是兄弟和姊妹(嫡系的和旁系的)已经从其他血亲中区分出来。氏族一旦产生,就继续是社会制度的单位,而家庭则发生巨大的变化。"⑤ 从自然形成的性别差异和最初的血婚制家庭中,慢慢产生了伙婚制和氏族,氏族以血缘关系为中心。根据摩尔根的推演,人类社会演进顺序为氏族—胞族—部落—部落联盟,氏族制度为构建人类政治社会提供了前提条件。从《人类学笔记》可以看出,马克思赞同摩尔根这个观点,马克思甚至以氏族作为主线

---

① 《马克思恩格斯选集》第 1 卷,北京:人民出版社 2012 年版,第 779 页。
② 《马克思恩格斯文集》第 2 卷,北京:人民出版社 2009 年版,第 609 页。
③ 《马克思恩格斯论中国》,北京:人民出版社 2018 年版,第 122 页。
④ 《马克思恩格斯文集》第 2 卷,北京:人民出版社 2009 年版,第 612 页。
⑤ 《马克思恩格斯全集》第 45 卷,北京:人民出版社 1985 年版,第 499 页。

来研究东方社会。

1. 氏族的形成

摩尔根认为氏族组织是一种普遍存在的社会现象，是人类社会发展到一定阶段上的产物。恩格斯发展了这一观点，他指出蒙昧时代的中级阶段产生了氏族，在高级阶段不断继续发展，根据已掌握的资料来看，它的发展全盛时期是在野蛮时代的低级阶段。氏族—部落组织"是同它所由产生的社会状态完全适应的"[1]。另一种观点则认为氏族部落组织的存在只是某些群体所特有的，并不是普遍存在的现象。从摩尔根的论述中可以看出，他认为家族的产生和氏族没有关系，氏族和合伙婚家族的产生时间大体一致，氏族又不是以家族为要素，但是一个家庭中，丈夫和妻子不在同一氏族里。他提出，家族的产生是一个从低级形态向高级形态发展进步的过程，它的产生与氏族无关，而氏族则是社会制度的基本组织。马克思基本同意摩尔根的这个观点，他认为从时间上来看，家庭比氏族产生得更早，氏族是家庭发展的结果，人们由于生产和婚姻的需要，进而形成了氏族。"在氏族社会的组织中，氏族是基本组织，它既是社会体制的基础，也是社会体制的单位；家庭也是一种基本组织，它比氏族古老。血缘家庭和普那路亚家庭在时间上早于氏族而存在；但家庭不是（社会制度的）有机系列中的一个环节。"[2]

2. 氏族的主要形式

人类社会随着各种发明和发现的发展而发展，人们通过智力、劳动，实现了从蒙昧、野蛮到文明的过渡。摩尔根曾经谈过人类早期社会的演进顺序，他指出："由氏族构成的胞族，由胞族构成的部落，以及由部落联盟或由部落融合（更高级的形态）[如罗马的三个罗马部落、阿提卡的四个雅典部落、斯巴达的三个多利安部落；他们都定居在一个共同的地域]所组成的氏族社会，也必然是民主的。"[3] 氏族处在野蛮时代的低级阶段，各个氏族组织是社会最基本的单位和基础。例如，希腊氏族的特点为：世系仅按男系计算，禁止氏族

---

[1]《家庭、私有制和国家的起源》，北京：人民出版社2018年版，第176页。
[2]《马克思恩格斯全集》第45卷，北京：人民出版社1985年版，第500页。
[3]《马克思恩格斯全集》第45卷，北京：人民出版社1985年版，第406页。

内部通婚等；胞族是氏族的自然产物，是几个有亲属关系的氏族为了共同的目的而结合的更高一级的社会秩序；部落又是胞族的更高形式，具有特殊的名称、方言和据为己有的地域，是由过剩人口的迁徙和移民自治集团组成的联盟；部落联盟又是由内部操同一种方言扩展到操同一语系的各种方言，是氏族组织由低级向高级发展的必然结果，如易洛魁人的联盟。它们之间的关系正如马克思摘录所指出："氏族整个包括在胞族内，胞族整个包括在部落内，部落整个包括在民族内，但家庭只要氏族存在就从未整个包括在氏族内；它总是一半包括在丈夫的氏族内，一半包括在妻子的氏族内。"① 而氏族制度的本质是民主的。"氏族制度本质上是民主的，君主制度和氏族制度是不相容的。每一个氏族、胞族、部落，都是一个组织完备的自治团体。"②

3. 政治社会的形成

联盟再发展下去便是多个部落融合为民族，罗马的政治社会的建立正是根源于氏族之间不可调和的矛盾。随着财产观念的产生和私有观念的发展，氏族社会慢慢被政治社会所替代，随着氏族社会的发展进步，私有观念日益增强。"但是到了梭伦时代，土地和房屋已经归个人占有，他们有权将土地（而不是房屋）转让于氏族以外。由于个人和土地的关系时常改变，由于氏族成员在其他地方添置产业，要使一个氏族的人继续聚居在一起就越来越困难了。他们的社会制度的单位在地域方面和性质方面都变得不稳定了。"③ 到氏族部落时期，各个部落之间的斗争由战争变为了抢劫，不断夺取牲畜、奴隶和财宝。随着私有财产的产生，人们感受到了财产所带来的力量，财产已经不是人们基本生活的需要了，而是为了满足某种更高的要求，比如拥有更多财产的人更加具有决策权，这样人们就对财产的渴望和欲望更强了，在某种程度上，拥有财产的多少决定了其话语权和决定权。这样就逐渐形成了市民社会和政治国家。马克思在阐释"希腊政治社会的建立"时指出："由于氏族制度不能适应社会的变得复杂的需要，氏族、胞族和部落的所有民政权力就逐渐被剥夺，移交给了

---

① 《马克思恩格斯全集》第45卷，北京：人民出版社1985年版，第499页。
② 《马克思恩格斯全集》第45卷，北京：人民出版社1985年版，第507页。
③ 《马克思恩格斯全集》第45卷，北京：人民出版社1985年版，第522页。

新的选民团体。一种制度逐渐消失,另一种制度逐渐出现,两种制度在一个时期中曾经并存。"① 并且指出氏族制度与政治社会的根本区别是,"氏族制度的基本特点,就是氏族成员相互依靠以保护个人权利;civitas(政治社会)建立以后,这个特点就首先消失,因为每个公民转而依靠法律和国家保护;在罗马人中,在有史时期只能见到关于这个特点的片断记载。"②

(三) 公社及其特征

马克思在柯瓦列夫斯基《公社土地占有制,其解体的原因、进程和结果》一书的摘要中着重阐释了公社土地所有制。农村公社(Ländliche Gemeinde)简称"村社""公社",不同地方叫法各异,例如马克思故乡的"马尔克"和美洲印第安人的"卡尔普里";根据经济社会发展程度又可以分为"原始公社"和"农业公社"。

1. 公社的几种形态

公社是原始社会的一个基本历史范畴,从马克思、恩格斯关于公社的论述可知,公社具有"共同生产""共同分配"产品的"共同的性质"③。马克思关于柯瓦列夫斯基笔记的摘录,其中财产关系是他重点摘录对象。他指出,在部落所有制社会形态下,主要是以原始的狩猎采集经济为生,氏族成员共同占有生产资料,共同劳动。个人只有很少一部分生活必需品为其动产,如衣服、渔船等,随着这些私有财产的发展,甚至出现了用暴力抢来的奴隶和妇女。由此可知,原始公社在一定程度上具有私有制,在大部分财产共同占有的基础上,少量生活必需品归个人私有,而这种公私兼有的财产关系在一定程度上决定着社会分工以及阶层的分化。正如马克思在笔记中这样摘录:"人类社会的原始群状态,没有婚姻和家庭;他们之前的关系是:共同生活和相同的营生(如战争、狩猎、捕鱼);另一方面,则是母亲及其亲生子女之间的骨肉联系。后来,从这种原始群状态中,由于这种状态逐渐自行瓦解,就发展出氏族和家

---

① 《马克思恩格斯全集》第45卷,北京:人民出版社1985年版,第514页。
② 《马克思恩格斯全集》第45卷,北京:人民出版社1985年版,第536页。
③ 《马克思恩格斯全集》第19卷,北京:人民出版社1963年版,第413页。

庭。随着单个家庭的形成，也产生了财产，而且最初只限于动产。"①

马克思十分明确地认为原始公社所有制有多种形式。他指出，亚细亚、斯拉夫、古代和日耳曼等不同形态的所有制的形成，是由于生产的主体或者劳动者在从事生产和再生产过程中，把劳动条件看成是他所有的财产，社会生产条件不同，采取的形态也各异。马克思分析过公社的四种形态：**一是**亚细亚原始公社，以公有制为基础，所有土地和生产工具均归公社集体所有，个人没有任何生产资料，个人完全依赖公社而存在，公社社员共同劳动、共同分配。**二是**斯拉夫原始公社，是一个家长制的家庭公社，家长是公社的最高管理者，整个家族群居在一起，组成家族公社，共同劳作、共同消费。**三是**古代公社，以古罗马、古希腊古代公社为典型，特点是公社的土地一部分留在公社，另一部分分配给公社成员。这样就形成了个人依靠公社占有土地，公社又依靠占有土地的个人而存在。**四是**日耳曼原始公社，这种原始公社是一个集合体，具体的土地所有者之间相互独立，彼此之间通过协议而达成某种一致，形成一种特殊的组织。不同的原始公社在不同的历史进程中具有不同的原始形态，马克思把所有原始公社类比为地质层的层系构造，也有"原生类型、次生类型、再次生类型等一系列的类型"②。马克思认为正是由于这种不同的公有制形式，产生了不同的解体形式。

2. 农村公社、部落所有制、亚细亚生产方式及其关系

"农村公社"与马克思经常提到的"部落所有制"和"亚细亚生产方式"究竟是何关系？这三者之间的相关性是显然的，但马克思阐述时角度和语境不同，加上马克思用词有时不大严谨，习惯用有代表性事物的概念代替揭示本质的概念③，这也增加了理解的难度。

我们知道，马克思对生产方式或社会形态的发展史，曾在《德意志意识形态》《1857—1858年经济学手稿》《〈政治经济学批判〉导言》中有几处经

---

① 《马克思恩格斯全集》第45卷，北京：人民出版社1985年版，第207—208页。
② 《马克思恩格斯文集》第3卷，北京：人民出版社2009年版，第581页。
③ 例如，马克思称希腊罗马代表的那种社会形态为"古代""古典古代""城邦的或国家的所有制"；称中世纪主要是日耳曼建立的经济社会形态为"日耳曼的所有制"等，也是这个特点。

典表述。这些表述中,对第一种社会形态,马克思(以及恩格斯)先后用过两个概念:部落所有制、亚细亚的生产方式。他们对这两个概念的解释大同小异。在《德意志意识形态》中,马克思、恩格斯由生产、分工而论及所有制:"第一种所有制形式是部落(Stamm)所有制"①。德文中的"Stamm"有家族、部族、世系、谱系等含义,古代宗法制度分大宗、小宗,如用德文的话就是"Stämme"。从马克思、恩格斯的叙述看,部落所有制的特点是生产不发达,大致处于渔猎阶段,父权制和家庭的自然分工等。考虑到马克思在其他地方(例如《人类学笔记》)凡论及农村公社,几乎都与家族、部落相提并论,故我们基本可以断言,部落所有制和农村公社指的是同一对象。

在《〈政治经济学批判〉序言》中,马克思对第一种社会形态改用"亚细亚的生产方式"这个说法:"大体说来,亚细亚的、古希腊罗马的、封建的和现代资产阶级的生产方式可以看作是经济的社会形态演进的几个时代。"② 不过在这里没有对这一生产方式做具体叙述,具体阐述是在《1857—1858年经济学手稿》中。在这部手稿中,马克思把部落共同体置于土地制度之前,部落共同体是他们共同占有和利用土地的前提。他所谓"东方公社为基础的公共土地所有制"③ 就是指农村公社。大多数亚细亚的基本形式中,"部落的或公社的财产事实上是作为基础而存在的"④。从这个角度看,亚细亚生产方式、亚洲土地制度,大致相当于部落所有制或农村公社。

不过,我们也不能将马克思所说的"亚洲"(或译为"亚细亚")土地制度与农村公社尤其是原始公社完全等同。这里有两种情形:第一,马克思也在通常意义上讲亚洲的经济社会问题,这个意义上的"亚洲"跟本书讨论的"农村公社"无关。第二,人类社会早期普遍存在,迄今在亚洲还完整地保留着的古老的所有制形态,这才是学界讨论的亚细亚生产方式问题。不过对后者,我们也不能简单化。由于农村公社的具体形态是历史演化的,马克思的时代,纯粹的原始公社已不复存在。不仅出现了私有制,还出现了国家土地制

---

① 《马克思恩格斯文集》第1卷,北京:人民出版社2009年版,第521页。
② 《马克思恩格斯文集》第2卷,北京:人民出版社2009年版,第592页。
③ 《马克思恩格斯文集》第8卷,北京:人民出版社2009年版,第122页。
④ 《马克思恩格斯文集》第8卷,北京:人民出版社2009年版,第124页。

度。于是，亚洲就出现原生形态的农村公社与私有制和国家土地制长期并存的局面。其中，国家土地制最强盛。故马克思说：在这种"小的共同体之上的总合的统一体表现为更高的所有者或唯一的所有者"①，"小的共同体"即村社，"总合的统一体"即国家。

还有一个问题："农村公社"这个概念主要基于本质抽象，"部落所有制"则偏重历史形态描述，而"亚细亚生产方式"主要是地域性概念。我们凭什么把不同维度的概念等同起来？本质抽象、历史形态描述和地域特征描述，它们之间内在的关联是什么？理解这些问题关键是要理解马克思理论的一个预设：农村公社是人类早期普遍存在的社会形态。当今没有，是因为它在历史发展过程中消失了。在漫长的历史中，由于各地发展不平衡，在有的地方比较早就消失了，在另一些地方（如印度）则比较完整地保留着。也就是说，农村公社是各民族早期普遍存在的社会形态，是原始生产方式的基本要素。由于农村公社是以部落为单位占有土地等天然生存条件，所以马克思称之为"部落所有制"；由于这种所有制在亚洲比如印度保存得最典型、最完好，所以马克思称之为"亚细亚生产方式"。

3. 公社的解体

公社在东方社会和西方社会均有存在，是不少国家的基层社会组织。马克思也曾多次提到，甚至在自己的祖国特里尔也存在过这种制度。例如：在罗马共和国后期，马克思提出，在日耳曼公社所有制产生之前，各氏族、部落、集团之间逐年分配土地，集体耕种、共同占有一定的份地，而其内部各成员之间还没有分配。在西欧，由于连绵的战争和人类迁徙，大部分原有土地公社占有制逐渐消亡了，只是个别地方还有遗存，例如马克思的家乡"特里尔"。在俄国，农村公社是俄国专制制度的基础，整个欧洲也只有俄国的农村公社被完整地在全国范围内保存下来了。在印度，古老的村社制度是一个个独立的组织，他们彼此之间过着相对独立的生活，这也导致各个村社之间的封闭性、孤立性。可见，马克思摘录了世界上不同地区、不同时期的农村公社，并对其进行

---

① 《马克思恩格斯文集》第8卷，北京：人民出版社2009年版，第124页。

比较分析，他发现这些农村公社虽然形式多样，但是又具有特殊性的统一，其中从原始公有制向私有制的过渡构成了其土地制度的统一基础。随着生产力的更高发展，社会财富极大丰富，私有制必然被更高的公有制所代替，以私有制为基础的阶级社会也必将被以公有制为基础的共产主义社会所代替，我们猜测这是马克思晚年思想研究的主旨之一。

4. 公社与马克思晚年思想

早在19世纪五六十年代，马克思就注意到了东方社会的农村公社以及欧洲的马尔克人的公社制度。随着研究的深入，他意识到西欧到处都有古代类型的公社制度，只是随着社会的进步慢慢消失了，只有个别地方的公社制度依然存在。公社制度具有公有、私有的二重性使它具有了这种强大的生命力。也正是农村公社的这种二重性使得它的发展也具有两种可能性：具体的发展道路取决于"它所处的历史环境"。马克思晚年正是通过梳理柯瓦列夫斯基中关于公社制度的发展演变过程，例如美洲红种人的公社土地占有制，在西班牙的统治下瓦解了；印度古代公社所有制及其在英国的殖民入侵下，印度公社土地所有制的摧毁；阿尔及利亚的公社所有制及法国人的统治对这种土地制度的影响；等等。马克思晚年有一个宏伟的世界历史图像，正是农村公社这种私有化倾向，特别是在外来资本主义生产方式的入侵和冲击下，东方古老的农村公社制度将何去何从，这不仅与西方资本主义的入侵和打击程度有关，也与这些国家内部的各种力量之间的较量以及不同国家的不同选择有关。同时，东方社会革命对西方资本主义也有重要的影响，由此便构成了由资本主义主导下的东西方相互影响、相互作用的世界总危机。

总之，农村公社是人类早期普遍存在的经济社会形态，且跨越几种生产方式，一直延续到资本主义兴起。由于马克思的研究工作还是以收集和整理材料为主，未及详细论证，我们只能借助各种旁证推测：他旨在提炼自然生产状态具有基础性和普遍性的本质范畴，并将其上升到总体性。如果说商品是资本主义经济形态的总体性范畴，那么，马克思很可能想把农村公社视为东方社会的总体性范畴。这样，要诠释西方资本主义与东方古老社会互动并构成现代世界完整的体系，就有了一把钥匙。

（四）王权、宗教的重要作用

马克思晚年在《人类学笔记》和《历史学笔记》中，通过对农村公社和世界历史的研究得出了一系列新思想、新观点。他在研究东方社会的本质特征和特殊性的时候，除了关注农村公社，还提到了东方社会的王权和宗教，特别是在《历史学笔记》中，我们认为这些也是马克思晚年考虑东方社会发展的重要因素。《历史学笔记》以罗马帝国的兴衰为主线，按照时间顺序和社会发展形态记录了1700多年世界历史上的重大事件，其中就包括王朝更迭、战争和宗教斗争、宗教改革运动等。虽然我们认为部落所有制和农村公社是马克思研究东方社会的重点和"核心范畴"，但无论是从史实还是从马克思的文稿看，王权和宗教都是研究东方社会值得考虑的问题。至于它们与部落所有制和农村公社是什么关系，马克思并没有明确的表述，对此我们也比较遗憾。

1. 王权对东方社会发展的影响

东方的皇权专制和西方的王权专制都是为了维护封建地主阶级的特权和封建秩序，是具有封建性质的中央集权制的两种不同形式。东方社会的土地归君主或国王所有，不存在土地私有制，表现为高度集中的中央集权制即专制主义，这种专制制度在东方社会具有普遍性、世袭性和稳定性。皇帝或君主拥有至高无上的权利，信奉"君权神授"。东方的农村公社所有制形式是君主专制制度的牢固基础。"我们不应该忘记，这些田园风味的农村公社不管看起来怎样祥和无害，却始终是东方专制制度的牢固基础。"① 王权形成以后，为了加强统治阶级的利益，又反过来进一步加强农村公社制度，并把这种土地制度作为其统治基础。当外族入侵时，东方社会的王权将受到哪些冲击？发生哪些演变？我们可以从马克思的晚年文稿中进行梳理。

马克思在《历史学笔记》中全景展现了西欧封建制度产生至衰落的过程，摘录了从古罗马奴隶制到西欧封建制度的形成，再到资本主义的兴起，展现了经济基础和上层建筑的辩证关系、社会形态依次更替的历史进程和内在规律。

---

① 《马克思恩格斯文集》第2卷，北京：人民出版社2009年版，第682页。

例如，马克思在摘录意大利奴隶制度解体、封建制度形成过程时写道："朗哥巴底国王任命了一些公爵，从而造成了一批封建制度的上层人物。查理大帝使封建制度往下扩展……封建统治者抢去了民政权……查理大帝由于压制市政当局，遭到他的封建仆从的憎恨。奴隶制和农奴制交织在一起。"① 连续不断的战争使意大利四分五裂，君主王权被削弱，大封建主开始夺权，"王权和藩臣的权力不断地被篡夺，这是地道的封建制度"②。日耳曼人的入侵使得西罗马帝国灭亡，摧毁了其奴隶制，形成了封建制度。英国封建制度的形成也是通过征服的方式，即与"威廉征服"密切相关。"封建主义在英国取代昔日自由的这种趋势，因（威廉的）征服而得以加强和加速。"③

战争又是王权为了维护自己的统治而发动的军事斗争，是《历史学笔记》中的高频词，也是18世纪国际关系的最大特点。马克思在《历史学笔记》第1册中详细记录了十字军远征；第2册中摘录的罗马及"蔷薇战争"；第3册更是记录了德国、意大利和法兰西发生的内战以及法国人和西班牙人对那不勒斯的掠夺战争、欧洲内部的政治斗争和宗教战争，以及英法百年战争等；第4册记载了神圣联盟、宗教战争以及"三十年战争"等。马克思摘录的大大小小的战争不计其数，包括宗教战争、民族战争、侵略战争、阶级战争、农民战争等，其中最具代表性如十字军东征、蒙古西征、"三十年战争"。战争是一种特殊的交往形式，在近代国际关系体系和世界历史形成过程中发挥了重要历史作用。战争促进了商品经济的发展，为世界历史的形成提供了物质基础。"十字军东征"推动了西欧商业贸易、东西方贸易以及古代国际贸易的形成；"三十年战争"促进了资本主义经济萌芽的发展；"蔷薇战争"引起了社会革命，促进了生产关系的变革。同时，战争又削弱和瓦解了农奴制，打碎了封建制的"枷锁"，推动了欧洲各国经济的快速发展，促进了近代国际关系的形成，增强了东西方文化交流。"接踵而来的是欧洲各国以地球为战场而进行的商业战争。这次战争以尼德兰脱离西班牙开始，在英国的反雅各宾战争中具有

---

① 马克思：《历史学笔记》第1册，北京：中国人民大学出版社2005年版，第21页。
② 马克思：《历史学笔记》第1册，北京：中国人民大学出版社2005年版，第254页。
③ 马克思：《历史学笔记》第4册，北京：中国人民大学出版社2005年版，第187页。

巨大的规模，并且在对中国的鸦片战争中继续进行下去，等等。"① 可以说，战争推动了欧洲近代民族国家的发展，使王权替代了神权，建立了主权国家，构建了近代欧洲国际关系基本格局。

从中世纪的西方历史来看，王权长期分化后在一定程度上又走向了新的集中，即绝对权力国家，为资本主义准备了必要前提，产生了王权和新的资产阶级形成的一种绝对的君主制政体。正如马克思在《法兰西内战》中指出："中央集权的国家政权连同其遍布各地的机关，即常备军、警察局、官僚机构、教会和法院……起源于专制君主制时代，当时它充当了新兴资产阶级社会反对封建制度的有力武器。"② 恩格斯在《家庭、私有制和国家的起源》中也强调："17世纪和18世纪的专制君主制，就是这样，它使贵族和市民等级彼此保持平衡；法兰西第一帝国特别是第二帝国的波拿巴主义，也是这样，它唆使无产阶级去反对资产阶级，又唆使资产阶级来反对无产阶级。"③ 英国资本主义对印度社会的冲击，不仅破坏了其原始农村公社制度，而且摧毁了其君主专制制度。马克思在揭露英国对印度社会的破坏时指出："我在这里所指的不是不列颠东印度公司在亚洲式专制的基础上建立起来的欧洲式专制，这两种专制结合起来要比萨尔塞达庙里任何狰狞的神像都更为可怕。"④ 可见，马克思在研究东方社会的发展趋势时，更侧重外族入侵对其原有制度的冲击和破坏，即原有土地制度和王权制度受到冲击后的发展演变规律。

2. 宗教对东方社会的影响

马克思有大量关于宗教的论述，如"宗教是人民的鸦片"⑤ "是抗议"等，从《关于费尔巴哈的提纲》中看到费尔巴哈宗教观的不足，《论犹太人问题》揭示宗教与生产力的关系。马克思认为宗教"从一开始就是产生于实际存在

---

① 马克思：《资本论》第1卷，《马克思恩格斯选集》第2卷，北京：人民出版社2012年版，第296页。

② 《马克思恩格斯文集》第3卷，北京：人民出版社2009年版，第151页。

③ 《马克思恩格斯文集》第4卷，北京：人民出版社2009年版，第191页。

④ 《马克思恩格斯文集》第2卷，北京：人民出版社2009年版，第678页。

⑤ 《马克思恩格斯文集》第1卷，北京：人民出版社2009年版，第4页。

的生产力的超验的意识"①。《资本论》指出了宗教在不同时代的影响力不同。"中世纪不能靠天主教生活,古代世界不能靠政治生活。相反,这两个时代谋生的方式和方法表明,为什么在古代世界政治起着主要作用,而在中世纪天主教起着主要作用"②,直到宗教"早已被环境消解掉了",共产主义革命包含着废除宗教,是"同传统的观念实行最彻底的决裂"③。从辩证唯物的角度看,宗教或者精神生产是随着物质生产的改造而不断改造,同时,宗教在某种程度上也影响着政治、经济、文化等。例如,"当古代世界走向灭亡的时候,古代的各种宗教就被基督教战胜了。当基督教思想在18世纪被启蒙思想击败的时候,封建社会正在同当时革命的资产阶级进行殊死的斗争。信仰自由和宗教自由的思想,不过表明自由竞争在信仰领域里占统治地位罢了"④,"公社在废除了常备军和警察这两种旧政府物质权力的工具以后,立刻着手摧毁精神压迫的工具,即'僧侣势力',方法是宣布教会与国家分离,并剥夺一切教会所占有的财产"⑤。

马克思在《历史学笔记》第3册用了一多半的篇幅摘录了宗教改革以及相关的战争,贯穿其中的宗教改革运动是16世纪新兴资产阶级发动的一场反特权、反封建、反宗教压迫的政治运动。马克思详细地介绍了德国宗教改革和法国几次宗教战争。马克思指出:"这场斗争的目的是为了制伏资本即资产阶级的祸患;制伏这个产生于封建国家、还带有封建痕迹的君主国。在宗教上的反映就是教廷和宗教改革的斗争。"⑥ 笔记第4册摘录的欧洲"三十年战争"又被称为"宗教战争",是由罗马内战演变而成的全欧洲参与的大规模国际战争,这场战争推动了欧洲近代民族国家的形成,也是欧洲近代史的开端。马克思在第4册还摘录了俄罗斯的历史,特别是其宗教战争的历史。例如,马克思指出:"帝国官员不得借奥格斯堡的宗教信仰或一般的教义和宗教去干涉别

---

① 《马克思恩格斯文集》第1卷,北京:人民出版社2009年版,第587页。
② 《马克思恩格斯文集》第5卷,北京:人民出版社2009年版,第100页注。
③ 《马克思恩格斯文集》第2卷,北京:人民出版社2009年版,第52页。
④ 《马克思恩格斯文集》第2卷,北京:人民出版社2009年版,第51页。
⑤ 《马克思恩格斯选集》第2卷,北京:人民出版社1972年版,第375页。
⑥ 马克思:《历史学笔记》第3册,北京:中国人民大学出版社2005年版,第55页。

人；不仅诸侯，而且帝国的男爵和骑士、自由的帝国城市和依附即隶属于天主教徒诸侯的骑士、城市、公社，在宗教方面都有权独立；如果某一个政府在本地只容忍一种宗教，那么它应该允许信仰另一种宗教的信徒迁移出境。"① 可见马克思晚年对东方社会宗教的关注。东方社会不仅具备自己的宗教形态和宗教文明，而且历史悠久、源远流长，并且与中央集权的政府有着密切的关系，宗教在东方社会发展过程中起着举足轻重的作用。正如马克思曾在给恩格斯的一封信中指出宗教在东方社会中的地位："至于宗教，可以归结为一个一般的，从而是易于回答的问题：为什么东方的历史表现为各种宗教的历史？"②

总之，马克思在谈到东方社会的本质和基础时，也谈到了王权和宗教，其中，军事是为王权服务的。马克思已经关注到了东方社会的王权和宗教问题，但是还没有来得及展开，我们只能从一些只言片语中推测，认为马克思试图把王权和宗教看作是东方社会的重要特征，至于它们之间的内在关系有待进一步研究推测。

三、资本主义经济的冲击及其后果

从上文可知，马克思晚年手稿研究的重心是：东方社会的基础——农村公社，受到外来殖民主义（资本主义）强大的冲击，农村公社以及部落制度等面临解体。那么，农村公社解体后，大概会是什么局面、什么后果？马克思对这样一些东方社会的未来有没有推测？我们可以从《人类学笔记》以及马克思关于亚洲问题的系列评论、通信等文稿可以看出，马克思晚年正是在探讨东方社会的解构过程及其规律。东方社会不会脱离现代世界而孤立生存，东方社会被迫卷入世界历史潮流中。一方面西方资本主义通过殖民贸易，扩大产品销售市场，把东方社会纳入资本主义世界体系中；另一方面通过殖民战争使得古老的东方社会与资本主义世界有了联系。

---

① 马克思：《历史学笔记》第3册，北京：中国人民大学出版社2005年版，第159页。
② 《马克思恩格斯全集》第49卷，北京：人民出版社2016年版，第414页。

（一）资本主义对东方社会的入侵

随着资本主义世界市场的形成，西方资本主义国家为了追求剩余价值最大化，不断扩大市场，用殖民贸易或殖民战争打开东方社会的大门，东方社会就这样被卷入世界市场之中。

一是随着工业革命的发展，推动东方国家进入了世界市场。机器大工业逐渐代替了传统的手工劳动，大工业劳动所创造的劳动产品以其低廉的价格在世界市场上获得了竞争优势，使得传统的、旧的手工业逐渐被摧毁，这就使其被迫脱离了闭关自守的状态，而被卷入整个世界市场当中。正如恩格斯在《共产主义原理》中指出，资本主义大工业、大生产的发展打破了原来彼此隔绝、封闭的社会状态，各国人民相互联系、相互影响，原来的小市场变成了超级大市场，跨越了地域限制，交通的便利缩短了时空限制，这一切都在为社会的文明和进步做着准备。

二是西方的殖民贸易促使东方社会进入世界市场。资本的本性是追求剩余价值最大化，资本家为了获取更多的价值，需要不断开辟新的世界市场，每个国家的生产和消费都是整个世界生产和消费的一部分。资本主义用商品和大炮打开东方国家的大门时，一方面使西方的大工业品不断流入东方国家，给当地的市场带来了致命性冲击，特别是英国对中国和印度的鸦片贸易，使东方国家的黄金白银源源不断地流向资本主义国家；另一方面，也使东方国家的商品流入西方国家，中国的产品也大量流入西方，甚至还出现了贸易顺差。他们为了抵销这种贸易顺差，不惜用鸦片和武器打开中国大门，致使中国的白银大量外流。

三是西方对东方国家的殖民战争迫使东方被动卷入世界历史。17—18世纪，西欧资本主义国家用大炮和鸦片打开了东方古老社会的大门，凭借其先进的技术逼迫东方社会进入世界历史范畴。他们不仅赤裸裸地掠夺东方国家和地区的财富，而且以战争的形式签署一系列不平等条约，侵犯东方国家的主权和占领其土地。殖民主义国家"只是靠连绵不断的战争，实现了对殖民地亿万居民的统治"[①]。例如，英国为了解决贸易逆差问题，向中国输出鸦片，致使

[①]《列宁选集》第3卷，北京：人民出版社1972年版，第72页。

中国的白银大量外流。随着东方社会国内外矛盾日益激烈，革命必然爆发，而东方国家的革命一旦爆发，便会迅速外溢到国外，对西方国家产生重大影响，进而演变成西方国家发生革命的导火线。

（二）资本主义对农村公社的冲击

从《人类学笔记》的主要内容来看，马克思关注人类早期社会形态，研究的范围几乎遍及世界各地，包括易洛魁人、塔基马尼亚人、古代希腊人、罗马人、日耳曼人以及印度、锡兰等等，范围很广。另外，摘录内容时间跨度也很大，研究了这些早期社会形态以及这些社会形态在不同时期的发展变化，特别是在外来民族入侵下的反应。这就引发我们的思考，马克思为什么花费这么大的力气、时间和精力来研究人类早期社会形态？根据《人类学笔记》，我们推测马克思有一个宏大的目标，他试图寻找世界各民族人类早期社会形态中相通的东西。马克思经过翔实的考证，认为农村公社土地所有制及其财产关系就是东西方原始社会所共有的制度，它们所具有的生命力以及在外来资本主义入侵和冲击下的反应，即资本主义对农村公社的冲击反应模式，这就和当今社会的发展紧密联系起来，以此来探讨东方社会未来的可能发展路径。

1. 西班牙的入侵对美洲红种人公社的影响

美洲红种人的氏族公社是从原始部落解体中分离出来的，这种氏族公社以家族份地为前提，是目前为止最古老的土地公社所有制之一。苏里塔时代的这种公社被称之为卡尔普里。卡尔普里公社是由各个居住区和家庭组成的，他们与公社的名称一样，是一个统一体，公社的土地是全体居民共同所有。马克思在《马·科瓦列夫斯基〈公社土地占有制，其解体的原因、进程和结果〉一书摘要》的"美洲红种人（他们的公社土地占有制）"部分，摘录了美洲红种人被西班牙征服前的土地公社形式即氏族公社。正如他记载："整个墨西哥和秘鲁的定居的红种人部落中，就在他们被西班牙征服以前的时期里，（城市和农村的）土地公社的最古形式——是氏族公社，这种公社以家庭份地的同时存在为前提，家庭份地的大小则以某一家庭之属于某个继承人（继嗣）集团为转移。"① 这种氏族公社已经开始了不动产封建化过程，形成了依附于国家政权和土地贵族的公社所有者，为大土地所有制奠定了基础，而西班牙的入侵加速了公社土地占有制的瓦解。"在西班牙人到来以前很久，就已开始了不动产的封建化过程。最初这一过程不在于剥夺农村居民，而在于把原先的自由的所有者变成依附于国家政权和土地贵族的公社所有者。不过，通过个人占有的途径，官吏等级的许多成员就逐渐变成了委托他们管理的区内的各种地块的世袭所有者。这也就奠定了大土地所有制发展的基础，而损害了公社土地占有者的财产利益。西班牙人的到来，只是加速了后者的瓦解。"② 最终的结果是："随着氏族性质的公社解体，它作为单纯的农村公社也在许多地方瓦解了。因为已经彼此孤立的人都力求成为私有者。"③ 这也就意味着，随着西班牙的入侵，私有制群体增多，原有的单纯的农村公社慢慢被瓦解了。

2. 英国人的入侵对印度农村公社的影响

马克思有大量关于印度农村公社的论述，他曾在《人类学笔记》"英属东印度"章节中指出："没有一个国家象印度那样具有如此多种形式的土地关系。"④ 印度农村公社实行的是土地公有和集体耕种的氏族公社土地所有制，包括氏族公社、地区公社或农村公社以及小块土地所有制和大土地所有制等多种形式。在每个村社范围内，"财产关系个体化的倾向不可避免地加强起来。由此就产生了这样一个结果：从全氏族的土地中逐渐分出了一些特殊的地方，这些地方只限于某一个支系的成员们共同占有，换言之，即只限于不分居的大家庭的成员们共同占有"⑤。同时，由于村社范围内的财产关系个体化趋势加强，"不可分的氏族所有制就逐渐消亡，产生了新形式的所有制"⑥。印度农村公社总过程如下："(1) 最初是实行土地共同所有制和集体耕种的氏族公社；(2) 氏族公社依照氏族分支的数目而分为或多或少的家庭公社（即南方斯拉

---

① 《马克思恩格斯全集》第45卷，北京：人民出版社1985年版，第212—213页。
② 《马克思恩格斯全集》第45卷，北京：人民出版社1985年版，第216页。
③ 《马克思恩格斯全集》第45卷，北京：人民出版社1985年版，第226页。
④ 《马克思恩格斯全集》第45卷，北京：人民出版社1985年版，第231页。
⑤ 《马克思恩格斯全集》第45卷，北京：人民出版社1985年版，第233页。
⑥ 《马克思恩格斯全集》第45卷，北京：人民出版社1985年版，第234页。

夫式的家庭公社)。土地所有权的不可分割性和土地的共同耕作制在这里最终消失了；(3) 由继承权（即由亲属等级的远近）来确定份地因而份地不均等的制度。战争、殖民等情况人为地改变了氏族的构成，从而也改变了份地的大小。"① 当英国入侵时，在大多数省份，"不可分的氏族公社绝迹了"②，随着英国资本主义的殖民入侵，在印度建立了东印度公司，并且逐步占领了印度，破坏了印度村社原有的土地所有制形式，改变了它的经济形态、社会生产方式等。致使印度原有的农村公社被强制地分割成新的"公社所有制"，英国资产阶级打破了原有公社所有制的秩序，导致原始公社的宗法性质被私有制取代，导致印度原有公社土地所有制被资产阶级所有制瓦解。"在农村公社被强制分割以后就完全消失了，农村公社被分割为面积小得可怜的分区，共同责任制只限于少数家庭之间。亲属原则的败坏更严重地表现在：把公社土地分割为各分区以后，接着就是把大多数公社和分区的耕地也分割为各个家庭的私有财产。"③ 这样做的目的"实际上则是为了有利于欧洲人从事殖民"④。因此，马克思说："公社团体的瓦解过程，并不以确立小农所有制为限，而且不可避免地导致大土地所有制。如上所述，由于与公社毫不相干的资本家阶级侵入公社内部，公社的宗法性质就消失了，同时公社首领的影响也消失了；一切人反对一切人的战争开始了。"⑤

3. 法国人的入侵对阿尔及利亚公社制度的影响

马克思在《人类学笔记》"阿尔及利亚"章节具体摘录了"阿尔及利亚在被法国征服时期的各种土地占有制"⑥。阿尔及利亚的公社土地所有制是保存较好的古老形式的土地所有制之一。这种古老的土地所有制在经历了阿拉伯人、土耳其人等统治后，依然保留了其原有的地产不可分和不可出让原则，仍然以血缘组织为基础。"在这里，氏族所有制和不分居家庭所有制是占统治地

---

① 《马克思恩格斯全集》第45卷，北京：人民出版社1985年版，第242—243页。
② 《马克思恩格斯全集》第45卷，北京：人民出版社1985年版，第234页。
③ 《马克思恩格斯全集》第45卷，北京：人民出版社1985年版，第298页。
④ 《马克思恩格斯全集》第45卷，北京：人民出版社1985年版，第299页。
⑤ 《马克思恩格斯全集》第45卷，北京：人民出版社1985年版，第304页。
⑥ 《马克思恩格斯全集》第45卷，北京：人民出版社1985年版，第306页。

位的土地所有制形式。阿拉伯人、土耳其人，最后还有法国人长达若干世纪的统治——如果不算最近的一个时期，即从官方说自1873年法律以来的时期——都没有能够摧毁血缘组织和以此为基础的地产不可分和不可出让的原则。"① 1830年法国开始了对阿尔及利亚残酷、专横地统治，他们摧毁了阿尔及利亚原有的集体土地占有制，改变了地产不可分和不可出让的原则。"法国人在征服阿尔及利亚部分地区以后所关心的第一件事，就是宣布大部分被征服的领土为（法国）政府的财产。"②法国统治者通过法律在氏族土地所有权的框架内建立私有制，在法律上允许集体财产在各个家庭之间，甚至各个家庭成员之间进行分配，承认土地的自由出让权。"现在每个阿拉伯人都可以把分给他的地段作为私有财产自由支配了；结果将是土著居民的土地被欧洲殖民者和投机者剥夺。"③承认每个人都有出让私有财产的自由，这就破坏了阿尔及利亚的社会基础，破坏了以血亲制度为基础的公社土地所有制。原有"阿尔及利亚社会是建立在血缘（亦即亲属）原则上的"，"通过把土地所有制个人化，也达到了政治的目的——消灭这个社会的基础"④。

综合以上的分析，我们可以得出一个结论就是：马克思在《人类学笔记》中共同的关注点是东方农村公社土地所有制，这种公社是以血缘家族制度及其财产关系为主要基础的，马克思试图讨论它们在资本主义生产方式入侵下解体和被摧毁后的发展演变形式。

（三）东方社会基础的解体与形态的演变

马克思在《人类学笔记》中摘录了诸多东方农村公社面临外族入侵后，原有社会基础解体、社会形态演变的过程。农村公社制度本身富有强大的生命力，源于它血缘联系和集体生产的习惯，但是同时在它的内部也存在一定程度的私有制倾向。当这些古老的、天然的农村公社制度在遇到外来资本主义生产方式的强行入侵并在其冲击下，会发生哪些变化？《马·科瓦列夫斯基〈公社

---

① 《马克思恩格斯全集》第45卷，北京：人民出版社1985年版，第307页。
② 《马克思恩格斯全集》第45卷，北京：人民出版社1985年版，第316页。
③ 《马克思恩格斯全集》第45卷，北京：人民出版社1985年版，第325页。
④ 《马克思恩格斯全集》第45卷，北京：人民出版社1985年版，第327页。

土地占有制，其解体的原因、进程和结果〉一书摘要》摘录了美洲红种人的公社土地占有制在西班牙入侵后的解体、印度农村公社在英国人的入侵下解体、阿尔及利亚被法国征服时期的各种土地占有制的演变等。马克思为什么对东方农村公社制度如此重视？它们在外来资本主义殖民入侵后的解体演变规律又是什么？

西班牙入侵前，美洲红种人地区的主要土地形式是氏族公社和家庭份地，其内部已经逐渐产生了不动产的封建化过程。"私有财产也只有武器（相当于工具）、衣服和装饰品。他们的其余一切东西，都是一个或几个共同生活和彼此有血亲关系的家庭的共同财富。"① 西班牙入侵后，破坏其土地政策，瓦解公社所有制，把现有黄金等掠夺一空之后，又将印第安人变成奴隶，强迫其从事农业劳动，使其迅速绝灭。马克思指出"西班牙人最初的政策，目的在于消灭红种人。"② "随着金银价值的下降，西班牙人就转而从事农业，把印第安人变成奴隶，迫使他们为西班牙人耕种土地。"③ 西班牙入侵后的结果是，"作为单纯的农村公社也在许多地方瓦解了"④，"它还没有完全消失，它存在于查理二世的立法中"⑤。

英国入侵前，印度的农村公社形式多样，主要形式是土地公有和集体耕作的氏族所有制，在一定程度上存在财产私有化倾向。英国入侵后，"到处都有这样的现象：由于人为造成的大土地所有者贫穷，土地所有权都集中到少数资本家手中；大多数所有者都不在本地；住在自己领地上的柴明达尔和短期租佃户用高利贷放债的办法剥削农民；最后是农业得不到任何改良"⑥。英国表面上承认保持公社所有制，"但英国政府同时又采取各种措施促进公社所有制迅速瓦解的过程"⑦，英国人用强制手段"把农村公社分解为分区，并且人为地

---

① 《马克思恩格斯全集》第45卷，北京：人民出版社1985年版，第208页。
② 《马克思恩格斯全集》第45卷，北京：人民出版社1985年版，第216页。
③ 《马克思恩格斯全集》第45卷，北京：人民出版社1985年版，第216页。
④ 《马克思恩格斯全集》第45卷，北京：人民出版社1985年版，第226页。
⑤ 《马克思恩格斯全集》第45卷，北京：人民出版社1985年版，第227页。
⑥ 《马克思恩格斯全集》第45卷，北京：人民出版社1985年版，第293页。
⑦ 《马克思恩格斯全集》第45卷，北京：人民出版社1985年版，第294页。

实行了可耕份地的私有制"①，公社原有的占有者被逐出自己的土地，仅仅作为佃户留在原地劳作，而与全村毫无关系的"城市高利贷者"取代了公社土地所有权。印度农村公社土地所有制就这样被私有制取代了。

法国入侵前，阿尔及利亚是除印度外，保存古老形式的土地所有制痕迹最多的国家。虽然经历了阿拉伯人和土耳其人的统治，在一定程度上加速了集体土地所有制的解体，形成了一定范围内的私有制，但是"阿尔及利亚军政权力的强大的中央集权制"排除了"地方官职世袭占有和占有者变成几乎不受德伊制约的大土地所有者的可能性"②。法国专横统治后，其目的是"消灭土著的集体财产，并将其变成自由买卖的对象，从而使这种财产易于最终转到法国殖民者手中"③，入侵后的第一件事情就是"宣布大部分被征服的领土为（法国）政府的财产"④。法国政府采取殖民措施的总目的是"削弱氏族首领的影响并促使氏族瓦解""建立私有制"⑤。

可见，东方社会的基础——农村公社土地所有制在资本主义入侵前，虽然其内部产生私有制因素，但是还保持农村公社公有制主体，只是产生了部分财产的私有化。外族入侵使得东方社会原有农村公社所有制被破坏了，原有的公社宗法性质消失，导致私有制蔓延，最终结果是公社土地所有权被瓦解了，取而代之的是资本主义私有制。

（四）东方社会革命对西方革命的影响

以农村公社为基础的东方社会受到外来资本主义入侵，自身解体并融进资本主义世界体系，成为其中的一部分。这个过程必然引起经济和社会危机，进而引发革命，而这个革命不再是孤立的，而会引起连锁反应，成为整个资本主义世界体系的一部分。也就是说，东方社会基础的解体和融入资本主义世界体系的过程，伴随革命，几乎是必然的。那么，东方社会革命对西方革命会产生

---

① 《马克思恩格斯全集》第45卷，北京：人民出版社1985年版，第299页。
② 《马克思恩格斯全集》第45卷，北京：人民出版社1985年版，第314页。
③ 《马克思恩格斯全集》第45卷，北京：人民出版社1985年版，第316页。
④ 《马克思恩格斯全集》第45卷，北京：人民出版社1985年版，第316页。
⑤ 《马克思恩格斯全集》第45卷，北京：人民出版社1985年版，第319页。

哪些影响？

1. 东西方社会革命的互补性

整个世界就是一个相互联系、相互作用的统一整体。特别是随着世界市场的广泛建立，各国之间的交往、联系更加紧密，世界日益成为一个整体，东西方之间的互动加强，一方的革命必然影响到另一方，因此，东西方革命是一个整体，两者之间在某种程度上可以说是互补的。

东方社会的革命必然促进西方社会革命危机更加尖锐化，并对欧洲革命起着决定作用。如俄国革命对西方工人运动的推动性。欧洲国家之间由于地域原因人们的交往频繁，一个国家发生的政治事件往往会波及相邻的其他国家，进而形成政治事件的连锁反应。例如，1848年欧洲革命首先是从意大利开始，却影响到了法国、俄国等多个国家相继发生了革命运动。那么，这次俄国的政治运动也将会影响西方部分国家，引燃西方无产阶级爆发社会主义革命。马克思、恩格斯也曾多次指出东西方革命之间的互补性。斯大林也曾指出，帝国主义与东方社会是殖民与被殖民的关系，当殖民地国家发生革命时，即作为帝国主义基本后方发生革命，这就必然影响到帝国主义。当中国爆发革命的时候，也会对整个欧洲大陆产生影响。"当英国引起了中国革命的时候，便发生一个问题，即这场革命将来会对英国并且通过英国对欧洲发生什么影响？"① 中国与西方相互影响和作用，中国的革命势必会影响西方社会的政治变革。斯大林在告诫全党时指出："必须彻底领悟这个真理：谁想要社会主义胜利，谁就不能忘记东方。"②

西方为东方实现跨越资本主义"卡夫丁峡谷"提供有利条件。俄国的无产阶级革命也离不开欧洲无产阶级的帮忙。俄国有可能利用帝国主义之间的矛盾突破资本的防线，从而使社会主义革命首先在一国或少数国家取得胜利。甚至列宁在《无产阶级革命的军事纲领》这么肯定地指出，在商品经济条件下，各个资本主义国家的发展是不平衡的，有的发展快，有的发展慢，有的成熟，有的不成熟，其社会内部矛盾的发展也是不平衡的。因此，社会主义革命的爆

---

① 《马克思恩格斯文集》第2卷，北京：人民出版社2009年版，第609—610页。
② 《斯大林选集》上卷，北京：人民出版社1995年版，第128页。

发也是不均衡的,决定了社会主义不能在所有国家同时胜利。而有可能首先在某个国家或某些国家取得胜利,而其余国家仍然是原有的社会制度,保持不变,一直到革命条件成熟。同时他也强调,社会革命的爆发是主客观条件发生变化的结果,并不是所有的革命形式都会产生革命。只有革命的主客观条件都成熟了,才能真正意义上爆发革命,两者缺一不可。

东西方社会革命是相互作用、相互影响的整体。无产阶级反对资产阶级的斗争,逐渐形成了联合的行动。

2. 东方社会革命对西方革命产生的影响

马克思、恩格斯站在世界历史的角度,把东西方视为一个有机整体,它们之间相互影响、相互作用。西欧的社会主义革命必将影响东方社会,同样,东方社会革命也会波及西欧,甚至可以说,东方革命是未来世界社会主义革命的一个关键环节。

马克思、恩格斯认为,俄国的资产阶级革命要比当时欧洲其他国家的革命先发生。俄国社会革命势将影响西欧社会。东方社会的革命将成为世界历史发展变化的"风暴点"。马克思认为一旦俄国发生社会革命必然会波及西方社会,土地公有制将成为俄国新生社会的起点。正如马克思、恩格斯在《共产党宣言》序言中指出:"假设俄国革命将成为西方无产阶级革命的信号而双方相互补充的话,那么现今的俄国土地公有制便能成为共产主义发展的起点。"① 俄国现有农村公社又是其发生社会主义革命的起点。列宁也强调,俄国十月革命是欧洲社会主义革命的"序幕"和"阶梯"。1917年3月,列宁在《给瑞士工人的告别信》中指出:"俄国是一个农民国家,是欧洲最落后的国家之一……使我国革命变成全世界社会主义革命的序幕,变成进到全世界社会主义革命的一级阶梯。"② 俄国革命对西方革命起着催化或导火线作用。俄国革命的胜利,揭开了世界社会主义革命的序幕,以有利于欧美各国的无产阶级进行反对资本主义的革命。俄国革命和欧洲其他国家的革命是密不可分地联系在一起的。

---

① 《马克思恩格斯文集》第2卷,北京:人民出版社2009年版,第8页。
② 《列宁全集》第29卷,北京:人民出版社1985年版,第90页。

中国革命将引爆欧洲大陆的政治革命。鸦片战争后，中国社会的多种矛盾愈来愈尖锐。面对欧洲资本主义列强的入侵，被压迫的中国人民，一方面对外反对西方资本主义殖民入侵，另一方面对内反对清政府的封建统治。如果中国爆发革命，必将影响到欧洲，甚至引起欧洲的政治革命。在此，马克思揭示了中国革命的国内意义和国际意义。在世界历史中，欧洲列强的侵略引起了中国人民的反抗进而发展中国革命，那么，中国革命反过来对欧洲列强又会产生什么样的影响？马克思也曾认为，天朝帝国——中国，作为欧洲的直接对立面，中国的革命情况，中国目前所发生的斗争，必将影响到欧洲。处于同一世界历史背景下，并且欧洲资本主义在中国的殖民和战争，比如，英国与中国的贸易往来直接影响着英国国内的经济状况。由于世界市场的形成，经济上的普遍交往，社会分工的细化以及国际贸易的发展，一国的国内革命都具有了世界性意义。中国革命也必将具有了世界历史意义，将或直接或间接对欧洲革命产生一定的影响。

东西方社会革命互补性决定了，各国无产阶级反对资产阶级的斗争是联合的行动，无产阶级反对资产阶级的剥削和统治、建立共产主义也是联合的行动。没有地域性的共产主义，共产主义是各民族共同的行动。

（五）东方社会的未来发展前景

关于东方农村公社的未来发展前景和道路，马克思认为有两种可能性，一种可能就是农村公社中的公有制因素战胜了私有制因素，向更高的公有制社会发展；另一种可能性就是其公有制因素被私有制因素战胜，向资本主义私有制社会发展。到底是哪种结局，这就需要根据公有、私有因素之间的较量等它所处的具体历史环境来定。在欧洲资本主义入侵和冲击之下，以农村公社为基础的东方社会究竟会如何演化，它们的发展道路是怎样的？马克思实际上提出了两种模式的设想。其一，我们称之为"解构"型。这一思路在19世纪50年代《纽约每日论坛报》中已有端倪，主要见之于《人类学笔记》中；其二，我们称之为"跨越"型，主要见之于《给维·伊·查苏利奇的复信》中。

1. "解构"模型

资本主义经济形态向外扩张，对东方社会最大的影响和冲击，是解构农村

第三章 东方社会的"解构"模式

公社并把它同化到资本主义世界体系中。研究这一解构与同化的规律,是理解资本主义世界市场和总危机不可或缺的环节。可以看出,马克思研究农村公社,是想从中揣摩资本主义冲击和解构亚细亚生产方式的一般规律,为研究资本主义世界体系和总危机服务。我们可以从《人类学笔记》的主要内容看出:美洲红种人原有自己的公社"卡尔普里",但西班牙人对美洲大陆和加勒比海地区不断地进行征服和殖民,逐渐扮演起统治者的角色,并在此实施瓜分制度、监护地制度等政策。随着西班牙的入侵,印第安人的农村公社慢慢被瓦解了。印度在《摩奴法典》中就有古代公社的详细记载。在漫长的历史中,农村公社为主的土地关系一直延续着。英国1600年入侵印度并建立了东印度公司,1849年印度全境被英占领。在英国人的专横统治下,印度的公社土地所有制也发生了重要变化,原有的农村公社被强制地分割成新的"公社所有制",导致公社宗法性质消失、私有制蔓延,印度原有的公社土地所有权逐渐瓦解。

阿尔及利亚柏柏尔人的氏族所有制和不分居家庭所有制是占有统治地位的土地所有制形式。这种土地所有制历经阿拉伯人、土耳其人等统治,都没有摧毁。1830年法国开始统治阿尔及利亚,一是宣布大部分被征服的领土为法国政府财产,把原有的公社所有者降低到政府土地的暂时占有者地位;二是在氏族土地所有权的框架内建立私有制,承认土地的自由出让权;三是承认每个人都有出让私有财产的自由。这就破坏了传统的血亲制度和公社土地所有制。通过以上案例可以看出,农村公社的存在往往是和生产力不发达相伴随的。随着生产力的发展,私有制的产生,原有农村公社存在的客观基础就消失了,它自然也要走向解体和消亡。可见,资本主义经济形态向外扩张,对东方社会最大的影响和冲击,是解构农村公社并把它同化到资本主义世界体系中。马克思研究农村公社,是想从中揣摩资本主义冲击和解构亚细亚生产方式的一般规律,为研究资本主义世界体系、世界市场、世界历史服务。

2."跨越"模型

马克思对农村公社的理解,还有另一条线索,这主要见于1881年他给查苏利奇的复信。在马克思看来,农村公社有强大的生命力,同时又有集体占有土地和集体劳作的传统,因而从农村公社通向共产主义有某些"后发优势"。为叙述方便,我们姑且把马克思的这个思路归结为"跨越"模型。马克思强调,俄国公社"可以不通过资本主义制度的卡夫丁峡谷"①,"不必经受资本主义制度的苦难"②,"是俄国社会新生的支点"③。当然,马克思也强调,俄国农村公社的优势发生社会主义革命,也是需要一定条件的,这就是俄国立即爆发革命,从而推动西欧各国社会主义革命的发展和胜利,同时西欧社会主义制度的建立给俄国树立了榜样和提供了支持。土地公有的基础、集体劳作的传统、资本主义先进因素的改造,以及革命的推动,农村公社的劣势可以转化为优势,避免原生态资本主义所经历的某些"阵痛"(经济危机),较为便捷地过渡到共产主义。

以上两个模型,只是我们对马克思晚年关于东方社会的未来发展前景的一种猜测。我们知道,马克思给查苏利奇的复信是四易其稿,正式复信也没有寄出去,而且还在信中特别交代"不合适发表"。可见,马克思对此也没有成型的理论,而我们对此认识更是一种大胆的猜测罢了。随着历史的发展,实践的检验,我们对此会有一个更为清晰的认识和判断。

四、资本主义世界体系的东方维度

在《资本论》中,马克思是从西方政治经济学批判维度来研究,从商品一般开始,从抽象上升到具体、从资本主义内部延伸到东方社会;《人类学笔记》以及《历史学笔记》则研究东方社会受到资本主义的入侵、殖民和冲击,进而解体和演变的规律。这两部分实际是一个问题的两个维度,它们共同构成完整的资本主义世界历史理论,如硬币的两面,缺少哪一面都是不完备的。马克思一辈子科学研究最重要的宗旨是揭示资本主义世界体系及其发展演化规律,这种规律不仅要从欧洲资本主义经济体系内部看,还要从东方社会看。这里的东方已经不是古老社会闭关锁国时代的孤立的东方,而是作为资本主义世

---

① 《马克思恩格斯文集》第3卷,北京:人民出版社2009年版,第575页。
② 《马克思恩格斯文集》第10卷,北京:人民出版社2009年版,第649页。
③ 《马克思恩格斯文集》第3卷,北京:人民出版社2009年版,第590页。

界体系的一部分和一个维度的东方。

(一) 回望《人类学笔记》与《资本论》的关系

《人类学笔记》与《资本论》之间，虽然缺乏直接的联系，但是两者绝不是相互排斥的对立关系，而是隶属于马克思整个大的世界历史视域下的有机统一体，两部著作的思想是相辅相成、并行不悖的。《资本论》主要探讨资本主义的历史性和暂时性，《人类学笔记》则探讨东方古老社会在欧洲资本主义生产方式的冲击下的发展演变情况，从另一方面讨论了共产主义社会的现实性和必然性。马克思晚年在疾病缠身的情况下，对人类学作了大量、系统、详尽的研究，并不是放弃了《资本论》写作，而是为了更好地完成《资本论》修订。两者的关系可以说：从《资本论》必然走向《人类学笔记》，这是因为在世界市场、世界历史下，对资本主义生产关系的完整批判必然包括资本主义的外围——东方社会；《人类学笔记》必然通向《资本论》，这是因为要解释东方社会农村公社的解体演变规律，预测它的未来发展趋势，必然要放在资本主义生产关系的大背景下。两者是相互补充的有机整体。

1. 从时间上来说

马克思的《人类学笔记》是在《资本论》第一卷出版后进行的，可以说马克思花费了比修订《资本论》更长时间来研究"人类学"。作为一位严谨的学者，马克思只有在理论和事实都充足的情况下才会得出自己的结论。笔者认为《人类学笔记》的研究和撰写是为了更好地修订《资本论》，以便公开出版。具体论据如下：

一是从马克思和朋友的书信来往中看。马克思在和朋友的书信交往中透露了他的研究。1868 年，马克思在信中说："如果您能搜集到某些有关土地所有权以及美国土地关系的反资产阶级的材料，那对我是特别有价值的。由于我在第二卷里要研究地租。"① 他在给丹尼尔逊的信中指出："在《资本论》第 2 册关于土地所有制那一篇中，我打算非常详尽地探讨俄国的土地所有制形式。"②

---

① 《马克思恩格斯全集》第 32 卷，北京：人民出版社 1974 年版，第 539 页。
② 《马克思恩格斯全集》第 46 卷，北京：人民出版社 2003 年版，第 1034 页。

可见，马克思对农村公社土地所有制的关注和重视。1875年他在给拉普罗夫的信中也谈道："这是第二卷中我研究俄国土地所有制等等的那一章所绝对必需的东西。"① 可见，两者的研究内容本质上是一致的。

二是可以从恩格斯的相关提示中得到依据。恩格斯曾在《卡尔·马克思的逝世》这篇文章提到，马克思已经在1867—1870年间完成了"资本的流通过程"和"总过程的形成"章节的整理工作，同时又对俄国土地所有制关系作了大量的评论性摘录，马克思为什么没有继续完成《资本论》后续整理工作，而作了大量关于俄国农村公社的史料整理，推迟了《资本论》后两卷的出版工作。他曾说，马克思为了更好地写作"地租"章节，而收集了很多俄国、美国的资料，想把有关研究放到旧稿中去，如果这个工作完成了的话，那么稿子的篇幅就会翻倍。恩格斯在《资本论》第二、第三卷的序言中也指出了，俄国农村公社土地关系的特殊性。如恩格斯在《资本论》第三卷序言中谈到马克思研究史料的动机时指出："马克思为了写地租这一篇，在70年代曾进行了全新的专门研究……由于俄国的土地所有制和对农业生产者的剥削具有多种多样的形式，因此在地租这一篇中，俄国应该起在第一册研究工业雇佣劳动时英国所起的那种作用。遗憾的是，马克思没有能够实现这个计划。"② 从恩格斯的这些论述中也可以看出马克思摘录的笔记是为了更好地修订《资本论》。

三是在谈到推迟出版《资本论》的原因可以得到进一步印证。1873年资本主义经济危机后，资本主义由自由竞争转向垄断，关于垄断资本主义产生的必然性、垄断资本主义的基本特征和发展趋势，马克思曾做过判断。但是面对东西方极不相同的历史环境和政治趋势，这些新的材料、新的现象，是马克思所未遇到的，这些也必须纳入《资本论》中去。因此，马克思在谈及推迟出版的原因时，他特别关注英国目前正在经历的工业危机，直接指出只有英国的工业危机达到顶峰之后，他才会出版第二卷。他必须充分研究英国工业危机，并将之提升为理论，以补充到现有资料中。同时，他从俄国、美国获得了大批新资料，也需要他进一步研究，才能完成后续出版工作。马克思暂缓

---

① 《马克思恩格斯全集》第32卷，北京：人民出版社1974年版，第118页。
② 《马克思恩格斯全集》第46卷，北京：人民出版社2003年版，第10—11页。

《资本论》后几卷的出版，却花了大量的时间和精力进行《人类学笔记》《历史学笔记》工作，这并不是放弃《资本论》的研究，而是研究前资本主义的土地所有制各种形式及其发展演变规律，以便更好地、更加客观地审视资本主义私有制，是为了进一步充实、修订或验证《资本论》后几卷的内容。

2. 从研究主题来看

《资本论》主要以资本主义生产方式、生产关系和交换关系为研究对象，深刻剖析了资本主义社会，揭示了剩余价值的秘密。《人类学笔记》所涉及的内容主要是关于早期民族的生产和生活，主要包括美洲的红种人、古印度和锡兰人、阿尔及利亚人、普那路亚人等等。马克思不仅关注这些原始的部落阶段，他们的社会、文化与生活方式，更重要的是这些原始民族，以农村公社为主要形式的东方古老社会，在外来征服者特别是资本主义的入侵和冲击下，如何发展演变。例如，在研究美洲红种人的公社所有制—西班牙入侵和征服—公社所有制解体和演变过程中他研究了"美洲红种人（他们的公社土地占有制）"[①]，研究"西班牙在西印度的土地政策及其对西印度群岛和美洲大陆公社所有制的瓦解所产生的影响"[②]。在研究印度的氏族公社—英国人入侵和征服—公社所有制解体和演变过程中，他研究了阿尔及利亚（柏柏尔人、卡比尔人）的公社所有制—法国人入侵和征服—公社所有制解体和演变，研究古爱尔兰部落—罗马人、法兰克人和英国人的入侵和影响—发展和演变，等等。

3. 从方法论上看

马克思采用经典物理学的方法，从抽象到具体，从纷繁复杂的因素中抽象出最普遍、最简单、最能体现资本主义生产方式的本质范畴和东方社会的本质范畴。马克思强调，研究方法和叙述方法是两种不同的形式，所有的研究必须建立在充分地占有材料基础之上，通过大量的史实研究，分析其各种发展形式背后的内在联系。马克思通过抽象，从具体的表象中抽象出最简单的规定，再

---

① 《马克思恩格斯全集》第45卷，北京：人民出版社1985年版，第207页。
② 《马克思恩格斯全集》第45卷，北京：人民出版社1985年版，第216页。

通过从抽象到具体，分析不同社会产生的真正原因。他假设如果从人口关系着手进行分析的话，只会得到一个混沌的表象。马克思《人类学笔记》正是试图构画他的"哲学的历史"，资产阶级主导的，东西方多元互动的总体危机、"世界历史"。马克思通过模式化、典型化和理想化西欧资本主义生产方式，对商品进行了深入研究，得出资本主义由于其自身的局限性，必然被更高级的社会主义社会形态所代替。而对于处在西方资本主义殖民统治下的东方社会，在资本主义的冲击下传统的东方社会发生巨变，这也构成了世界历史的重要组成部分。《人类学笔记》的内容标志着马克思把视野转向了更大、更广阔的领域，将东方社会、将前资本主义社会所有制纳入了他的视域之下，构成了世界历史的整体图像。马克思的世界历史图像是东西方相互作用的整体，是总体性的世界历史。从地域上来说，包括东西方社会及其互动、作用所构成的整体；从时间上来说，不仅包括资本主义社会还包括资本主义社会以前的所有社会。

4. 从研究目的看

《人类学笔记》是为直接配合晚年马克思唯物史观的叙事而做的材料性准备。马克思试图通过前资本主义生产方式的研究，研究人类社会的起源问题，得出人类社会发展的一般规律，进而审视资本主义社会的前途命运。马克思晚年所作的五个笔记的内容是相互联系的有机整体。马克思政治经济学批判超出资本主义国家范畴时，他必然要考虑与东方社会对接，考虑政治经济学批判的逻辑与范式如何转型的问题。因为，马克思撰写《资本论》，是以英国作为范本的，而且借鉴了黑格尔的辩证法，把资本主义全部经济范畴归结为商品，遵循从抽象上升到具体的方法，从资本一般（商品、价值、劳动）—生产资本—商业资本—银行和信贷—地租，等等。不过按照他的计划（也是资本主义世界市场的必然基本特性），政治经济学批判必然越出资本主义国家范围，讨论生产的国际关系、世界市场和资本主义总危机等问题。马克思在他的"三部""五篇""六册"的写作计划中显示这一设想。由此可知，马克思有一个清晰的研究计划，他后面主要研究的是生产的国际关系、世界市场和总危机。资本主义市场是一个世界市场，世界市场当然包括东方，马克思的危机理论必然包括东方在内，这也是马克思晚年将视野转向东方社会的一个原因。

第三章 东方社会的"解构"模式

以往学者解释马克思关于资本主义世界市场和总危机时,主要依据马克思《资本论》及其手稿群,忽视了马克思关注的东方农村公社问题,以及农村公社与欧洲资本主义密切而复杂的互动关系,实际是将西欧模式普遍化,把完整的资本主义世界体系理论片面化。其实,马克思理解的资本主义世界市场和总危机,是以欧洲资本主义为主但容纳了东方古老社会的东西方整体性危机,是通过商品或资本范畴与农村公社范畴之间的否定与过渡来完成的。

以往学者讨论马克思的《人类学笔记》等晚年手稿时,只看到了马克思笔下的人类早期社会形态本身,误以为马克思是在关注原始社会、文明史起源,甚至人类学或民族学;没有注意到马克思的手稿中包含"三部曲":各民族早期农村公社和部落组织—殖民者(欧洲资本主义)的入侵和冲击—农村公社的解体与演变。结合马克思面对的具体问题和要完成的理论任务不难理解,马克思关注的重心不是农村公社本身,而是以农村公社为基础的东方社会,在资本主义生产方式冲击之下如何解体和演变。

以往解释马克思的经济社会形态理论,主要依据"五阶段说"(从原始社会到共产主义)和"三阶段说"(人类的依附状态、以物的依赖性为基础的人的独立性、独立自由的个性)。其实,马克思在讨论生产方式时,还从生产的技术形态做过区分:自然生产与文明创造。① 自然生产,马克思亦称"直接生产",它借助自然力量(人力畜力风力水力),以劳动者与生产资料直接结合为主,以直接消费为目的。文明创造也称"间接生产",它借助机器、技术和能源、劳动者与生产资料脱离,产品不是直接用于消费而是转化为商品。很多迹象表明马克思在"自然生产"或"直接生产"的意义上,将农村公社视为资本主义以前(也是东方社会)各种生产方式的共同基础,并与"文明创造"亦即资本主义商品生产相对。

大量资料表明,马克思把农村公社视为东方古老社会的基础。农村公社有

---

① 参见马克思、恩格斯《德意志意识形态》之《自然产生的和由文明创造的生产工具与所有制形式》,见《马克思恩格斯全集》第3卷,人民出版社1965年版,第73—78页;马克思《政治经济学批判(1857—1858年草稿)》之《资本主义生产以前的各种形式》,见《马克思恩格斯全集》第二版第30卷,第465—510页;《资本论》第一卷第24章《所谓原始积累》,尤其是其中《原始积累的秘密》和《资本主义积累的历史趋势》,见《马克思恩格斯全集》第二版,第820—785页。

两大主要特征：一是以血缘共同体（氏族、部落等）为基础的社会组织；二是这种共同体共同占有生产资料的生产方式。马克思的"人类学笔记"、关于俄国社会发展的通信、对毛勒著作的评论等等，突出的都是农村公社。如果考虑到马克思用词的习惯，则他早年所谓"部落所有制""亚细亚生产方式""马尔克制度"，实际所指也是农村公社。由此，我们想提出一个大胆设想：马克思很可能是想把农村公社视为东方社会的经济"细胞"，就像把商品视为资本主义经济的细胞一样。

（二）资本对东方社会的"解构"

从马克思政治经济学批判的提纲和叙事逻辑，我们可以看出马克思是将"资本"作为资本主义生产方式的核心要素。资本不仅是资本主义社会产生的原因，也是资本主义灭亡的原因，它不仅终结了前资本主义各种所有制，开启现代资本主义社会，也必将终结资本主义社会自身，开启共产主义新社会。资本克服了地方性的小生产和自然崇拜，克服了民族的界限和偏见，开辟了世界市场，创造了世界历史。在这个过程中，资本就像"脱缰的野马"冲击到东方社会，东方社会古老的农村公社、血缘家庭组织、传统生产方式和经济模式等，面对西方资本的冲击如何"解构"，我们结合马克思《人类学笔记》以及晚年的其他资料，试图对此进行分析。

通过梳理马克思在《人类学笔记》中关注的问题，如《马·科瓦列夫斯基〈公社土地占有制，其解体的原因、进程和结果〉一书摘要》关注东方原有公社的解体问题；如马克思关注美洲红种人的公社土地占有制，在西班牙人统治下瓦解问题。西班牙人统治又是如何瓦解了红种人的公社土地占有制？整个部落内部共有的各种形式的动产逐渐变成了私有财产，也开始了不动产的封建化过程，西班牙人实行的土地政策加速了公社土地占有制的瓦解，"把印第安人变成奴隶，迫使他们为西班牙人耕种土地"①。并且通过颁布强制印第安人劳动等法令，以推动其瓜分制度，实行殖民统治。"干预美洲部落的内部关

---

① 《马克思恩格斯全集》第45卷，北京：人民出版社1985年版，第216页。

系的权利所产生的结果,是削弱甚至破坏了公社的习惯"①,确立了监护地制度,使印第安人永远处于世袭农奴依附状态,"这样就最终在公社团体内部消灭了作为它们生命原则的 Geschlechts −, Verwandschaftsprinzip(氏族 − 亲属原则),直到它们最终变为纯粹的 cenbckue(农村)公社为止"②。这样血缘纽带瓦解了,以前的公社份地"就逐渐落到了拥有资本的欧洲人手中"③,管理权的氏族性质的公社解体了、消失了,农村公社随之瓦解了。

再比如《路易斯·亨·摩尔根〈古代社会〉一书摘要》关注了血缘共同体的解体问题。摩尔根在《古代社会》中把家庭分为:血缘家庭、普那路亚家庭、对偶制家庭、父权制家庭、专偶制家庭,这五种家庭形式中的每一种都分别属于完全不同的社会状态,根据血缘亲属关系的远近又分为不同的范畴,"每一种亲属制度都表达着在建立这种制度时期存在于家庭中的实际亲属关系"④。其中,在血缘家庭和普那路亚家庭中,"都必然流行生活上的共产制,因为这是他们生存的必要条件"⑤。在此,马克思也提到了"关于中国的九族制,参看《血亲制度》"⑥。血缘家庭是第一个"有组织的社会形式"⑦,从中逐渐产生了普那路亚家庭。在血缘亲属关系的基础上组织成氏族,"氏族起源于这样的家庭,这种家庭由一群实质上与氏族的人员组成相一致的人组成"⑧。氏族组织的产生使得普那路亚集团范围缩小,而对偶制家庭从其内部产生。"土地为氏族或公社共有、共同住宅以及各个有亲属关系的家庭聚居的方式,都不容许个人占有房屋和土地。"⑨ 西班牙人的入侵破坏了这种氏族制度。"西班牙人(著述者)把南方各部落的土地占有权问题弄得混乱不堪。他们把属于公社的不可转让的公有土地看成是封建领地,把酋长看成是封建领主,把人

---

① 《马克思恩格斯全集》第45卷,北京:人民出版社1985年版,第221页。
② 《马克思恩格斯全集》第45卷,北京:人民出版社1985年版,第225页。
③ 《马克思恩格斯全集》第45卷,北京:人民出版社1985年版,第225页。
④ 《马克思恩格斯全集》第45卷,北京:人民出版社1985年版,第341页。
⑤ 《马克思恩格斯全集》第45卷,北京:人民出版社1985年版,第347页。
⑥ 《马克思恩格斯全集》第45卷,北京:人民出版社1985年版,第347页。
⑦ 《马克思恩格斯全集》第45卷,北京:人民出版社1985年版,第348页。
⑧ 《马克思恩格斯全集》第45卷,北京:人民出版社1985年版,第353页。
⑨ 《马克思恩格斯全集》第45卷,北京:人民出版社1985年版,第387页。

民看成是他的臣属；他们看到了土地是共有的；公社不是土地所有者的公社，而是氏族或氏族的分支。"① 同时，西班牙人的入侵又破坏部落酋长制，使其陷于瘫痪。"西班牙老爷们在西印度群岛发现，当他们生擒一个部落的酋长并将他作为俘虏囚禁起来的时候，就能使印第安人陷于瘫痪，从而不再作战。西班牙人侵入大陆后便利用这种经验，千方百计用武力或用诡计捕获最高酋长，把他作为俘虏囚禁起来，直到达到目的为止。"②

除此之外，再结合《约翰·菲尔爵士〈印度和锡兰的雅利安人村社〉一书摘要》论述村社、家庭和生活方式的改变，《亨利·萨姆纳·梅恩〈古代法制史讲演录〉一书摘要》讨论古爱尔兰人氏族公社的解体与演化，《约·拉伯克〈文明的起源和人的原始状态〉一书摘要》阐释早期家庭与宗教等，我们可以发现马克思《人类学笔记》中重点关注以农村公社为主的血缘家族制度及财产关系、生产方式以及社会制度，在西方资本的解构下，如何发展演变。我们猜测，马克思在《人类学笔记》中关于殖民地的讨论与《资本论》中关于殖民地的讨论密切相关，思想是一致的，两者是相向的。《资本论》在深入分析资本的本性、运动规律，以及资本如何通过殖民掠夺化解其内部无法克服的问题。《人类学笔记》通过大量历史资料重点分析了资本主义破坏原有东方社会的经济关系和社会结构，以及东方社会面对冲击的反应模式。此外，马克思晚年又重点研究了俄国农村公社。"由于各种情况的独特结合，至今还在全国范围内存在着的农村公社能够逐渐摆脱其原始特征，并直接作为集体生产的因素在全国范围内发展起来……它能够不经受资本主义生产的可怕的波折而占有它的一切积极的成果。"③ 马克思认为俄国农村公社"和控制着世界市场的西方生产同时存在"④，可以"把资本主义制度所创造的一切积极的成果用到公社中来"⑤，也就是说俄国的农村公社可以跨越资本主义直接过渡到更高级的公有制社会即社会主义社会。

---

① 《马克思恩格斯全集》第45卷，北京：人民出版社1985年版，第388页。
② 《马克思恩格斯全集》第45卷，北京：人民出版社1985年版，第492页。
③ 《马克思恩格斯全集》第25卷，北京：人民出版社2001年版，第456页。
④ 《马克思恩格斯文集》第3卷，北京：人民出版社2009年版，第575页。
⑤ 《马克思恩格斯文集》第3卷，北京：人民出版社2009年版，第575页。

(三) 东方社会"被解构"后的反应

马克思晚年在《人类学笔记》《历史学笔记》中对史前时代到资本主义产生的人类历史进行了有选择性的梳理，这与《资本论》所阐释的资本主义社会的历史背景在时间上刚好链接，前文已对其具体内容进行了论述。马克思晚年大量地摘录了摩尔根对易洛魁人、希腊人、罗马人以及凯尔特人和德意志人的氏族的考证，认为氏族社会是人类早期普遍存在的一种制度。正如马克思曾说："近来流传着一种可笑的偏见，认为原始的公社所有制是斯拉夫族特有的形式，甚至只是俄罗斯的形式。这种原始形式我们在罗马人、日耳曼人、赛尔特人那里都可以见到，直到现在我们还能在印度遇到这种形式的一整套图样，虽然其中一部分只留下残迹了。"① 可见，马克思在研读西方人类学家最新研究成果的基础上，并对俄国内部有关道路选择理论的争论中，分析了农村公社存在的普遍性、内在二重性和未来发展趋势，深刻分析了不同社会形态不同的演变路径，特别是洞察了东西方社会不同的发展道路。一是西欧社会形态发展的大致路径是以如下方式进行：氏族公社—亚细亚生产方式—奴隶社会（或古代社会）—封建社会—资本主义社会。马克思认为西方农村公社内部私有制占主导地位，生产资料私有化程度越演越烈，最终形成了资本主义私有制。二是东方社会形态演进的主要路径是氏族社会—亚细亚生产方式，东方社会农村公社制度具有强大的生命力，形成了"凌驾于所有这一切小的共同体之上的总合的统一体"②，并且形成了农业和手工业相结合的自给自足的生活方式，促成了长期稳定的物质生活的生产和再生产，如印度、俄国、中国等国家的亚细亚生产方式一直被延续下来。

资本开辟了全球化时代，使得一切民族国家都卷入世界市场中，形成了世界历史。在这个过程中，西方资本主义对东方社会形成了一定的冲击，在此，我们主要探讨东方社会面对西方资本主义冲击后的反应，即东方社会的亚细亚生产方式被西方资本主义生产方式"解构"后的反应。马克思曾在论述原始

---

① 《马克思恩格斯文集》第5卷，北京：人民出版社2009年版，第95页注。
② 《马克思恩格斯文集》第8卷，北京：人民出版社2009年版，第124页。

公社所有制时也强调了其解体的不同形式。"仔细研究一下亚细亚的，尤其是印度的公社所有制形式，就会得到证明，从原始的公社所有制的不同形式中，怎样产生出它的解体的各种形式。"① 东方社会不同国家由于其具体历史环境不同，形成了其"被解构"后的不同反应。

马克思在摘录柯瓦列夫斯基《公社土地占有制，其解体的原因、进程和结果》时，摘录了美洲红种人以及他们的公社占有制，受到西班牙入侵后，原有的公社占有制解体，并且被私有制所代替。"随着氏族性质的公社解体，它作为单纯的农村公社也在许多地方瓦解了，因为已经彼此孤立的人都力求成为私有者。"② 但是，公社占有制却没有完全消失，因为"一方面是由于印第安人眷恋这种最适合于他们的文化阶段的土地所有制形式，另一方面是由于在殖民者的立法中〔与英属东印度不同〕没有使公社成员能够出让属于他们的份地的法令"③。在摘录"按历史上发生的顺序看印度现代公社土地所有制的各种形式"④时，马克思重点关注了"英国人的专横统治及其对印度公社的封建化过程"。"印度农村公社在其解体的过程中，也达到了盛行于中世纪的日耳曼、英国和法国并且现在仍盛行于瑞士全境的那个发展阶段，就是说，耕地，往往还有草地，归公社各个成员私人所有，只有所谓（附属地）仍归公社成员共同所有。"⑤ 对农民的公社土地进行掠夺的后果就是使得资产集中到了城市资本家手中，公社的宗法性质消失了，造成了"一切人反对一切人的战争开始了"⑥。在研究阿尔及利亚土地所有制时，马克思指出阿尔及利亚原有占统治地位的土地所有制是氏族所有制和不分家家庭所有制，在法国入侵后，法国人通过把土地所有制个人化从而实现消灭这个社会的基础。"'阿尔及利亚社会是建立在血缘〔亦即亲属〕原则上的'，通过把土地所有制个人

---

① 《马克思恩格斯文集》第5卷，北京：人民出版社2009年版，第95页的注（30）。
② 《马克思恩格斯全集》第45卷，北京：人民出版社1985年版，第226页。
③ 《马克思恩格斯全集》第45卷，北京：人民出版社1985年版，第228页。
④ 《马克思恩格斯全集》第45卷，北京：人民出版社1985年版，第231页。
⑤ 《马克思恩格斯全集》第45卷，北京：人民出版社1985年版，第241页。
⑥ 《马克思恩格斯全集》第45卷，北京：人民出版社1985年版，第304页。

化，也达到了政治的目的——消灭这个社会的基础。"①

（四）东西方社会互动的整体性

唯物辩证法认为，事物是普遍联系的。马克思在分析中国革命和欧洲革命时也提出了"两极相联"原理，表明了东西方社会之间是双向互动的整体。"两极相联"最早是黑格尔提出的概念，黑格尔认为世界上各种事物都是相互联系、相互作用、相互影响的，是运动变化发展的，是新事物不断产生、旧事物不断消亡的过程。但是黑格尔的辩证法是建立在唯心主义基础上的，是"绝对精神"运动和变化的法则。马克思批判地吸收了黑格尔辩证法思想中的合理内容，将"头足倒置"的物质和意识的关系正了过来，建立了科学的唯物辩证法。马克思在《中国革命和欧洲革命》一文中运用唯物辩证法分析了中国革命与欧洲革命的关系，再次用"两极相联"这个概念来进行阐释。"'两极相联'是否就是这样一个普通的原则姑且不论，中国革命对文明世界很可能发生的影响却是这个原则的一个明显例证。欧洲人民的下一次起义，他们下一阶段争取共和自由、争取廉洁政府的斗争，在更大的程度上恐怕要决定于天朝帝国（欧洲的直接对立面）目前所发生的事件，而不是决定于现存其他任何政治原因，甚至不是决定于俄国的威胁及其带来的可能发生全欧战争的后果。这看来像是一种非常奇怪、非常荒诞的说法，然而，这决不是什么怪论，凡是仔细考察了当前情况的人，都会相信这一点。"② 可见，东西方社会之间再也不是彼此独立的"两极"，而是相互作用、相互影响的"两极"，它们形成了互动的整体。

随着世界历史的形成，各个国家和民族之间的联系日益紧密，经济文化落后的东方国家与发达的西方资本主义国家之间，以及西方国家之间、东方国家之间，必然相互影响、相互作用、相互补充，东西方社会之间互动关系错综复杂。通过梳理马克思的著作笔记，我们试图揭示这些复杂关系背后"神秘的面纱"。东方社会受到西方社会冲击后的反应，按照上文"$A \rightarrow B \rightarrow C$"这种

---

① 《马克思恩格斯全集》第45卷，北京：人民出版社1985年版，第327页。
② 《马克思恩格斯文集》第2卷，北京：人民出版社2009年版，第607页。

推演来看，可以分为四种情况：一是保留原有亚细亚生产方式的性质；二是原有亚细亚生产方式被资本主义生产方式所取代；三是原有亚细亚生产方式与资本主义生产方式实现融合；四是原有亚细亚生产方式被更高形态的公有制形式所取代实现跨越发展。原则上是有这四种可能。然而，正如力的作用是相互的一样，东西方之间的关系也是相互的。西方社会在冲击东方社会的过程，也受到东方社会的"反作用"。正是这种"作用"与"反作用"形成了新的世界整体，产生了新的发展模式。而马克思晚年倾注了大量时间和精力研究东方，特别是受西方影响下的东方社会，我们认为，他是想探寻东西之间的互动规律，进而为未来社会发展提供一个参考。而这些正是我们当前社会所面临的一个现实问题。马克思曾指出："资产阶级社会的真实任务是建成世界市场（至少是一个轮廓）和确立以这种市场为基础的生产。因为地球是圆的，所以随着加利福尼亚和澳大利亚的殖民地化，随着中国和日本的门户开放，这个过程看来已完成了。对我们来说，困难的问题是：大陆上革命已经迫在眉睫，并将立即具有社会主义的性质。但是，由于在广大得多的地域内资产阶级社会还在走上坡路，革命在这个小小角落里不会必然被镇压吗？"① 马克思有大量相关论述，东西方革命相互补充、"两极相联""世界历史"等，其实是内在一致的、统一的。

那么东西方社会之间又是如何互动的？探索其中的奥秘对于解决当今社会东西方社会之间的矛盾和摩擦，具有重要的理论和实践价值。东西方之间的互动整体性不仅包括东西方形成的世界历史、世界市场的整体性，也包括生产方式所有制制度在内的政治、经济、文化、科技、军事、生态等形成的全方面的互动。这个互动整体是共性与个性相结合的整体，是辩证统一的矛盾体。西方资本主义国家是资本主义私有制占主体地位，东方社会是高度集中的"君主专制政治"，国王或者皇帝有着至高无上的立法、行政、司法、军事、宗教等权力。当西方的生产资料私有制冲击东方的原始公有制后，东方原有的公社所有制解体，并没有建立起像西方那样的资本主义私有制，而是形成了一种混合的所有制形式，既保留原有公社公有制，又建立了资产阶级私有制，可以说是

---

① 《马克思恩格斯论中国》，北京：人民出版社2018年版，第147页。

一种混合体。至于哪种生产方式占优势，要结合具体历史背景。

日耳曼人从原始社会直接过渡到封建社会，未曾经历独立的奴隶制社会形态。日耳曼在征服罗马帝国时就已经存在奴隶，随着入侵的加深，其在短期内奴隶的数目更加庞大。由于当时生产力的发展，世界上的奴隶制已经衰弱，在罗马帝国内部已经孕育了新的封建制生产关系，所以，日耳曼当时不得不适应生产力发展的客观要求和世界历史的发展趋势，在罗马的废墟上直接建立了封建制社会形态。这个事例也可以说是主体与客体之间互动影响的例证。再者，以中国为例，古老的中国是典型的封建社会，在西方资本主义冲击下，并没有直接过渡到资本主义社会，而是建立了社会主义社会。这也和当时所面临的社会历史条件有关，当时封建的中国内部已经产生了资本主义的萌芽，生产力也有一定程度的发展。

总之，马克思晚年研究有一个宏伟的世界历史图像。他所构画的世界历史是：随着全球化的发展，西欧资本主义危机的不断扩大，东方国家在西欧资本主义的影响和冲击下的演变，共同构成了资本主义主导的、东西方相互影响和相互作用的世界总危机。资本主义与社会主义并存，各国之间的联系日益紧密，依赖程度日益增强，各民族各地区日益形成了包括对外贸易、生态环境、公共卫生等的人类命运共同体。每个国家都与外界有着千丝万缕的联系，如何共建共享，是我们当代社会值得思考的问题。

第四章　俄国社会的"跨越"模式

正如我们前面所说，马克思晚年研究东方社会的重要理论成果之一，就是对俄国社会发展的论述。这方面的著作、手稿，主要见于马克思《给〈祖国纪事〉杂志编辑部的信》《给维·伊·查苏利奇的复信》、《共产党宣言》1882年俄文版序言，以及马克思、恩格斯之间的通信等。俄国虽然不属于典型的东方国家，但它也不属于典型的西欧资本主义国家。加上当时俄国广袤土地上保留着完整的农村公社，这些公社在资本主义时代如何发展？从这个意义上说，俄国与其他东方社会有相似的命运。不过，俄国是军事强国，且自彼得大帝改革以来，俄国积极引进西欧的资本主义因素。马克思针对这一特殊情况，对俄国作了比较具体和详细的阐述——虽然马克思没有公开发表这些信件。这些内容，在马克思讨论的东方社会中是很罕见的，所以这些手稿也弥足珍贵。

我们可以从大量文献中看出马克思对俄国社会发展问题的重视。马克思认为俄国农村公社所兼有的公有制、私有制的二重性使其具有强大生命力，有实现"跨越"的可能性和历史环境，同时，又有集体占有土地和集体劳作的传统，因而从农村公社通向共产主义有某些"后发优势"。如何使俄国在全国范围内保存原有的农村公社而不被人为地强制性破坏？马克思提出要挽救俄国农村公社必须进行革命。马克思强调社会发展不仅具有普遍性、统一性，还具有其特殊性和多样性。他认为："极为相似的事情在不同的历史环境中出现时会导致完全不同的结果。"① 马克思对农村公社的研究遍及世界各地，既包括东方，也包括西方，为此他进行了大量翔实的研究。从现存的资料我们可以看

---

① 《马克思恩格斯全集》第25卷，北京：人民出版社2001年版，第9页。

出，马克思有着大量关于东方社会农村公社的论述，并且研究了处于不同历史条件下的农村公社不同的发展命运，特别是在外来资本主义冲击——反应下的发展演变模式和解构模式。

一、俄国社会发展问题的背景

（一）19 世纪俄国社会的基本情况

1. 俄国进入了资本主义发展阶段

马克思为研究俄国问题倾注了大量心血，他几乎搜集到了改革后俄国社会发展的全部资料，如从 1881 年 9 月左右开的《我书架上的俄国书籍》名单就可以看出。马克思自己也曾说："为了能够对俄国的经济发展做出准确的判断，我学习了俄文。后来又在许多年内研究了和这个问题有关的官方发表的和其他方面发表的资料。"[①] 1861 年俄国进行了农奴制改革，这场改革是一场自上而下的改良运动，宣布了农民的解放，但是沙皇政府极力维护农奴制的利益，没有改变地主所有制的本质，所以又具有很大的局限性。正如列宁所指出："'农民改革'是由农奴主实行的资产阶级的改革。这是俄国在向资产阶级君主制转变的道路上迈出的一步。"[②] 可以说，这次改革标志着俄国步入了资本主义发展阶段。同时，19 世纪俄国发生的一系列革命和变革，对西欧甚至整个世界都产生了巨大影响。

一是经济方面。俄国工业革命爆发后，促使以蒸汽运输和工业动力技术为基础的重工业技术迅猛发展，特别是冶金业、煤炭业和石油业。冶金业蒸汽动力的采用保证了生产的连续进行和生产规模的不断扩大；工业和运输业大规模采用蒸汽动力又刺激了煤炭业迅速发展；技术改造后使俄国石油业生产迅猛发展，石油业又使俄国重工业的发展如虎添翼。马克思在具体研究了俄国具有代表性的甜菜种植场场主和制糖场场主情况后，他从农奴制改革后的俄国地主经

[①] 《马克思恩格斯全集》第 29 卷，北京：人民出版社 2020 年版，第 523 页。
[②] 《列宁全集》第 20 卷，北京：人民出版社 1989 年版，第 174 页。

济中看到了"资本主义生产的起点"。他对俄国商业性畜牧进行了专门研究，他指出："俄国的畜牧业处在完全不同的条件下。在某些省份，它是脱离了农业的独立部门，如查沃尔日草原和查顿草原的养马业，在南方和东南地区牛的繁殖和屠宰业，在新俄罗斯的养羊业。"① 1861年改革后，俄国由于农业生产日益社会化，农民对地主的依附关系开始瓦解，慢慢形成了资本主义雇佣劳动制，但马克思并不认为俄国大多数农民会演变为纯粹的无产者，他们仍然是农民，只有极少一部分成为农村资产阶级即富农，其余则为农村半无产者和无产者即贫农和雇农。富农以低价购买大量土地再以高价出租给少地的农民，通过收取租金赚取高额利润。可以说俄国农民的分化是俄国社会经济发展的必然结果。从俄国的工商业情况看，改革后俄国工厂的数量增加，劳动生产率提高了，出现了大量自由雇佣的劳动者。国内外贸易迅速发展，并且和世界市场发生了联系，为资本主义开辟了道路。

二是政治方面。1861年农奴制改革后，沙皇政府对农民横征暴敛迫使农民丢弃土地，通过国家立法剥夺了农民的土地，所以马克思说改革后的俄国"农民的经济状况一般比农奴制时期更坏"②。这场改革是按照农奴主的利益进行的，基本维持沙皇政权原封不动，大部分土地还是掌握在贵族地主手里，保持贵族地主的土地占有制，使得农奴制和资本主义经济关系并存，并且俄国资本主义关系在很大范围内受到农奴制残余的阻碍。马克思认为俄国"要剥夺农民，不必像在英国和其他国家那样，把他们从土地上赶走；同样，也不必用命令来消灭公有制。请你们试一试，从农民那里夺取他们的农业劳动产品一旦超过一定的限度，那么，你们即使动用宪兵和军队也不能再把他们束缚在他们的土地上！"③ 并且他指出，西方对农民的剥夺"是把一种私有制形成变为另一种私有制形式。相反，在俄国农民中，则是要把他们的公有制变为私有制"④。1882年，马克思、恩格斯在《〈共产党宣言〉俄文第二版序言》中强

---

① 参见苏共中央马列主义研究院中央党务档案馆全宗1目录1，存储装置第3676号。转引自科纽莎娅前引书第317页。
② 《马克思恩格斯全集》第19卷，北京：人民出版社1963年版，第469页。
③ 《马克思恩格斯全集》第25卷，北京：人民出版社2001年版，第463页。
④ 《马克思恩格斯全集》第25卷，北京：人民出版社2001年版，第482—483页。

调,俄国已存在"迅速盛行起来的资本主义狂热和刚开始发展的资产阶级土地所有制"①。恩格斯也指出"随着农民的解放,俄国进入了资本主义时代"②。列宁同样强调:"1861年以后,俄国资本主义的发展是这样的迅速,只用数十年的功夫就完成了欧洲某些国家整整几个世纪才能完成的转变。"③ 俄国社会存在着两种对立的阶级斗争,一种是农奴制改革后产生了新的阶级斗争,即资产阶级与无产阶级的斗争,一种是原有的农民反对奴隶主和农奴制残余的斗争,这两种矛盾交错在一起,预示了新的革命的到来。正如列宁所说:"1861年产生了1905年革命。"④

三是文化方面。19世纪的俄国经历了一系列社会革命和改革,西方先进启蒙思想涌入俄国,促进了俄国思想解放运动的兴起,激发知识分子变革旧制、寻求新路的思考和探索,"经历了一次文化复兴"⑤。19世纪上半期,围绕俄国向何处去即俄国是否发展资本主义问题展开,"贵族革命家"的"十二月党人"在法国启蒙运动和俄国卫国战争的触动下,试图推翻沙皇制度,争取民主改革、劳动自由和思想解放,使得俄罗斯民族意识和自豪感进一步增强。"十二月党人"起义的失败又使俄罗斯思想界发生了大的转折,精英们以各种方式寻求灵魂的慰藉。受过贵族教育的精英与愚昧民众间在西方思想冲击面前的鸿沟进一步扩大了,进而催生以守护民族文化精髓传统为显著特征的斯拉夫主义和以彻底融入欧洲文明为主要诉求的西方主义之间的争论,正如别尔嘉耶夫所说:"斯拉夫主义者和西方主义者的争论是关于俄罗斯的命运和俄罗斯在世界上的使命的争论。"⑥ 而1861年的农奴制改革再次拉大了精英和普通民众的思想距离,产生了新的论战。农奴制改革后,俄国政治上采取的是高度集中封建专制制度,经济上近代工业体系初具规模使俄国走上资本主义道

---

① 《马克思恩格斯全集》第25卷,北京:人民出版社2001年版,第548页。
② 《马克思恩格斯全集》第29卷,北京:人民出版社2020年版,第520页。
③ 《列宁全集》第1卷,北京:人民出版社1984年版,第104页。
④ 《列宁全集》第20卷,北京:人民出版社1989年版,第178页。
⑤ [俄] 别尔嘉耶夫:《俄罗斯思想》,雷永生、邱守娟译,上海:上海三联书店1995年版,第24页。
⑥ [俄] 别尔嘉耶夫:《俄罗斯思想》,雷永生、邱守娟译,上海:上海三联书店1995年版,第37页。

路，俄国思想界关于如何看待资本主义的发展及其前途问题展开讨论，比如革命民粹主义和自由民粹主义之间的论战。革命民粹主义提出以俄国村社为基础，依靠农民革命斗争，可以跨越资本主义，直接走"俄国自身的、非资本主义的村社社会主义道路"①。自由民粹主义则不承认俄国资本主义的发展，拥护富农经济，主张与沙皇政府妥协，成为改良主义的反动政治派别。随着马克思主义等思想广泛传入俄国，俄国文化处于东西方相互冲击下，形成多种思潮相互碰撞。

四是社会方面。世界资本主义进入高级阶段的帝国主义阶段，社会各种矛盾更加剧烈和频繁，矛盾孕育着新的革命的爆发。俄国农奴制改革不彻底、存在大量农奴制残余，又没有像英国、法国那样推翻封建政权的资产阶级及其政府，使得俄国虽然形成了革命形势，实质上只是自上而下的改革而已。俄国社会集合了众多矛盾，它比西方发达的资本主义国家所孕育的革命更为成熟。因此，俄国便成了国际共产主义运动的新的中心。加之，马克思主义在俄国广泛地传播，为俄国社会主义运动做好了思想准备和理论指导。农奴制改革并没有触动沙皇专制制度的统治，不但没能促成资本主义经济的发展，反而激化了矛盾。工人阶级和资本家之间的矛盾和对抗日益激烈，广大农民阶级不仅受到农奴制残余的压迫，还受到资本主义的残酷剥削，使得俄国革命一触即发。

2. 俄国资本主义发展面临的问题

一是资本主义大工业的发展还相当落后。自从彼得大帝推行改革以后，俄国资本主义生产有了迅速发展。尽管如此，俄国资本主义大工业发展还是十分落后，国内外市场和贸易很不发达，在广袤的土地上还盛行农奴制，社会普遍保留有农村公社。恩格斯在1892年9月22日给尼·弗·丹尼尔逊的信中指出："当俄国的工业还局限于国内市场时，它的产品只能用于满足国内的消费。而国内消费只能是缓慢地增长，而且据我看，在俄国目前的条件下，还很可能下降。"② 可见，当时俄国工业的发展，它的产品只能满足国内的基本消

---

① 参见房广顺等：《列宁对19世纪俄国文化思潮的四个批判维度》，载《当代世界与社会主义》2019年第4期。

② 《马克思恩格斯文集》第10卷，北京：人民出版社2009年版，第635页。

费,仅仅局限在国内市场,并没有打开世界市场,说明其生产力的发展还没有达到一定水平。俄国资本主义由于起步晚,发展缓慢,在国际市场上缺乏竞争力,国内市场购买力极低,使其陷入"无出路状态"。

二是社会动荡。俄国资本主义在十几年的时间内要完成西欧资本主义几个世纪需要走完的路程,这势必容易引起社会动荡。俄国的个体经济在资本主义大工业的冲击下,受到了严重威胁,国内农业生产的自然条件受到严重破坏。在19世纪90年代,俄国出现了饥荒。"俄国的饥荒,这并不仅仅是歉收的结果,它是克里木战争以来在俄国发生的深刻的社会革命的一个部分;它只是这场社会革命的慢性病由于这次歉收而转变成急性病。"① 可见,恩格斯认为危机和饥荒是资本主义造成的结果。当时的俄国存在着地主的、资本家的和民族的最野蛮、最残忍的种种压迫和剥削。"不仅苦于资本主义生产的发展,而且苦于资本主义生产的不发展。除了现代的灾难之外,压迫着我们的还有许多遗留下来的灾难,这些灾难的产生,是由于古老的、陈旧的生产方式以及伴随着它们的过时的社会关系和政治关系还在苟延残喘。"② 俄国成为帝国主义所有一切矛盾的焦点,也造成了俄国社会的动荡。

三是社会主义革命在酝酿中。俄国的资产阶级并不是一个真正革命的阶级。这个资产阶级的发展全靠国家政府,是在国家支持、认可和庇护下,从事一系列生产活动的,对工人进行剥削和统治。这个阶级并不是一个独立的阶级,决定了它的软弱性,也决定了它不是一个真正的革命阶级。俄国在进行农奴制改革以后,旧的生产关系瓦解,新的生产关系重新建立,社会生产力得到了迅速发展。俄国资产阶级革命形势暴涨,革命一触即发。"整个欧洲都沸腾了,危机到处趋于成熟,特别是俄国。那里不会再这样持续很久了。"③ 俄国社会主义革命还没有到来,资本主义却先发展起来了。俄国在19世纪80年代完成了产业革命,在一定程度上引起了俄国工业的发展。恩格斯通过对俄国资本主义发展研究指出,一是俄国的资本主义工业有了一定程度的发展,在此基

---

① 《马克思恩格斯全集》第22卷,北京:人民出版社1965年版,第299页。
② 《马克思恩格斯文集》第5卷,北京:人民出版社2009年版,第9页。
③ 《马克思恩格斯全集》第39卷,北京:人民出版社1974年版,第332页。

础上，俄国有可能实现社会主义。正如恩格斯曾说："在它的废墟上建立了资产阶级的社会制度。"① 二是俄国资产阶级革命的重担落到了无产阶级的身上。1883 年，俄国第一个马克思主义团体"劳动解放社"成立。1894 年马克思在谈到俄国和德国的资产阶级革命时指出："在俄国，工人阶级在读书，在觉醒，因而将自觉地参加政治解放运动。"② 三是受到西欧社会主义革命的影响，俄国革命将有可能实现转向。马克思预见到西方资本主义时日不多，濒临灭亡，受到西欧资本主义革命的影响，俄国有可能会缩短行程，快步进入社会主义。

（二）马克思通信的基本情况

马克思、恩格斯围绕俄国社会主义的发展模式进行了多次沟通交流，其中，具有代表性的是他们之间的三封通信，分别是 1853 年 6 月 6 日、10 日、14 日之间的三封通信，以及马克思关于俄国社会的通信。这些通信有的是带有研究和交流的性质，有的是带有评论的性质，有的是带有应答和论战的性质，可以说这些通信反映了马克思对俄国农村公社以及俄国未来社会发展模式的思考和探索。

1. 马克思和恩格斯之间于 1853 年 6 月 6 日、10 日、14 日的三封通信

1853 年 6 月 2 日马克思在《致恩格斯》的信中指出，东方社会最主要的特征是不存在土地私有制，这也是了解东方社会其他现象的一把钥匙，土耳其、波斯和印度斯坦等东方国家也是如此。同年，6 月 6 日，恩格斯给马克思的回信中也说明，东方国家由于气候、土壤等天然环境因素，没有形成土地私有制，而是农村公社的土地公有制，他们需要中央政府来履行灌溉等公共工程职能。"不存在土地私有制，的确是了解整个东方的一把钥匙。"③ 从这两封信的内容来看，马克思、恩格斯都认为东方社会"不存在土地私有制"，那么"不存在土地私有制"究竟指的是什么样的土地所有制？

---

① 《马克思恩格斯全集》第 25 卷，北京：人民出版社 2001 年版，第 396 页。
② 《马克思恩格斯全集》第 39 卷，北京：人民出版社 1974 年版，第 491 页。
③ 《马克思恩格斯文集》第 10 卷，北京：人民出版社 2009 年版，第 113 页。

马克思、恩格斯曾强调人类社会土地制度的发展规律就是一个公有制—私有制—更高级的公有制的发展过程,这是一个客观的历史过程。其中,私有制代替原始公有制的过程必然经历一个可长可短的中间过渡阶段,这由其历史特点决定。在过渡阶段,土地制度既有公有,又有私有,至于谁多谁少,过渡时间的长短,都取决于当时的历史背景。然而,"过渡阶段"的快慢长短与各个民族国家的具体历史情况、社会形态等息息相关。我们知道,当时的西欧国家已经进入资本主义社会,特别是在19世纪中后期的英、法等国。马克思、恩格斯的研究视野主要集中在西欧资本主义,把西欧资本主义作为典型模型,把全部经济形态看作本质的抽象并归结为商品及其矛盾运动。马克思研究了资本主义生产关系运动之后,他把目光投向了东方,过渡到国际贸易和世界市场的时候必然涉及东方国家。而在马克思、恩格斯看来,东方社会与西方社会不同,东方社会"不存在土地私有制",也就是说土地私有制不占据社会主导地位,而占据主导地位的是土地公社所有制和国家所有制。我们可以从《资本论》第三卷中的"劳动地租"章节看到马克思的精辟论述:"国家就是最高的地主。"[1] 国家在全国范围内拥有集中的土地所有权,国家对所有土地拥有至高无上的主权,因此,也就不存在土地私有权,仅仅存在土地的私人的和共同的占有权和使用权。在东方社会,由于其地理环境、历史传统等原因,没有土地私有制,所有土地归集体所有,国家作为最高的地主,对全国范围内的所有土地具有绝对的所有权,而所有社员只是拥有共同占有和使用土地的权利,普通的臣民和社员必须依赖于国家,以"地租"和"赋税"的形式向国家贡奉。东方社会特别是印度,"不存在土地私有制"或者说"土地私有制还不占主导地位",从马克思、恩格斯前后的叙述看,东方国家占主导地位的应该是"土地公社所有制"和"土地国有制"。马克思在《政治经济学批判》中区分了"亚细亚的所有制形式、古代的所有制形式、日耳曼的所有制形式"[2] 等资本主义生产以前的三种不同的所有制形式。其中,土地公社所有制是亚细亚生产方式的主要特征,也是人类社会发展低级阶段所共有的一种制度,例如,印度

---

[1] 《马克思恩格斯文集》第7卷,北京:人民出版社2009年版,第894页。
[2] 《马克思恩格斯文集》第8卷,北京:人民出版社2009年版,第2页。

就同时存在着不同形式的公社所有制和土地国有制。土地国有制是从部落所有制发展而来的。所谓"土地国有"就是土地归国王或君主所有，国王是国家土地的唯一所有者，是国家的总代表，拥有最高的所有权。这又包括两部分：一部分是国家（国王）是土地的直接所有者，包括王室土地、自然资源等；一部分是国家（国王）间接地掌握土地，包括奴隶主贵族掌握的土地、宗教僧侣和寺庙等土地。

2. 关于《给〈祖国纪事〉杂志编辑部的信》

马克思《给〈祖国纪事〉杂志编辑部的信》生前一直未公开发表，直到恩格斯在整理马克思遗稿时发现了这封信。在这封信中，马克思首先批驳了米海洛夫斯基对俄国社会发展道路的错误理解，对《资本论》中"原始积累"批评性"插话"的误解。马克思提出了一个假设，如果俄国还走1861年农奴制改革后所走的道路，那么，它就失去了农村公社的优越性，失去了历史给它的好机会，必然走上资本主义道路，遭受资本主义制度所带来的灾难。马克思反对把西欧资本主义起源的历史看作是一般的社会发展道路的一般哲学，他反对把一般的历史哲学理论看作是"万能的钥匙"，并对此进行了正面批评。他认为西欧资本主义道路不是所有民族都必须经过的，历史有其特殊性和多样性，这取决于当时具体的历史环境。"这样做，会给我过多的荣誉，同时也会给我过多的侮辱。"① 由此可以看出，马克思没有要形成一个一般社会发展的理论，而是强调各个国家的不同境况。例如，古罗马曾出现了生产资料和生存资料的分离运动，形成了大地产和大货币资本，但是他们却没有形成雇佣关系，而是产生了无所事事的游民，他们的生产方式不是发展到资本主义的，而是形成了奴隶制。马克思在这封信之前、之后均公开发表过他对俄国农村公社的看法，从他在《政治经济学批判》以及俄文版《共产党宣言》"序言"等论述中可以看出，马克思关注俄国公社的特殊性，并设想俄国公社不必按照欧洲发展模式发展。

3. 关于《给维·伊·查苏利奇的复信》

俄国女革命家维·伊·查苏利奇1881年2月给马克思写信，在信中她请

---

① 《马克思恩格斯文集》第3卷，北京：人民出版社2009年版，第466页。

第四章 俄国社会的"跨越"模式

求马克思对俄国"农村公社"谈一下自己的看法。她在信中指出:"假如你能说明,你对我国农村公社可能的命运以及世界各国由于历史的必然性都应经过资本主义生产各阶段的理论看法,给予我们的帮助会是多么大。"① 而马克思在给查苏利奇的复信也是四易其稿,包括初稿、二稿、三稿、四稿和最终的复信共5篇,初稿篇幅最长,最终复信却很简单。他强调"承蒙您向我提出问题,但很遗憾,我却不能给您一个合适于发表的简短说明。"②

首先,从篇幅上来看,初稿占了14页,复信只有2页,仅仅从篇幅上可以看出马克思是位特别严谨的学者,特别是面对现实问题的时候。其次,从内容上来看,初稿中分析了资本主义生产的起源,俄国农村公社所有的独特性即在全面范围内保存着农村公社、与资本主义同时存在,揭示出俄国农村公社具有强大生命力;在第三稿中,马克思把关于俄国农村公社问题的讨论也是删掉了一大半,保留了俄国农村公社的独特性即"二重性";在正式复信中,马克思先是委婉地说明回信迟是因为身体原因,保留了分析资本主义起源的说法,明确地提出了西方资本主义发展的过程是把原始社会的私有制形式变为资本主义私有制形式,而俄国的农民运动却与此相反,是要把原有的公有制变成私有制。后面删掉了有关俄国农村公社的阐释,得出的结论是俄国农村公社的公有制特征可以成为俄国新生社会的基础,即用社会主义公有制形式代替农村公社公有制形式,是用公有制代替公有制的过程。将这些草稿和正式复信的内容进行对比可以看出来,马克思在对于俄国农村公社的问题上采取非常谨慎的态度,即使是在最后的复信中他也"既没有肯定又没有否定",农村公社只有安排在自然发展的正常条件下,排除外界影响,而这个条件可以说是比较苛刻的。这也是为什么马克思晚年重点放在了研究东方社会的一个重要原因,对西欧资本主义社会马克思已经有了一个比较成熟的研究。对东方社会,他从最原始的社会研究开始,特别是对俄国,对俄国农村公社以及对俄国出路的研究。他强调俄国国情和俄国农村公社的特殊性以及可能的发展。比如说,俄国横跨亚欧大陆,农奴制改革后就踏上了资本主义道路,但是它的资本主义并没有得

---

① 《马克思恩格斯全集》第25卷,北京:人民出版社2001年版,第757页注(255)。
② 《马克思恩格斯文集》第3卷,北京:人民出版社2009年版,第589页。

到充分发展。又由于它原有的农村公社所有制还广泛存在，马克思说俄国农村公社所处的历史环境是独一无二的，这种独特性使"它能够不通过资本主义制度的卡夫丁峡谷，而占有资本主义制度所创造的一切积极的成果"①。

二、马克思关于俄国社会发展的基本设想

（一）农村公社的生命力对俄国道路的意义

在关于俄国社会发展道路问题的几封信中，马克思明确否定了俄国照搬西欧模式的观点，提出了俄国有可能在保存并反哺农村公社的基础上，跨越"卡夫丁峡谷"进入共产主义的设想。不过马克思似乎又持比较谨慎的态度，论述留有较大的余地。

马克思认为，《资本论》中关于西欧资本主义起源的理论和关于原始积累的论述只适合西欧，并不适用于俄国。进而，马克思还明确表示：历史发展不存在抽象的一般性公式。俄国社会的主要特点是广泛存在着土地公有制的农村公社，并且，农村公社具有强大的生命力。鉴于这样的前提，马克思认为，俄国社会发展道路有两种可能性，即解体的可能性和获得新生的可能性。一方面，俄国农村公社的二重性有可能导致农村公社灭亡。马克思在复信二稿中提出："从历史观点来看，证明俄国共产主义所有制必然解体的惟一有力论据如下：共产主义所有制曾在西欧各地存在过，随着社会的进步，它在各地都不见了，为什么它只是在俄国免于这种遭遇呢？"②马克思提出了自己的质疑，但又没有直接回答，而是接着写下了这段话："当然，如果资本主义生产要想在俄国确立自己的统治，那么，绝大多数农民即俄国人民定将变为雇佣工人，因而也会遭到剥夺，即通过共产主义所有制先被消灭而遭到剥夺。"③马克思分析了西欧各地农村公社解体及其经过一系列经济形态演进后，进入资本主义，以及资本主义的暂时性，他也提出如果俄国脱离世界而孤立发展的话，也如同西

---

① 《马克思恩格斯文集》第3卷，北京：人民出版社2009年版，第580页。
② 《马克思恩格斯全集》第25卷，北京：人民出版社2001年版，第471页。
③ 《马克思恩格斯全集》第25卷，北京：人民出版社2001年版，第471页。

欧一样，农村公社必然会解体。另一方面，俄国农村公社与西方资本主义并存，使其得以改造，有继续发展的强大生命力。马克思又指出："可是，俄国公社的情况同西方原始公社的情况完全不同。俄国是在全国广大范围内把公社所有制保存下来的惟一的国家，但同时又生存在现代的历史环境中，同较高的文化同时存在，和资本主义生产所统治的世界市场联系在一起。俄国吸取这种生产方式的积极成果，就有可能发展并改造它的农村公社的古代形式，而不必加以破坏。"① 俄国农村公社所具有公有制基础、集体生产劳作的有利条件、与资本主义同时存在等积极成果，这些都为建立更高公有制社会的共产主义社会准备了条件。"土地公有制赋予它以集体占有的自然基础，而它的历史环境（资本主义生产和它同时存在）又给予它以实现大规模组织起来的合作劳动的现成物质条件。因此，它可以不通过资本主义制度的卡夫丁峡谷，而吸取资本主义制度所取得的一切积极成果。它可以借使用机器而逐步以联合耕种代替小土地耕种，而俄国土地的天然地势又非常适合于使用机器。如果它在现在的形式下事先被引导到正常状态，那它就能直接变成现代社会所趋向的那种经济体系的出发点，不必自杀就能获得新的生命。"② 马克思提出了关于俄国农村公社二重性的这两种可能性，俄国具体会走上哪条道路还不好说。一种是公有制因素取胜，一种是私有制因素取胜。俄国农村公社最终是走向解体还是继续发展，这完全取决于历史条件的发展。

从俄国农村公社当时所处的社会历史条件来看，一方面，俄国的农村公社没有因为世界性交往而被发达国家的影响所打乱，它尚处在自然形成发展的历史条件中，没有被破坏；另一方面，俄国农村公社又是处于整个世界历史进程中，和欧洲资本主义处于同一时代并且相互之间有着密切的联系。这就决定了，俄国的农村公社可以吸收借鉴西欧资本主义先进的生产力，进而促进本国社会生产力的快速发展，为实现社会革命准备物质基础。这些在一定程度上影响着俄国农村公社的命运。因此，俄国农村公社具有强大的生命力，而要保证农村公社的强大生命力就需要一定的条件。马克思强调："我根据自己找到的

---

① 《马克思恩格斯全集》第25卷，北京：人民出版社2001年版，第472页。
② 《马克思恩格斯全集》第25卷，北京：人民出版社2001年版，第479页。

原始材料对此进行的专门研究使我深信：这种农村公社是俄国社会新生的自然支点；可是要使它能发挥这种作用，首先必须排除从各方面向它袭来的破坏性影响，然后保证它具备自然发展的条件。"① 马克思从俄国农村公社所处的具体社会历史条件出发，站在世界历史角度，来审视俄国农村公社的命运。他指出目前西欧资本主义经济危机和内部矛盾日益变得国际化，这就使得在无产阶级和各国革命运动形势下，为俄国农村公社的未来发展提供了历史契机；与此同时，西方资本主义所创造的生产力和开拓的世界市场等文明成果，势必会推动俄国社会发展，使俄国的生产力和革命力都有一定的发展，为俄国实现跨越发展提供了可能性。值得注意的是，从马克思的表述中我们可以看出，马克思关于俄国农村公社及其在此基础上建立共产主义社会的设想，并没有完全肯定，也没有完全否定，这就为我们各国革命和社会发展道路多样化发展奠定了基础。

（二）马克思的发展理想

马克思认为俄国农村公社的公私二重性决定了其未来社会发展的两种可能性，一种是公有制战胜私有制，一种是私有制战胜公有制，结果取决于它当时所处的历史环境。也就是说，马克思认为有一种理想方案：保留农村公社，发挥它的优势；引进西方资本主义因素；反哺农业和公社，扶植它发展，这是公有制战胜了私有制；反过来破坏农村公社，把农民从土地上赶走，进行土地开发，就会重蹈英国原始积累和经济危机之覆辙。

1. 保留农村公社并发挥村社的优势

马克思《给维·伊·查苏利奇的复信》初稿为我们呈现了如何保留农村公社并如何发挥它的优势使之进化到共产主义社会公有制问题。马克思认为《资本论》中关于资本主义起源的"历史必然性"仅限于西欧，他在复信中强调，"我明确地把这一运动的'历史必然性'限于西欧各国"②。马克思认为西

---

① 《马克思恩格斯全集》第25卷，北京：人民出版社2001年版，第481页。
② 《马克思恩格斯全集》第25卷，北京：人民出版社2001年版，第455页。

欧资本主义是"把一种私有制形式变为另一种私有制形式"①,但是在俄国"农民手中的土地从来没有成为他们的私有财产"②,那么西欧社会的这种理论也就不适合"应用到俄国农民身上去"。西欧古代类型的公社所有制在各地都消失了,"为什么它只是在俄国免于这种遭遇呢?我的回答是:在俄国,由于各种情况的独特结合,至今还在全国范围内存在着的农村公社能够逐渐摆脱其原始特征,并直接作为集体生产的因素在全国范围内发展起来。正因为它和资本主义生产是同时存在的东西,所以它能够不经受资本主义生产的可怕的波折而占有它的一切积极的成果。俄国不是脱离现代世界孤立生存的;同时,它也不像东印度那样,是外国征服者的猎获物。"③ 俄国农村公社"这种进化的理论上的可能性"是俄国采用机器、轮船、铁路等西方先进的技术,没必要"像西方那样,先经过一段很长的机器工业的孕育期"④。

马克思指出:"如果在农民解放的时候,农村公社立即被置于正常的发展条件下……那么,现在谁也不会再臆测消灭公社的'历史必然性'了,因为大家将都会承认,公社是俄国社会新生的因素和一种优于其他还处在资本主义制度奴役下的国家的因素。"⑤ 并且保持农村公社的有利情况,"俄国公社不仅和资本主义生产是同时代的东西,而且经历了这种社会制度尚未受触动的时期而幸存下来"⑥,同时"在俄国公社面前,资本主义正经历着危机"⑦。马克思又在研究了农村公社各种形态变化后,指出"农业公社"的特征是:割断了血统亲属关系而扩大范围并保持同其他公社的接触,房屋及其附属物是农民的私有财产,耕地归公社所有但定期在农业公社各个社员之间进行重新分配。这就是农村公社的二重性,正是这种公私兼有的二重性是其具有强大的生命力的源泉。"一方面,公有制以及公有制所造成的各种社会关系,使公社基础稳

---

① 《马克思恩格斯全集》第25卷,北京:人民出版社2001年版,第455页。
② 《马克思恩格斯全集》第25卷,北京:人民出版社2001年版,第455页。
③ 《马克思恩格斯全集》第25卷,北京:人民出版社2001年版,第455—456页。
④ 《马克思恩格斯全集》第25卷,北京:人民出版社2001年版,第456页。
⑤ 《马克思恩格斯全集》第25卷,北京:人民出版社2001年版,第456页。
⑥ 《马克思恩格斯全集》第25卷,北京:人民出版社2001年版,第456页。
⑦ 《马克思恩格斯全集》第25卷,北京:人民出版社2001年版,第456页。

固,同时,房屋的私有、耕地的小块耕种和产品的私人占有又使那种与较原始的公社条件不相容的个性获得发展。"① 而俄国是在全国范围内把"农业公社"保存到今天的欧洲唯一的国家,这就使其能保留农村公社并发挥它的优势。"一方面,土地公有制使它有可能直接地、逐步地把小地块个体耕作转化为集体耕作……另一方面,和控制着世界市场的西方生产同时存在,就使俄国可以不通过资本主义制度的卡夫丁峡谷,而把资本主义制度所创造的一切积极的成果用到公社中来。"②

2. 引进西方资本主义因素

从理论上看,俄国"农村公社"与西方资本主义生产同时存在,它能够吸收西方资本主义一切积极成果,而不必经受资本主义发展的波折和痛苦,以"农村公社"公有制为基础直接走向社会主义社会。马克思分析了俄国的农村公社当时所处的历史环境:"它和资本主义生产的同时存在为它提供了集体劳动的一切条件。它有可能不通过资本主义制度的卡夫丁峡谷,而占有资本主义制度所创造的一切积极的成果。"③ 俄国各种独特情况的结合,特别是"正因为它和资本主义生产是同时存在的东西,所以它能够不经受资本主义生产的可怕的波折而占有它的一切积极的成果"④。马克思考虑到俄国新生资产阶级会极力否定,他为此写道:"如果资本主义制度的俄国崇拜者要否认这种进化的理论上的可能性,那我要向他们提出这样的问题:俄国为了采用机器、轮船、铁路等等,难道一定要像西方那样,先经过一段很长的机器工业的孕育期吗?同时也请他们给我说明:他们怎么能够把西方需要几个世纪才建立起来的一整套交换机构(银行、信用公司等等)一下子就引进到自己这里来呢?"⑤ 也就是说,俄国新生的资产阶级能够将西方先进的机器和技术以及银行、信用公司等引进俄国,那么农村公社也能够在保留公有制的基础上,将西方的这些先进成果引进到俄国来。同时,马克思还强调,如果俄国国家政权能够像资助新生

---

① 《马克思恩格斯全集》第25卷,北京:人民出版社2001年版,第460页。
② 《马克思恩格斯全集》第25卷,北京:人民出版社2001年版,第461—462页。
③ 《马克思恩格斯全集》第25卷,北京:人民出版社2001年版,第9页。
④ 《马克思恩格斯全集》第25卷,北京:人民出版社2001年版,第456页。
⑤ 《马克思恩格斯全集》第25卷,北京:人民出版社2001年版,第456页。

资产阶级那样来资助农村公社的话，使农村公社处于正常发展条件，使其充分显示其生机与活力，那么农村公社将是"俄国社会新生的因素"。

3. 公有制战胜私有制

通过"农村公社"进一步发展来保存"农村公社"和俄国社会总的运动是一致的，俄国拥有"集体生产和集体占有"的自然基础，加之"俄国农民习惯于劳动组合关系"①，在共同利益事业方面已经实行集体经营了，如何使集体因素代替私有因素需要具备两样东西，"在经济上有这种改造的需要，在物质上有实现这种改造的条件"②。在经济上的需要，"只要把'农村公社'放在正常条件之下，就是说，只要把压在它肩上的重担除掉，只要它获得正常数量的耕地，那么它本身就立刻会感到这种必要"③。也就是说，保证"农村公社"置于正常条件下，破除各种力量对公社的压迫，由于国家的财政搜刮而削弱农村公社，使得公社成为商人、地主、高利贷者的剥削对象。在物质上的条件，从俄国国内的条件看，村社的土地公有制有利于把小地块个体耕地转化为集体耕作，俄国土地的天然地势适合大规模使用机器，农民习惯劳动组合等；从外部条件看，俄国与西欧资本主义处于同一时代，处在世界市场中，并且资本主义制度正经历着危机。"这种危机将随着资本主义的消灭、随着现代社会回复到古代类型的高级形式，回复到集体生产和集体占有而告终。"④可见，从理论上说，"俄国'农村公社'可以通过发展它的基础即土地公有制和消灭它也包含着的私有制原则来保存自己；它能够成为现代社会所趋向的那种经济制度的直接出发点，不必自杀就可以获得新的生命。"⑤

总之，马克思在《给维·伊·查苏利奇的复信》初稿中从理论上阐释了俄国的农村公社能够存在和发展下去，并且可以成为新社会即社会主义制度的基础和出发点，这是俄国农村公社未来发展的理想模式。但是，从俄国的具体现实来看，农村公社却"几乎陷入绝境"，它被推向了"灭亡的边缘"，"强有

---

① 《马克思恩格斯全集》第25卷，北京：人民出版社2001年版，第464页。
② 《马克思恩格斯全集》第25卷，北京：人民出版社2001年版，第465页。
③ 《马克思恩格斯全集》第25卷，北京：人民出版社2001年版，第465页。
④ 《马克思恩格斯全集》第25卷，北京：人民出版社2001年版，第466页。
⑤ 《马克思恩格斯文集》第3卷，北京：人民出版社2009年版，第576页。

力的阴谋正等待着它,准备给它以最后的打击"①,而"要挽救俄国公社,就必须有俄国革命"②。

(三) 跨越"卡夫丁峡谷"

俄国农村公社的两种可能决定了它有可能实现"跨越资本主义卡夫丁峡谷"的设想。马克思认为俄国农村公社存在公有制,其地理优势非常适合大规模地使用机器进行集体耕作,并且农民已经习惯于集体的劳动组合,再加上与西方资本主义同时存在于世界市场中,现有的西方资本主义制度又正在经历着各种危机,这些有利条件和历史环境,使得"俄国可以不通过资本主义制度的卡夫丁峡谷,而把资本主义制度所创造的一切积极的成果用到公社中来"③。

马克思晚年并没有直接指出俄国社会发展的道路,没有得出肯定的科学结论,也没有具体详细的论述,更多是提出问题,留下"一些东西让人去揣测"。我们猜测马克思晚年关于俄国社会发展的预想和设想是:俄国农村公社是"俄国社会新生的因素"④,是会"下金蛋的鸡",应该保证俄国公社具备"自然发展的条件",必须"吸取资本主义制度所取得的一切积极成果"⑤,与西欧无产阶级革命"互相补充",抓住世界历史所能提供的有利环境和时机,跨越"资本主义制度的卡夫丁峡谷",走一条"不同于西欧已经走过而且正在走着的发展道路"⑥。

如何理解马克思关于俄国农村公社"跨越卡夫丁峡谷"的理论,学界争议很大。有学者认为"马克思既没有肯定也没有否定俄国可以跨越卡夫丁峡谷"⑦;有学者认为"马克思没有跨越(超越)资本主义峡谷的提法,只有

---

① 《马克思恩格斯全集》第 25 卷,北京:人民出版社 2001 年版,第 466 页。
② 《马克思恩格斯全集》第 25 卷,北京:人民出版社 2001 年版,第 469 页。
③ 《马克思恩格斯文集》第 3 卷,北京:人民出版社 2009 年版,第 575 页。
④ 《马克思恩格斯全集》第 25 卷,北京:人民出版社 2001 年版,第 469 页。
⑤ 《马克思恩格斯全集》第 25 卷,北京:人民出版社 2001 年版,第 479 页。
⑥ 《马克思恩格斯全集》第 25 卷,北京:人民出版社 2001 年版,第 143 页。
⑦ 俞良早:《马克思在俄国跨越卡夫丁峡谷问题上的谨慎态度和理智观点》,《思想理论教育导刊》2021 年第 2 期。

'不通过资本主义制度的卡夫丁峡谷'的提法"①;也有学者认为马克思所指的"跨越是针对俄国的农村公社在一定条件下可以跨越资本主义卡夫丁峡谷,而不是指整个俄国社会"②;还有学者认为"跨越资本主义卡夫丁峡谷的国家必定是前资本主义国家,而俄国已经是资本主义性质的国家,所以也就不存在跨越问题了"③;等等。理解马克思"跨越卡夫丁峡谷"思想,本书认为要把握以下几点:一是马克思明确表示,俄国不应按照西欧的模式,说明马克思看重国情、历史与现实,反对单一的机械决定论;二是马克思对俄国跨越"卡夫丁峡谷"的论断,有系列前提条件,如不破坏农村公社、俄国与欧洲爆发革命等,后来的现实其实没有按照马克思的期望发展;三是马克思的详细手稿并没有寄出去,寄出去的很简略,并且希望对方不要公开,这也说明马克思对待此问题很谨慎。总之,我们既要在马克思的启发下解放思想,承认历史发展的多样性和复杂性,又不能拘泥马克思的字句、文本。

马克思晚年在与维·伊·查苏利奇的信件往来中,提出了"卡夫丁峡谷"问题,指出在当前俄国的条件下,有可能不经历资本主义发展阶段。在复信中主要提出了两个论点来支撑这一设想,一方面俄国是唯一保存"农村公社"的欧洲国家,另一方面处于世界市场中,和资本主义同时存在。这就给俄国未来发展道路提供了可能。"使它(俄国)不必屈服于资本主义的活动方式而占有它的各种成果。"④那么,俄国农村公社能否跨越资本主义"卡夫丁峡谷"呢?马克思对此进行了全面系统地分析。

首先,从俄国的国内具体历史条件来看,俄国在全国范围内保留着"农村公社"制度,并且还没有受到外来族群的入侵干扰和破坏。真可谓是"在欧洲,只有俄国的'农村公社'在全国范围内广泛地保存下来了"⑤。正是因

---

① 陈文通:《"跨越"卡夫丁峡谷,还是"不通过"卡夫丁峡谷?——关于当代社会主义若干问题的反思》,《社会主义论坛》1996年第4期。

② 许全兴:《请不要误解马克思——关于"跨越资本主义卡夫丁峡谷"的辨析》,《理论前沿》1996年第18期。

③ 赵家祥:《对"跨越资本主义卡夫丁峡谷"问题的商榷意见》,《北京大学学报》(哲学社会科学版),1998年第1期。

④ 《马克思恩格斯文集》第3卷,北京:人民出版社2009年版,第576页。

⑤ 《马克思恩格斯文集》第3卷,北京:人民出版社2009年版,第578页。

为俄国"农村公社"保留着土地公有制性质,俄国民众习惯了集体耕作和劳动组合,以及俄国地理环境特别适合大规模集体劳作等,所有这些优势更有助于俄国过渡到公有制社会。

其次,从国际环境来说,俄国农村公社与资本主义并存,这就有可能吸收资本主义各种积极的成果对社会进行改造,进而使它有可能不经历资本主义而享受资本主义的优势和成果。从历史发展阶段和趋势上来看,俄国农村公社处于资本主义发展陷入危机和矛盾的时代,处于资本主义必然被社会主义、共产主义所取代的危机时代,这些正是俄国农村公社有可能跨越"卡夫丁峡谷"的社会历史条件,并且认为这不仅适合俄国也适合其他类似国家。如果欧美发达资本主义国家的无产阶级革命取得了胜利,这时俄国农村公社继续保存完好,那么就有可能会跨越资本主义制度的"卡夫丁峡谷"。同时,马克思强调只有俄国爆发革命才能挽救俄国公社。俄国农奴制改革后,公社内部的矛盾和斗争日益尖锐,国家的压迫和资产阶级的剥削使得俄国的农村公社制度没有了生存余地。马克思、恩格斯提出了一个假设指出,如果俄国社会发展革命,并且与西欧无产阶级革命相互作用、相互影响的话,那么,俄国就有机会利用其现有的农村公社土地公有制,而发展成为共产主义,即以共产主义公有制代替了农村公社的公有制。

而马克思所说的"俄国革命",是指推翻沙皇俄国高度集权的专制制度,推翻沙皇政府的统治。恩格斯也认为如果要保全俄国农村公社,必须进行俄国革命,推翻沙皇统治。在马克思去世之后,恩格斯则根据历史条件和时代条件的新变化,由此提出,俄国可以利用残余的农村公社公有制,充分利用人民,可以缩短社会主义发展进程,避免资本主义的苦难。如恩格斯在 1894 年《〈论俄国社会问题〉跋》中指出:"可以利用公有制的残余和与之相适应的人民风尚作为强大的手段,来大大缩短自己向社会主义社会发展的过程,并避免我们在西欧开辟道路时所不得不经历的大部分苦难和斗争。"①

(四)对"社会新栋梁"的批评

1861 年俄国农奴制改革后,马克思曾预测俄国农村公社有解体的危险。

---

① 《马克思恩格斯全集》第 29 卷,北京:人民出版社 2020 年版,第 519 页。

从公社的外部因素看,社会多个力量想谋杀这个"会下金蛋的母鸡"。首先是沙皇政府,他们不愿意被剥夺原有的权力和利益,因此竭尽全力地借助他们手中的各种力量不断压迫农村公社和农民。其次是西方资本主义的殖民剥削和掠夺,导致公社内部利益冲突,加速了农村公社的瓦解。从农村公社内部来看,公社的私有财产等动产因素不断积累特别是耕地变为私有财产后,原有的公社内部渐渐产生利益分歧和冲突。这些因素都在一定程度上使得农村公社发生解体。公社解体后,原有的公有制被私有制替代,农民变成了一无所有的无产者,俄国就会像其他欧洲国家一样踏上资本主义发展之路。而正是看到了这一点,俄国社会的一些"新栋梁"认为俄国农村公社注定是要灭亡的,不如早点摧毁它。

俄国所谓的"马克思主义者""社会新栋梁"根据历史必然性来证明俄国农村公社会像西方一样必然会灭亡。他们认为,古代类型的公有制存在于一切社会,西欧国家在较早的时候也同样存在着某种程度的公有制,然而随着生产力的发展、社会的进步,原有的公有制逐渐被私有制所替代,各地的公有制就这样消灭了。因此,他们认为俄国也不可能幸免于难。他们认为,俄国应该消灭公社所有制,走上资本主义道路。马克思强烈反对此观点并对此进行了严厉地批判。他指出:"如果'社会新栋梁'的代言人要否认现代农村公社上述进化的理论上的可能性,那么,可以向他们提出这样的问题:俄国为了获得机器、轮船、铁路等等,是不是一定要像西方那样先经过一段很长的机器工业的孕育期呢?也可以向他们提出这样的问题:他们怎么能够把西方需要几个世纪才建立起来的一整套交换机构(银行、股份公司等等)一下子就引进到自己这里来呢?"① 他针对"社会新栋梁"的代言人否定农村公社的优越性时指出,俄国为了获得机器、轮船、铁路等技术,他们可以直接借鉴西方社会而没有必要经历如西方那样的机器工业孕育期,那么同样的道理,俄国就有可能利用现代农村公社的先进理论而直接过渡到更高级的社会而没必要经历资本主义制度。马克思认为俄国有可能在吸收了资本主义的积极成果后,不经历资本主义而直接过渡到更高级的社会形态。为此,马克思强调要挽救俄国农村公社必须

---

① 《马克思恩格斯文集》第3卷,北京:人民出版社2009年版,第575页。

进行俄国革命,他认为,如果俄国革命能及时、如期发生,那么,俄国农村公社就有可能不经过资本主义而直接走向新生。马克思指出:"要挽救俄国公社,就必须有俄国革命。而且,政府和'社会新栋梁'正在尽一切可能准备把群众推入这一灾祸之中。如果革命在适当的时刻发生,如果它能把自己的一切力量集中起来以保证农村公社的自由发展,那么,农村公社就会很快地变为俄国社会新生的因素,变为优于其他还处在资本主义制度奴役下的国家的因素。"①

三、马克思论俄国社会发展的意义与问题

马克思、恩格斯最初是从欧洲资产阶级开辟世界市场、开启"世界历史"这个角度看东方的。工业、商业、航海业的大力发展打造了资本主义市场,建立了世界市场,构成了世界历史。马克思所理解的资本主义世界体系,是包括东西方在内的整体。东方(或非典型西方)社会融入现代工业文明和资本主义,大趋势是必然的,但具体模式和路径不同。马克思认为俄国社会发展模式与其他东方社会模式也不同,它的模式大致可以概括为"跨越"模式。研究和讨论俄国社会发展模式为后来东方落后国家提供了重要的理论准备和经验借鉴,对实现社会主义国家的革命和建设具有重要方法论意义。

(一)"世界历史"中的俄国问题再认识

在世界历史视域下,俄国社会未来发展将向何处去,路在何方?俄国农村公社,从公社内部来看,公社土地公有制被长期保存下来,公社内部的耕地是公有财产,并且定期在成员之间分配。俄国农村公社有其特殊性,作为农民公社的公有财产占全部耕地的一半左右,因此,它的公有制占据着有利地位;而各个家庭的房屋和园地却是农民的私有财产,农民自己耕种自己的土地,产品归私人占有,这又在一定程度上促进了个人的发展。从外部来看,俄国农村公社的土地所有制的二重性是指:一方面,国家对所有土地拥有至高无上的所有

---

① 《马克思恩格斯全集》第25卷,北京:人民出版社2001年版,第469页。

权,全国范围内保存着共同土地所有权;另一方面,每位农村公社的成员对土地拥有使用权。它的基本特征就是大范围保存着土地公有制,集体生产和集体占有是其现有社会形态形成的基础。俄国农村公社这种兼具"公有""私有"的"二重性"使其具有了强大的生命力,又与资本主义生产及世界市场同时存在,使其可以吸收、借鉴资本主义制度的优势,"可以不通过资本主义制度的卡夫丁峡谷"①。俄国农民集体生产方式有助于向合作劳动的过渡,但是它具体朝着什么方向发展则要根据当时所处的历史环境而定。

前两节我们从总体上解读了马克思几封信中所包含的俄国社会发展模式,大体可以概括为两种:一种是俄国在保留农村公社基础上建立起社会主义制度,另一种是俄国与西方社会相同走上资本主义道路。

从理论上说,马克思认为俄国农村公社兼有的公有制、私有制的二重性使其具有强大生命力,有实现"跨越"的可能性和历史环境,同时又有集体占有土地和集体劳作的传统,因而从农村公社通向共产主义有某些"后发优势"。马克思认为俄国农村公社有其特殊性和天然优势,它"和控制着世界市场的西方生产同时存在"②并且习惯于劳动组合和集体耕作,"公社,在某种程度上还有劳动组合"③。俄国农村公社是"俄国社会新生的支点"④,使得俄国"不必经受资本主义制度的苦难"⑤,因此,俄国可以在保存和发展农村公社公有制的基础上走向更高形式的公有制社会即社会主义社会。如何使俄国在全国范围内保存原有的农村公社而不被人为地强制性破坏?马克思提出要挽救俄国农村公社必须进行俄国革命。当然,通过农村公社过渡到共产主义,是需要一定条件的,这就是俄国立即爆发革命。正如马克思曾总结性地指出:"从理论上说,俄国'农村公社'可以通过发展它的基础即土地公有制和消灭它也包含着的私有制原则来保存自己……而占有资本主义生产使人类丰富起来的

---

① 《马克思恩格斯全集》第25卷,北京:人民出版社2001年版,第479页。
② 《马克思恩格斯文集》第3卷,北京:人民出版社2009年版,第575页。
③ 《马克思恩格斯文集》第10卷,北京:人民出版社2009年版,第649页。
④ 《马克思恩格斯文集》第3卷,北京:人民出版社2009年版,第590页。
⑤ 《马克思恩格斯文集》第3卷,北京:人民出版社2009年版,第590页。

那些成果"①"在俄国公社面前,资本主义制度正经历着危机,这种危机只能随着资本主义的消灭,随着现代社会回复到'古代'类型的集体所有制和集体生产的高级形式而告终"②。

从具体现实来看,俄国农村公社面临着灭亡的命运,俄国实现跨越发展的可能性趋于消失。1861年俄国实行农奴制改革后,一是对农民的剥削加重导致农村公社走向灭亡。一方面国家对农民的剥削更加苛刻,加重了农民负担,并且利用各种手段不断压迫农村公社。正如马克思所描述:"正是从所谓农民解放的时候起,国家使俄国公社处在不正常的经济条件下,并且从那时候起,国家借助集中在它手中的各种社会力量不断地压迫公社,由于国家的财政搜刮而被削弱得一筹莫展的公社,成了商业、地产、高利贷随意剥削的任人摆布的对象。"③ 另一方面农村公社中农民阶级发生了分化,产生了少量资产阶级和大量失去土地的无产阶级。"这种外来的压迫激发了公社内部原来已经产生的各种利益的冲突,并加速了公社的各种瓦解因素的发展。"④ 这些必然导致农村公社的灭亡。二是沙皇政府和新生资产阶级合谋要杀给它们"下金蛋的母鸡",即消灭农村公社,发展资本主义。正如马克思所分析:"为什么从农村公社的现状中得到好处的所有这些利害关系者(包括政府监护下的大工业企业),合谋要杀死给他们下金蛋的母鸡呢?正因为它们感到'目前这种状况'不能继续维持下去,所以感到现在的剥削方式已经过时了。"⑤ 三是俄国农村公社没法在正常条件下发展,没有得到应有的保护,反而是封建贵族和新生资产阶级正在联合起来想毁灭农村公社。马克思在给查苏利奇的信中写道:"您完全清楚,现在俄国公社的存在本身由于强大的利害关系者的阴谋而处于危险境地。除了国家的直接搜刮的压迫,侵入公社的'资本家'、商人等等以及土地'所有者'的狡诈的剥削以外,公社还受到乡村高利贷者以及由于它所处

---

① 《马克思恩格斯全集》第25卷,北京:人民出版社2001年版,第463页。
② 《马克思恩格斯全集》第25卷,北京:人民出版社2001年版,第463页。
③ 《马克思恩格斯全集》第25卷,北京:人民出版社2001年版,第463页。
④ 《马克思恩格斯全集》第25卷,北京:人民出版社2001年版,第463页。
⑤ 《马克思恩格斯全集》第25卷,北京:人民出版社2001年版,第464页。

的环境而在内部引起的利益冲突的损害。"① 可见，农村公社逃不掉被灭亡的命运，也就不可能建立更高形式的公有制社会，而是走上与西方社会相同的道路。

不过有个看似细节，却提醒我们谨慎对待的问题：马克思给查苏利奇的复信，前面写了很翔实的四稿，都没有发出去；发出去的信却是非常简单的几句话，并特别交代"我却不能给您一个适合于发表的简短说明"②。我们的理解是马克思虽有大致思路，但觉得还不成熟。既然如此，我们的解释更是一种谨慎的推测了。

（二）历史发展的复杂性问题

在马克思、恩格斯创立和发展唯物史观的过程中，不仅强调社会发展的普遍性、统一性，同时也强调社会发展的特殊性、多样性。马克思曾在《资本论》第1卷第1版的序言中指出："工业较发达的国家向工业较不发达的国家所显示的，只是后者未来的景象。"③ 马克思从生产力发展的不可跨越性突出社会发展的统一性，而在研究东方农村公社的过程中，尤其是在比较东西方社会发展的过程中，深化了对社会发展多样性的认识，对各国不同的历史境遇和不同的发展道路的具体的、历史的科学认识。他提出"极为相似的事变发生在不同的历史环境中就引起了完全不同的结果"④的结论。可见，马克思在阐述各民族国家历史发展的统一性，同时也强调其多样性和复杂性。

原始公社本身发展的多样性和解体的复杂性。原始公社也不是按照同一种形式建立起来的，它们是一系列社会组织，包括不同的组织类型。正如马克思在《给维·伊·查苏利奇的复信》初稿中所作的比喻："正像在地质的层系构造中一样，在历史的形态中，也有原生类型、次生类型、再次生类型等一系列的类型。"⑤ 马克思对原始社会末期形成的三种不同的农村公社土地所有制形

---

① 《马克思恩格斯全集》第25卷，北京：人民出版社2001年版，第468页。
② 《马克思恩格斯文集》第3卷，北京：人民出版社2009年版，第589页。
③ 《马克思恩格斯文集》第5卷，北京：人民出版社2009年版，第8页。
④ 《马克思恩格斯文集》第3卷，北京：人民出版社2009年版，第466—467页。
⑤ 《马克思恩格斯文集》第3卷，北京：人民出版社2009年版，第581页。

式从"历史环境"角度作了分析,他认为这些"取决于气候,土壤的自然特性,由自然条件决定的土壤利用方式,同敌对部落或四邻部落的关系,以及由迁移、历史事件等等引起的变动。"①。不同的所有制形式产生了不同的解体方式。正如马克思所设想:"仔细研究一下亚细亚的,尤其是印度的公有制形式,就会证明,从原始的公有制的不同形式中,怎样产生出它的解体的各种形式。"② 历史发展中,各地公社的发展不平衡,有的地方较早就消失了,有的地方比较完整地保存下来了。

马克思在《政治经济学批判(1857—1858年草稿)》中指出亚细亚的公社是"自然形成的共同体"③,各个家庭"独立地在分配给他的份地上从事劳动"④,凌驾于公社之上的是"更高的所有者或唯一的所有者"⑤,是"公社财产的真正前提"。农村公社在逐步发展中趋向解体。正如"公社所有制曾在西欧各地存在过,随着社会进步,它在各地都消失了"⑥,东方农村公社部分长期存遗并不断发展。俄国农村公社是"古代类型的最新形式"。由于历史发展模式是复杂的,马克思才说,俄国不必经过资本主义"卡夫丁峡谷"的灾难而直接过渡到社会主义道路。他反对把西欧资本主义发展道路作为一般历史理论,而认为历史发展具体道路要结合不同国家、不同时期特定的历史背景,而不能不切实际地照搬照抄。

资本主义的"世界市场"可扩张至世界每个角落。资本主义向外扩张并形成世界市场的过程,必然也是对东方传统经济社会形态带来巨大冲击的过程,是欧洲资本主义生产方式瓦解东方各国经济模式的过程,也是东方各国固有经济社会形态在资本主义冲击下解体和演变的过程。我们认为马克思可能把农村公社视为体现东方社会本质的范畴,恰如他把商品当作资本主义社会最典型、最有代表性的经济社会形态一样。如果这个说法能成立的话,资本主义的

---

① 《马克思恩格斯文集》第8卷,北京:人民出版社2009年版,第135页。
② 《马克思恩格斯文集》第5卷,北京:人民出版社2009年版,第95页的注(30)。
③ 《马克思恩格斯文集》第1卷,北京:人民出版社2009年版,第584页。
④ 《马克思恩格斯文集》第8卷,北京:人民出版社2009年版,第125页。
⑤ 《马克思恩格斯文集》第8卷,北京:人民出版社2009年版,第124页。
⑥ 《马克思恩格斯全集》第25卷,北京:人民出版社2001年版,第471页。

欧洲与东方社会的张力就可化约为资本与农村公社间的张力。东方社会是众多复杂的形态，其面临冲击后的解体演变的后果也必然是复杂的，这就需要我们具体问题具体分析。例如，前文分析了俄国社会农村公社的特征，它在面临资本主义冲击后可能的社会发展道路问题。而东方社会其他国家与俄国社会情况和历史条件又是不同，其反应也是各异，具体道路也必然不同。

（三）马克思论俄国社会发展的意义

农村公社的存在是与当时极低的生产力水平相适应的，生产力提高了、发展了，那么，农村公社存在的客观基础就消失了，它自然也要走向解体和消亡。资本主义经济形态向外扩张，对东方社会最大的影响和冲击，是"解构"农村公社并把它同化到资本主义世界体系中。研究这一解构与同化的规律，是理解资本主义世界市场和总危机不可或缺的环节。可以看出，马克思研究农村公社，是想从中揣摩资本主义冲击和解构亚细亚生产方式的一般规律，为研究资本主义世界体系和总危机服务。马克思晚年重点研究了俄国农村公社，提出了俄国公社有可能"不通过资本主义制度的卡夫丁峡谷"而直接过渡到社会主义社会的设想。这一理论具有重要的理论价值和实践意义。

一是关于人类社会发展是多样性和统一性的辩证统一思想。整个人类社会发展的总趋势是一个从低级到高级、从野蛮到文明、从封闭到开放的过程。早年马克思提出了人类社会发展的"五形态说"，即人类社会是从原始社会、奴隶社会、封建社会、资本主义到共产主义社会的一般发展过程。晚年马克思通过研究东方社会的特殊性，提出了"跨越"发展模式，体现了人类社会形态发展的特殊性和多样性。马克思曾在《给〈祖国纪事〉杂志编辑部的信》中指出："把我关于西欧资本主义起源的历史概述彻底变成一般发展道路的历史哲学理论，一切民族，不管它们所处的历史环境如何，都注定要走这条道路，——以便最后都达到在保证社会劳动生产力极高度发展的同时又保证每个生产者个人最全面的发展的这样一种经济形态。但是我要请他原谅。（他这样做，会给我过多的荣誉，同时也会给我过多的侮辱）。"① 马克思晚年对俄国社

---

① 《马克思恩格斯全集》第25卷，北京：人民出版社2001年版，第145页。

会发展道路的研究,从俄国社会所处的具体历史环境和社会环境出发,提出了俄国农村公社可以跨越"卡夫丁峡谷"的可能性。

二是关于充分吸收西方资本主义一切积极成果的思想。马克思反复强调东西方社会是一个相互作用、相互影响的整体。在世界历史、世界市场中,俄国农村公社与西方资本主义同时存在,俄国可以充分吸收西方资本主义一切优秀的成果,而不必经受资本主义发展的波折和痛苦,直接走向社会主义。正如马克思所指出的:"俄国不是脱离现代世界孤立生存的……正因为它和资本主义生产是同时存在的东西,所以它能够不经受资本主义生产的可怕的波折而占有它的一切积极的成果。"①"十月革命"胜利后,列宁提出了苏俄要学习德国的国家资本主义、借鉴美国的泰罗制等政策,以提高劳动生产率和管理效率。列宁实行的新经济就是利用资本主义发展经济,他指出:"同社会主义比较,资本主义是祸害。但同中世纪制度、同小生产、同小生产者涣散性引起的官僚主义比较,资本主义则是幸福。既然我们还不能实现从小生产到社会主义的直接过渡,所以作为小生产和交换的自发产物的资本主义,在一定程度上是不可避免的,所以我们应该利用资本主义(特别是要把它纳入国家资本主义的轨道)作为小生产和社会主义之间的中间环节,作为提高生产力的手段、途径、方法和方式。"②中国特色社会主义建设也汲取了"资本主义的一切积极成果",特别是改革开放以来,大胆引入市场机制、发展市场经济,引进先进技术、引入外资、借鉴发达国家先进管理经验等,形成了中国特色社会主义市场经济,实现了中国从站起来、富起来到强起来的飞跃式发展,迎来了实现中华民族伟大复兴的光明前景。

从现实来看,马克思关于俄国社会发展的思考对中国社会发展意味着什么?马克思(以及恩格斯)探讨了遍及世界各地的农村公社,从东方到西方,从史料记载到当代孑遗,但是马克思基本没涉及中国的农村公社。③马克思在

---

① 《马克思恩格斯全集》第25卷,北京:人民出版社2001年版,第456页。
② 《列宁选集》(第4卷),北京:人民出版社1995年版,第510页。
③ 马克思仅在《人类学笔记》中提了一句,参见摩尔根:《人类家庭的血亲制度和姻亲制度》"关于中国的九族制",见《马克思古代社会史笔记》,北京:人民出版社1996年版,第141页。马克思在不少地方也谈及中国,但不是从农村公社的角度谈。

《政治经济学批判》一书的序言中强调亚细亚的社会经济形态是人类社会普遍经历的。在《反杜林论》中,恩格斯也指出土地公有制是一切文明民族所共有的特征。因此,我们可以推测中国古代存在过农村公社,只是存在的时间较短,解体得比较早。马克思在《资本论》中谈到亚洲的土地制时说的一段话,也常被用作鉴别中国农村公社的理论依据。"如果不是私有土地的所有者,而像在亚洲那样,是既作为土地所有者同时又作为主权者的国家……国家就是最高的地主。"[1] 马克思是在讲"劳动地租"时讲这段话的,他笼统地说"亚洲"而不是具体讲"中国"。这句话的意思是:农民耕种的既不是公社土地,也不是自己或他人的私有土地,而是耕种国家(王室)的土地,这时农民给国家的无偿劳动就是剩余劳动的性质。国家对"直接生产者"农民的关系就有双重意义:既是统治者(主权者)与臣民的关系,又是地主与佃户的关系。作为前者,农民的剩余劳动有赋税的意义;作为后者,有地租的意义。这里的国家土地不是农村公社的公共土地,而是对这种原始形态的否定。我们前面说过,马克思所见的亚洲,农村公社传统和基础虽然还顽强地存在,但非农村公社的新兴因素在崛起,以致形成新旧混杂局面:既有古老的农村公社土地制,又有从村社中分化并独立出来的私有制,还有王室以国家名义实际控制的土地。王室是土地的所有者,农民只有使用权。所以上面这段话不是确认我国古代农村公社的依据,而是确认农村公社解体并被国家土地所有制取代的依据。

---

[1] 《马克思恩格斯文集》第7卷,北京:人民出版社2009年版,第894页。

第五章　东方社会思想的世界历史视域

本章主要试图从东西方合起来的维度来阐释马克思的世界市场和世界历史理论的总体性设想。我们猜想马克思晚年有一个宏伟的世界历史图像。马克思的研究视野在于人类社会历史发展的整体，他早期重点研究以英国为典型的西欧资本主义。但资本主义不是封闭的，而是世界性的。所以马克思研究的逻辑必然逐步地从西欧的资本主义过渡到东方社会，从简单的商品生产过渡到国际贸易和世界市场。马克思应该按照这样的思路，构建起一套完整的资本主义世界体系理论。资本主义总危机理论也应该是在这样的框架里展开的。正因为如此，马克思的世界历史理论和危机理论，必然包括东方社会。在资本主义世界市场和世界历史中，东方社会处于何种地位，如何演变？它们的未来发展出路在哪里？由此可见，马克思晚年东方社会思想与早年关于西欧资本主义的理论是自洽的有机整体。一方面，马克思按照逻辑与历史相统一的原则，按照西方资本主义世界市场扩展的逻辑推向东方古老社会；另一方面又从东方古老社会在西方资本主义入侵下的演变、解体、重构等，从纵向和横向、时间和空间两个脉络来讨论东方社会的出路。从两条相反且相向而行的思路分别叙述，最后得出总体结论。鉴于以上理解，本章试图从新的角度解释马克思的世界历史理论——由西方资本主义主导、全世界各个角度都卷进来的、以复杂的方式相互作用的世界体系，以及这种体系所遇到的矛盾、冲突和危机。

一、马克思危机理论的整体框架

我们以往对马克思的危机理论的阐释，主要依据马克思鼎盛时期的作品，即马克思揭示了资本主义社会的基本矛盾（生产力和生产关系、经济基础和上层建筑两对矛盾）。资本主义发展到一定阶段后，其社会基本矛盾日益突出，现实表现为经济危机。一次危机解决后，社会处于暂时的和谐稳定，开始新一轮短暂的增长期。但是其背后却孕育着更大的危机，这种危机慢慢由经济领域扩展到政治等其他领域，以致只有发生革命才能解决。这个解释无疑是对的，但却是不完整的。因为马克思的危机理论是以世界市场的建立为前提，而世界市场必然包括东方社会在内，这就形成了包括东西方在内的资本主义世界体系的"总危机"。马克思在构想"政治经济学批判"的研究计划时，不论是"三部""五篇"还是"六册"，均是以世界市场为前提，资本无限增殖本性必然打破一些地域的、民族的限制形成世界市场，造成世界危机。

（一）马克思危机理论的再认识

马克思晚年所说的资本主义世界体系总危机不仅是多方面、多领域的总体性危机，更是指包括东西方、资本主义工业国和殖民地半殖民地农业国在一起的总危机。马克思晚年研究超越了世界资本主义体系，他通过国际贸易、世界市场，将东西方作为一个互动的整体来研究；他对东方社会的研究不是将西方的模式简单地套用在东方社会，也不是简单将两者"割裂"，而是站在世界历史体系的高度，注意到东西方随着全球化的发展双方双向互动更加频繁和深入，双方彼此影响、相互作用。马克思认为，资本主义世界体系总危机是由资本主义主导的、东西方双向互动构成的全球一体化的总体性危机。它不仅包括西欧资本主义内部危机，还包括资本主义生产方式向全世界扩展过程中形成的东方社会危机。

1. 资本主义世界体系的总危机

学界关于马克思的危机理论的一般解释是：资本无限增殖的需要推动盲目的和无政府状态的生产，从而导致生产相对过剩的危机。这种理解原则上没错。但它容易把资本主义世界总危机理解为西欧模式的简单扩充，而忘记马克思危机理论的完整性，忽略了资本主义总危机的复杂性。其实，马克思关于资本主义危机理论，应该将西欧资本主义与东方各种各样的社会形态联系起来，当作一个整体去理解。资产阶级创造了世界市场，随着资本的扩张，需要不断扩大其市场，特别是随着国际贸易、社会分工的形成，把东方非资本主义社会的市场纳入其中，形成了东西互动的世界市场。由于资本主义社会的基本矛盾必然产生危机，随着世界市场的形成，资本主义的一切矛盾也国际化了，必然造成世界市场总危机。正如马克思在《1857—1858 年手稿》中关于世界市场的危机时写道："世界市场构成末篇，在末篇中，生产一切以及它的每一个要素都表现为总体，但是同时一切矛盾都展开了。"① 本书认为资本主义世界体系的总危机是：由资本主义一元主导的，东西方社会之间、资本主义与前资本主义之间、工业国与农业国之间等多元互动的，资本主义世界体系整体的总危机。②

"资本主义一元主导"即西欧资本主义在资本主义世界体系总危机中起主导作用，资本主义全球化使得"未开化和半开化的国家从属于文明的国家，使农民的民族从属于资产阶级的民族，使东方从属于西方"③。资本主义社会的经济危机是其无法克服的矛盾调解方式，随着世界市场的形成，资本主义危机或称为世界危机，形成了包括东西社会在内的，包括所有方面的资本主义总体性危机，世界各地古老帝国以至原始部落等都成为资本主义世界体系的一部分、一个环节或一个要素。世界市场总危机的到来表明，现有资本主义主导的世界市场体系已不能容纳其自身生产力发展的需要。随着危机的进一步加深，资本主义社会所固有的、无法克服的矛盾将完全展开，这些矛盾在世界市场中得到了集中体现，资本主义制度最终将在"一切矛盾都展开了"④ 的世界市场总危机中完成它的历史使命，而被新的、更高的社会主义制度所代替。世界市场总危机是人类走出"资产阶级时代的世界市场"的起点，是迈向真正的意义上的世界市场的基础。

东西方社会之间、资本主义与前资本主义之间、资本主义内部、东方国家之间等构成的多元互动的、错综复杂的矛盾。马克思晚年对东方农村公社进行

---

① 《马克思恩格斯文集》第 8 卷，北京：人民出版社 2009 年版，第 274 页。
② 参见孙美堂：《马克思危机理论的世界体系视野》，《江海学刊》2020 年第 5 期。
③ 《马克思恩格斯文集》第 2 卷，北京：人民出版社 2009 年版，第 36 页。
④ 《马克思恩格斯文集》第 8 卷，北京：人民出版社 2009 年版，第 274 页。

了大量深入研究，我们猜测马克思是想把农村公社看作是东方社会的基础，正如把商品看作是西方资本主义的基础一样。当西方资本主义冲击东方社会时，形成了商品与农村公社之间的双向互动关系。不同国家和地区的农村公社具体状况不同，其"冲击—反应"互动关系各异，形成了复杂的东西方互动社会关系。由于资本主义处于主导地位，西方国家在总危机中起主导作用。在这个互动过程中，东方社会并不是一味地、被动地接受，而是积极主动地以自己的方式作出反应，形成了包括西方资本主义内部、东西方国家之间、东方国家内部、东方国家之间错综复杂的矛盾群，它们之间的较量影响着未来社会发展的趋势和动向。

资本主义世界体系整体的总危机，由资本主义经济危机而引发的整个世界资本主义体系的全面的、总体性危机，既包括经济的和政治的危机，也包括社会危机、生态危机和文化危机等。正如马克思在《资本论》第三卷第30章提到，如果发生普遍危机，那么与之相关联的多个国家都会发生一定程度上的危机，如"像排炮一样，按着支付的序列，先后在这些国家里发生……接着就在一切国家发生同样的总崩溃"①。很明显，马克思在此所提到的"普遍危机""全面危机"主要是指经济危机，包括生产过剩、贸易、通货和信用危机等各方面的危机。帝国主义时期各个资本主义国家经济政治发展极不平衡，世界资本主义体系不可能只通过一次革命就彻底崩溃，资本主义总危机是一个全面的、复杂的、漫长的世界历史过程。

当前，随着全球化快速发展，东西方之间的互动交流更为频繁、更为深入，同时，由于资本主义的优越性慢慢地减弱，其主导性也随之衰弱，而东方社会的发展"后劲"日益显现，其在世界历史中影响力也逐渐增强，东西方的互动关系也呈"螺旋式上升"，伴随着总危机也更加复杂、更加尖锐、更加频繁。这就需要我们"回到马克思"，重读马克思的文本，特别是马克思晚年著作，研究体会马克思宏大的历史视野，领悟马克思关于世界体系理论，结合当今社会的新实践、面临的新问题，揣摩和解读马克思的整体性思想，与时俱进地坚持和发展马克思的世界市场理论。

---

① 《马克思恩格斯文集》第7卷，北京：人民出版社2009年版，第557页。

2. 世界市场总危机中的东方社会

研读马克思晚年手稿不难发现：马克思对资本主义经济、政治危机的分析，虽然以西欧为主，但绝不限于西欧，它实际上是一种全球性的危机。这是由资本主义创造的巨大生产力和普遍交往造成的，也是由资本主义世界市场和世界体系造成的。既然如此，资本主义总危机就必然包括东方社会。资本主义宗主国把东方变为殖民地，也就意味着东方社会被动融进资本主义世界体系中，成为其中的一个环节。结果：一方面，东方社会与西方资本主义之间存在尖锐的民族矛盾和利益冲突，在社会形态和文化模式方面存在巨大的反差，这使得资本主义固有的矛盾进一步复杂化；另一方面，由于东西方一体化，东方社会内部的矛盾以及不同的东方国家之间的矛盾，也成为整个资本主义世界体系上经济、社会矛盾的一部分，从而可能引起连锁反应。

东方社会是被西方资本主义强行卷入世界市场中的。在资本主义世界体系中，一方面西方资本主义通过殖民贸易、殖民战争等手段破坏了古老东方社会的原有土地所有制，侵占了被殖民国家的利益，对被殖民国家造成了严重的灾难；同时，西欧资本主义将其先进的生产技术带入了东方社会，形成了世界市场，客观地促进了东方社会的发展进步。从这两个方面来看，马克思说西方资本主义"发挥着建设和破坏的双重作用"[①]。随着资本主义工业革命的进一步发展，传统的手工劳动被工业革命所形成的机器劳动所替代，西方资本主义国家的工业品以其更低的价格优势输入东方国家，使得东方国家的生产生活受到了很大的损害。西方国家通过殖民贸易或殖民战争的方式打开了东方社会的大门，强迫其卷入由资本主义主导的世界市场体系中。建立世界市场和资本主义大生产是资产阶级社会的根本任务和真正任务，这样就把地球上所有国家联系起来了，不仅把美国加利福尼亚和澳大利亚殖民化，也把中国和日本纳入进来了，随着这个过程的完成，世界市场也建成了。

工业革命推动东方社会进入世界历史。资产阶级的工业革命为世界历史的形成创造了条件，它创造的生产力比以往任何时代都要高。工业革命是现代世

---

① 袁雷、张云飞：《马克思恩格斯"论东方村社"研究读本》，北京：中央编译出版社2013年版，第127页。

界历史研究的出发点，第一次、第二次以及第三次工业革命加速了经济全球化，使资本主义扩张成为全球化运动，完全改变了社会的形态，使旧的社会制度瓦解，同时又促进了新世界的形成，进而形成了世界历史。整个世界发生了前所未有的变化。资本主义原有的工业产区从西欧、北美不断扩展到了澳大利亚、南非等热带、亚热带国家和地区，越来越多的国家民族地区主动或被动加入浪潮中，各经济体之间互通有无，商品已经实现全球化流通，形成了全球市场和全球贸易体系。就这样，由于资本主义大工业的快速发展，使得各个国家和民族都联系起来，原来的小市场被资本主义世界市场所取代，一国的发展必然影响到其他国家，而这些都在无形中为更文明、更进步的共产主义社会做着准备。

东方社会反对西方的殖民贸易和殖民掠夺。资产阶级通过对内剥削、对外扩张完成了资本积累，又通过战争、经济掠夺、殖民等形式占领更多的资源和市场，通过资本扩张实现政治文化的扩张。哪里有压迫哪里就有反抗，西方资产阶级对东方国家侵略引起了东方国家反殖民侵略的暴涨。恩格斯说："在波斯，欧洲式的军事组织被移植到亚洲式的野蛮制度上。"① 马克思也指出："历史报应的规律就是，锻造报应的工具的，并不是被压迫者，而是压迫者自己。"② 同时，西方资本主义国家对东方落后的被殖民地国家承担着"破坏的使命"和"重建的使命"。

东方社会在世界市场中的重要作用。西方资本主义国家为了获得更多利润、转移国内市场危机，把市场拓展至东方。随着东方社会的进一步发展对世界市场发挥的作用越来越明显，随着经济全球化的发展，商品、技术、信息、服务、货币、人员、资金、管理经验等跨地区流动日益频繁，各国、各民族、各地区、各经济体之间高度依存、相互依赖，形成了"你中有我、我中有你"紧密联系、不可分割的整体。东方国家，特别是中国，随着改革开放的推进，中国社会发展取得了历史性进步。在世界贸易、国际金融和投资体系等领域，中国的作用和影响力日益增大，中国目前已经成为世界第二大经济体，已经成

---

① 《马克思恩格斯文集》第2卷，北京：人民出版社2009年版，第622页。
② 《马克思恩格斯全集》第16卷，北京：人民出版社2007年版，第334页。

为对世界经济增长贡献最大的"经济增长极"。东方社会日益成为世界市场的重要组成部分,发挥着不可或缺的作用。东方国家为西方资本主义提供了广阔的市场和原材料供应,西方资本主义对东方国家产生了一定的依赖性,同时,东方国家的快速发展对西方资本主义产生了一定的冲击作用。

东方社会面对世界市场总危机的反应。随着西方资本主义国家对东方国家的侵略日益加深,东方各国人民反对殖民主义、反对侵略主义的斗争也蓬勃发展起来。例如,中国在第一次鸦片战争和第二次鸦片战争中的抗争,"这是'保卫社稷和家园'的战争,这是一场维护中华民族生存的人民战争"①。印度的民族大起义、中国的太平天国运动等显示了被侵略民族反对侵略的革命精神。资本主义世界市场的形成是世界历史形成的重要标志。本国的市场已经不能满足资本主义生产的需要,追求剩余价值最大化的利益驱动其到处开发新的市场,使商品的生产、流通和消费都成世界性的了。由于资本主义自身无法克服的矛盾和桎梏,伴随着资本主义世界市场的经济危机世界化了,特别是随着垄断的形成,资本主义周期性的危机愈来愈频繁。世界市场总危机的间隔时间缩短了,影响范围更广了,资本主义经济体系的矛盾愈来愈加剧了。东方社会的国家,特别是社会主义国家,相继采取一定的措施来缓解或者降低经济危机的影响,例如中国,面对资本主义几次总危机,总是试图寻找相应的措施,采取市场自由流通和国家宏观调控等手段,来降低经济危机的影响。同时,中国的方法或者经验也在一定程度上影响着西方资本主义国家的政策,形成了一个相互影响、相互借鉴的世界市场总体。

3. 世界体系视野中的资本主义危机

在前文分析之后,再来看马克思关于资本主义危机的理论,我们就不难理解:马克思所理解的资本主义危机,不是以西欧尤其是英国作为范本,简单地和直线式扩展。它要比我们通常理解的复杂得多,它是通过国际贸易和世界市场等范畴,把东方社会也包括进来,形成西方资本主义主导、东西方一体化的资本主义世界体系的总危机。

---

① 《马克思恩格斯文集》第 2 卷,北京:人民出版社 2009 年版,第 626 页。

我们应该在资本主义世界体系的总体视野中理解危机：它把资本主义理解为一个时代，即现代工业文明；它把世界理解为一个整体，其中西欧资本主义是主导者、"领头羊"，同时包括各东方国家；资本主义内部的经济社会矛盾是危机的主要根源，但因为资本主义世界体系中的每一个环节都联系在一起，环环相扣、密不可分，所以资本主义世界体系中的矛盾又远远超出西欧资本主义本身，而包括全世界的每一角落。它们错综复杂地纠缠在一起，每一个局部的环节都有可能酿成整体危机。总之，现代资本主义危机，是由西方资本主义主导、包括东方社会在内的资本主义世界总危机。

之所以如此，首先是因为，资本天生具有追求最大剩余价值的本性促使其无限流动，使其突破经济领域而不断向其他领域扩散，这是资本主义总危机产生的现实条件。在商品流通领域，简单的商品流通的最终目的是为了占有使用价值，满足某种消费的需求；相反，货币的流通本身就是为了资本增殖，为了获得更多的利润，以至于这个货币的流通是无限的运动过程。其次是因为，资本主义基本矛盾决定了个别生产的有组织性与整个社会的无政府状态的矛盾几乎无法克服。随着资本主义社会的发展，其基本矛盾愈来愈严重，经济危机越来越频繁，并且随着资本主义世界市场的形成，其影响范围逐渐扩大至全球。因此，在马克思看来，经济危机是资产阶级经济的一切矛盾的表现，是资本主义内部不可调和矛盾的外在表现形式，是资产阶级社会的平衡器。

随着世界市场总体的形成，危机也成了世界市场危机，危机又是周期性爆发的。"正如天体一经投入一定的运动就会不断地重复这种运动一样，社会生产一经进入交替发生膨胀和收缩的运动，也会不断地重复这种运动"[①] 资本主义基本矛盾是普遍存在的，特别是随着世界市场的形成，资本主义经济危机引发了全球危机和总体性危机，资本主义总危机的爆发必然引发资本主义社会的总体性反抗。所以近200年来，每次经济危机总伴随着社会危机和人民大众的抗议。世界市场总危机是资本主义一切矛盾的调节器和平衡器。正如马克思所说："资产阶级生产的一切矛盾，在普遍的世界市场危机中集中地

---

① 《马克思恩格斯文集》第5卷，北京：人民出版社2009年版，第730页。

爆发。"① 而东方社会是被强迫纳入世界总危机中,在危机中,东方社会原有的发展模式受到了冲击、发生了演变。可以说,世界"总危机"是由资本主义主导的世界体系总危机,是包括东西在内的、相互影响、相互作用的整体危机,而不是地方性的,仅限于欧洲的危机。马克思的危机理论强调资本主义经济危机是总危机,是世界范围内的危机,是社会各方面、各领域的总体性危机。随着世界市场的形成,资本主义社会的危机必然越出国家界限,形成世界性的总危机。资本主义基本矛盾的两个方面的新发展使得矛盾越来越激化,同时表现出一些新特征。资本主义经济危机所产生的商业危机、产业危机、信用危机等进一步加深,对东方社会的冲击也加大,同时,东方社会由于自身的发展日益强大,也在进一步影响着西方社会。

(二) 资本主义危机中的东方在场

以往的危机理论,主要以欧美资本主义危机为例,只讲了资本主义生产过剩引起的危机,简单地将其归结为资本主义生产力和生产关系的矛盾。这种理解虽然也是有一定道理的,但却不全面。马克思所说的资本主义危机是包括东方社会在内的总危机。世界市场的形成,必然涉及东方社会、东方市场,东方社会在资本主义危机中也是不可或缺的。

马克思对东方社会进行了系统、翔实的研究,得出东方社会具体有其特殊性,如东方社会大都普遍存在着土地公有制,并在此基础上形成了强有力的中央集权制,如"亚细亚生产方式""农村公社"等。世界市场的形成,形成了国际贸易、国际分工,各民族国家、各经济体都不同程度地卷入其中。在实现了资本主义"全球化"时,东方社会必然被纳入资本主义体系中。以西方资本主义为主导的全球化冲击着传统的东方社会,东方国家被迫卷入以西方为主导的历史洪流中,迫使传统的东方社会结构发生解体或演变,促进东方社会革命风暴逐渐兴起,形成了东西方之间相互呼应、相互影响、相互支持的革命局势。

那么,东方的社会问题是如何影响西方,成为资本主义世界总危机的一部

---

① 《马克思恩格斯文集》第 8 卷,北京:人民出版社 2009 年版,第 274 页。

分呢？资本主义世界体系出现以前，东方各民族按照自己传统的历史模式发展和演变，不存在现代意义上的危机。但是由于资本主义的海外殖民和世界市场，东方被迫卷入西方资本主义主导的世界体系，东方和西方绑在了一起，东方社会的经济和社会问题，就不仅仅是东方本身的问题，而是包括西方在内的世界性问题，东方的经济社会危机也是整个资本主义世界危机的一部分。例如，马克思在《纽约每日论坛报》中就已经讲到中国的白银和印度的棉花如何影响英国，而中国的革命（如太平天国运动）及印度的独立运动又是如何影响英国的。马克思预言了俄国革命成为欧洲革命的先声，这些都不仅证明马克思资本主义危机理论中必然包括东方因素，而且证明了东方社会对西方、对资本主义世界体系总危机的影响。随着英国对中国的侵略日益残酷，引发中国社会矛盾的激化，必然导致中国革命的爆发，而中国革命一旦爆发必然造成英国甚至整个欧洲的革命。正如马克思所强调："中国革命将把火星抛到现今工业体系这个火药装得足而又足的地雷上，把酝酿已久的普通危机引爆，这个普遍危机一扩展到国外，紧接而来的将是欧洲大陆的政治革命。"①李大钊也指出："这种英国帝国主义对于中国的压迫，造成了中国革命，中国革命更以其影响还答于英国，经由英国还答于欧洲，造成了英国革命、欧洲革命，乃至世界革命的关系，在马克思生存的时代，就是太平天国动乱的时代，是如此；即在今日，中国全国爆发了反帝国主义运动的时代〈的〉，亦还是如此；直到世界革命完成的那一天为止，总是如此；不过这种关系的暴露，一天一天的明显，由中国革命以趋于世界革命的倾势，一天一天的逼近罢了。"② 可见，中国和其他东方国家也积极主动地参与和影响着整个世界历史的进程，并不只是被动地接受和适应世界历史。

（三）资本主义危机与东方社会的出路

随着资本主义生产不断向东方社会扩展，资本主义内部的矛盾与危机也随之扩展到东方社会，逐步形成了东西方相互作用的全球一体化的世界性危机。

---

① 《马克思恩格斯文集》第2卷，北京：人民出版社2009年版，第612页。
② 《李大钊全集》第5卷，北京：人民出版社2013年版，第144页。

资本主义大生产是全球性的,它必是溢出资本主义世界而扩展到东方社会,通过国际贸易、世界市场影响整个世界。资本主义世界总危机是东西方一体化条件下的整体性危机,必然包括东方社会在内。在总危机理论下,东方社会的出路必然受西方社会和总危机的影响。前面我们分别论述了世界市场视域下的东方社会的"解构模式"和俄国的"跨越模式",面对世界总危机,东方社会必然经历危机和革命,并且东方社会的危机和革命既是错综复杂的又是资本主义世界总危机的一部分,因此东方社会的新生不再是孤立的,而是与世界革命联系在一起。

从资本主义危机到东方社会的危机与革命。东方社会是被迫卷入资本主义危机的,各个国家各民族都被卷入资本主义总危机之中。正如世界市场越出资本主义国界一样,资本主义所产生的危机也会越出国界,形成资本主义总危机。以农村公社为基础的东方社会面对资本主义总危机的冲击,可能率先爆发危机与革命。例如,马克思在阐释俄国未来社会发展时提出了"跨越资本主义卡夫丁峡谷"的设想,前提是确保农村公社处于正常发展条件下,而要挽救俄国公社就必须有俄国革命。在世界历史格局中,资本主义代表着历史前进的方向。当资本主义正经历着危机时,也为东方社会提供了机遇。"在俄国公社面前,资本主义制度正经历着危机,这种危机只能随着资本主义的消灭,随着现代社会回复到'古代'类型的集体所有制和集体生产的高级形式而告终。"① 资本主义危机加剧了东方社会的矛盾,形成了危机、爆发了革命,促进其实现跨越发展或缩短其发展进程。

从东方社会的危机与革命到西方社会。在资本主义总危机中,东方社会不只是被动地接受,也是不断发展演变的过程,以自己特有的方式做出反应,进而影响西方资本主义。俄国的危机日趋成熟,即将爆发社会革命,俄国的资产阶级革命要比当时欧洲其他国家的革命先发生。整个欧洲都为之沸腾了,密切关注着俄国的动向,俄国社会革命势将影响西欧社会。东方社会的革命成为世界历史发展变化的"风暴点"。正如马克思在《中国革命和欧洲革命》中提出的中国革命对欧洲大陆政治革命的影响。在世界历史中,当英国引起中国革命

---

① 《马克思恩格斯全集》第25卷,北京:人民出版社2001年版,第463页。

的时候，这场革命将会对英国甚至通过英国对整个欧洲产生影响。"欧洲人民的下一次起义，他们下一阶段争取共和自由、争取廉洁政府的斗争，在更大的程度上恐怕要决定于天朝帝国（欧洲的直接对立面）目前所发生的事情，而不是决定于现存其他任何政治原因，甚至不是决定于俄国的威胁及其带来的可能发生全欧战争的后果。"① 在世界历史和资本主义世界体系下的普遍交往中，使得东方社会的危机与革命具有了世界历史意义。

东西方作为互动整体。东方社会与西方社会之间的矛盾，资本主义国家内部之间的矛盾，东方国家之间的矛盾，这三个方面共同构成了一个错综复杂的矛盾群。东方社会不同国家、不同地区，其农村公社保留情况等因素不同，彼此之间的互动关系也不同，形成的反映模式和结果也各不相同。但是各种矛盾相互影响、相互作用而导致的资本主义总危机处于一个大的复杂的系统中，是由资本主义主导的，东西方相互影响、相互作用的整体的总危机。正如马克思、恩格斯在1882年的《〈共产党宣言〉俄文第二版序言》中指出："假设俄国革命将成为西方无产阶级革命的信号而双方相互补充的话，那么现今的俄国土地公有制便能成为共产主义发展的起点。"② 在资本主义世界体系中，只有将俄国革命和西欧无产阶级革命统一起来，才有可能实现俄国的跨越发展，而且作为无产阶级革命是全世界总体性革命。

二、马克思晚年思想的方法论问题

以往对马克思的资本批判理论和危机理论作了过于狭窄的解读，除了文本和理论方面的不足外，还与我们对马克思的研究方法把握得不准有关。笔者对马克思晚年关于东方社会的思想得出与传统的解读模式不同的结论，这除了文本文献的重新解读、思想理论的重新梳理外，还与我们对马克思的研究方法做深入探讨和新的阐释有关。概括地说：马克思鼎盛时期研究西欧资本主义运行规律的叙事逻辑和研究方法，不能简单搬用来解释东方社会；马克思晚年除了从材料和理论上研究东方社会的基础和演变规律外，还探讨用什么样的叙事逻

---

① 《马克思恩格斯文集》第2卷，北京：人民出版社2009年版，第607页。
② 《马克思恩格斯文集》第2卷，北京：人民出版社2009年版，第8页。

辑和方法，以便将他的思想完美地呈现出来。可惜马克思没来得及完成这个艰巨的任务。

马克思的研究视野在于人类社会历史发展的整体，他早期重点研究以英国为典型的西欧资本主义，晚年则重点研究东方社会，从西欧的资本主义过渡到东方社会，从简单的商品生产过渡到国际贸易和世界市场。随着资本不断向世界扩张，推动和开拓了世界市场，迫使世界各国打开了国门，使民族的历史转变为世界的历史，实现了"历史向世界历史转变"①。马克思晚年关于东方社会思想，按照逻辑与历史相统一的原则，从政治经济学的角度来分析，从西方资本主义推向东方古老社会，又从东方古老社会在西方资本主义入侵下的演变、解体、重构等，从纵向和横向、时间和空间两个脉络来讨论东方社会的出路。从两条相反且相向而行的思路分别叙述，最后得出总体结论。阐释马克思的资本主义世界体系理论的东方维度，进而对马克思"世界历史"理论有一个更加完整的把握，为当今我们理解全球化、东西方关系以及中国社会主义道路提供更清晰地认识，特别是更好地认清当代中国在世界体系中的位置，提升对中国特色社会主义理论的自觉和道路的认同。

（一）东西方叙事方式的转换

通过本书第二章的分析可知，马克思政治经济学批判的叙事逻辑是，借鉴黑格尔辩证法及物理学方法，从西方资本主义众多关系中抽象出"商品"这个核心范畴，从商品的本质矛盾分析资本主义生产运行中的矛盾。当马克思晚年面对东方社会时，马克思用复杂性思维抽象出"农村公社"这个核心范畴，把农村公社作为东方社会生产方式的基础，以此来分析，当西方资本主义入侵东方社会时的冲击反应模式。那么，这两种叙事方式如何过渡或转换，进而得出完整的资本主义世界历史体系？在资本主义世界历史体系中，东方社会是被资本主义"强行"纳入世界市场中的，它们之间又是如何互动的？马克思虽早有预言，但并没有明确和成熟的表述。我们推测马克思晚年的《给〈祖国纪事〉杂志编辑部的信》《给维·伊·查苏利奇的复信》和《人类学笔记》

---

① 《马克思恩格斯文集》第 1 卷，北京：人民出版社 2009 年版，第 541 页。

《历史学笔记》是试图回答这个问题,试图寻找贯通东方社会的叙事逻辑。

马克思研究处于东西方过渡时期的俄国,当时的俄国处于农奴制解体、向资本主义过渡的转型期,并且俄国在全国范围内保留有农村公社制度。在马克思看来,俄国不应该重复欧洲的资本主义道路,他强调《资本论》中谈到的"生产者和生产资料彻底分离""这一运动的'历史必然性'限于西欧各国"[1],西欧各国的这种运动归根到底是"把一种私有制形式变为另一种私有制形式"[2]。而俄国由于各种情况的独特结合,"至今还在全国范围内存在着的农村公社能够逐渐摆脱其原始特征,并直接作为集体生产的因素在全国范围内发展起来"[3],正因为俄国不是脱离现代世界独立生存的,它"和资本主义生产是同时存在的东西,所以它能够不经受资本主义生产的可怕的波折而占有它的一切积极的成果"[4],同时,俄国"也不像东印度那样,是外国征服者的猎获物"[5]。在这些条件下,俄国不应该重复西欧资本原始积累的覆辙,不必经历可怕的"卡夫丁峡谷","不必用命令来消灭公有制"[6],马克思甚至还指责俄国政府与"社会新栋梁""合谋要杀死给他们下金蛋的母鸡"[7]。从方法论来看,马克思把俄国当作一个开放系统,它处于世界历史体系中,它内部的核心范畴即农村公社与来自外部的西方资本之间有复杂的双向互动关系。

马克思晚年关于俄国社会问题的信旨在讨论东方国家在其农村公社原始公有制的基础上,主动吸收与之同时代的西方资本主义先进因素,进而实现跨越发展。而《人类学笔记》则在更广泛地讨论东方各种古老社会面对西方资本主义的入侵和殖民,如何被迫地接受西方资本主义的改造而实现社会转型。如何实现贯通东方与西方之间、资本主义与前资本主义之间的叙事逻辑和演变规律。马克思在《人类学笔记》中摘录了几乎所有的早期民族的生产生活方式,

---

[1] 《马克思恩格斯全集》第25卷,北京:人民出版社2001年版,第455页。
[2] 《马克思恩格斯全集》第25卷,北京:人民出版社2001年版,第455页。
[3] 《马克思恩格斯全集》第25卷,北京:人民出版社2001年版,第456页。
[4] 《马克思恩格斯全集》第25卷,北京:人民出版社2001年版,第456页。
[5] 《马克思恩格斯全集》第25卷,北京:人民出版社2001年版,第456页。
[6] 《马克思恩格斯全集》第25卷,北京:人民出版社2001年版,第468页。
[7] 《马克思恩格斯全集》第25卷,北京:人民出版社2001年版,第464页。

这些古老的社会形态在面对外来征服者（主要是资本主义）的入侵和殖民后，如何解体和发展演变。而马克思研究这些问题的理论和实践背景是，资本主义通过国际贸易、世界市场形成了东西方一体化的世界历史体系。在这个历史背景下，我们推测马克思旨在研究东方古老社会在欧洲资本主义冲击下如何解体、重构及其之间的互动机制和发展演变规律。

如果说马克思把农村公社理解为东方社会经济形态的本质，而以血缘关系为基础的农村公社，是以公有制为基础，土地、森林等大型不动产为公社共有，生产资料和消费品因共同体的发展程度不同而私有程度各异，农村公社的具体形式不同，其解体也不同。"从原始的公有制的不同形式中，怎样产生出它的解体的各种形式。"① 例如，"罗马和日耳曼的私有制的各种原型，就可以从印度的公有制的各种形式中推出来"②。同时，马克思也注意到东方社会的王权和宗教等非经济因素也具有一定的作用。正如马克思在给恩格斯的信中指出："至于宗教，可以归结为一个一般的，从而是易于回答的问题：为什么东方的历史表现为各种宗教的历史？"③ 这些因素之间究竟是什么关系，它们在面临西方入侵的冲击反应又如何，我们猜测这些正是马克思晚年《历史学笔记》所指。

（二）历史的一元与多元

一元论和二元论都是关于世界本原的学说。"一元论"是由德国唯心主义哲学家 C. 沃尔夫所创，一元论认为世界是统一的，只是由于人们对世界的认识不同，又被分为唯心主义一元论和唯物主义一元论；二元论坚持物质和意识是不同的实体，代表者笛卡尔认为物质和意识是完全对立的，二者不能统一。马克思在自然观和社会历史观上坚持辩证的、彻底的唯物主义一元论。马克思认为，有什么样的社会存在就有什么样的社会意识，是存在决定意识，而不是相反。

---

① 《马克思恩格斯文集》第 5 卷，北京：人民出版社 2009 年版，第 95 页注。
② 《马克思恩格斯文集》第 5 卷，北京：人民出版社 2009 年版，第 95 页注。
③ 《马克思恩格斯全集》第 49 卷，北京：人民出版社 2016 年版，第 414 页。

那么，人类社会的发展到底是一元还是多元呢？很显然，马克思的社会历史发展观是一元的。马克思认为人类社会的发展是一元的，物质决定意识，社会存在决定社会意识，而社会意识则是社会存在的客观反映，并可以反作用于社会存在。马克思正是从生活的各种领域中抽象出经济领域，从一切错综复杂的社会关系中抽象出生产关系，并把生产关系作为决定其余一切关系的基础，把生产关系归结为生产力发展，这样就把社会形态发展进步看作是自然的历史过程。①

既然人类社会的发展是一元的，那么，它的发展究竟是一元单线还是一元多线呢？路易斯·亨利·摩尔根曾说："由于人类起源只有一个，所以经历基本相同，他们在各个大陆上的发展，情况虽有所不同，但途径是一样的，凡是达到同等进步状态的部落和民族，其发展均极为相似。"② 恩格斯也曾在《家庭、私有制和国家的起源》中指出东西两半球的单线的技术发展过程。总体来说，人类社会大体上是一个从低级向高级发展的过程，总的发展趋势是不能否定的，但是各国所处的具体历史和内外部环境不同，发展的具体路线也有差别。我们知道，早年马克思受古典进化论的影响，他在《德意志意识形态》一书中最早提出了社会发展的几种形态即原始的、古代的、封建的和现代资产阶级社会形态，但是并没有明显的一元单线发展的观点。1847年马克思在《哲学的贫困》中认为历史的发展阶段有自己的逻辑理性，他反驳了蒲鲁东把社会发展阶段看作是简单的经济关系线性运动的观点。后来，马克思在《〈政治经济学批判〉序言》中列出了人类社会依次发展的几种社会形态："大体说来，亚细亚的、古希腊罗马的、封建的和现代资产阶级的生产方式可以看做是经济的社会形态演进的几个时代。"③ 在《资本论》中，马克思也提出"把经济的社会形态的发展理解为一种自然史的过程"④，并且"每一个生产关系的总和同时又标志着人类历史发展中的一个特殊阶段"⑤。马克思晚年的《人类

---

① 《马克思主义基本原理概论》（2013年修订版），北京：高等教育出版社2013年版，第100—101页。
② 路易斯·亨利·摩尔根：《古代社会》（上），北京：商务印书馆1997年版，"序言"，第3页。
③ 《马克思恩格斯选集》第2卷，北京：人民出版社2012年版，第3页。
④ 《马克思恩格斯文集》第5卷，北京：人民出版社2009年版，第10页。
⑤ 《马克思恩格斯文集》第1卷，北京：人民出版社2009年版，第724页。

学笔记》《历史学笔记》更是对历史唯物主义的验证和运用。他在《马·柯瓦列夫斯基〈公社土地占有制,其解体的原因、进程和结果〉一书摘要》中指出:"没有一个国家象印度那样具有如此多种形式的土地关系"①,它不仅包含"氏族公社""地区公社或农村公社"等公共所有制形式,还具有"农民的小块土地所有制"和"大土地所有制"等多种私有形式。正如马克思在《给维·伊·查苏利奇的复信》初稿中所作的比喻:"正像在地质的层系构造中一样,在历史的形态中,也有原生类型、次生类型、再次生类型等一系列的类型。"② 可见,马克思一方面提出人类社会发展演变的"自然历史过程",另一方面又明确反对人类社会发展的统一的模式,认为像地质史一样,人类史前时代分为不同形态。一方面,马克思借助黑格尔的整体性辩证法,试图抽象出资本主义(商品范畴)甚至东方社会(农村公社范畴)的本质,另一方面,他又强调人类社会具体发展道路的多样性。这种看似矛盾的关系应如何理解?我们结合马克思晚年的思考试图提出自己的猜想。

　　纵观人类社会的发展,原始社会本身就具有多种社会结构,建立方式不同,结构类型不同,存在时间长短也不同,甚至消亡或解体的方式也不同。从原始社会向阶级社会过渡的方式也各有不同。如果把各种形式的原始公社混为一谈是不科学的,也是错误的。在这些原始公社的历史形成过程中,也有原生、次生、再生等不同类型。从马克思的著作和描述中,我们可以看到马克思的世界历史发展观并不是单线的,而是多线的。从古老的原始社会向现代文明社会的过渡,不同地方、不同民族国家经历不同的历史途径。例如,不同地域的原始社会的发展各有差异,南欧形成了希腊、罗马的奴隶制社会,日耳曼则发展为部落型社会,而亚洲的原始公社既不是奴隶制也不是封建制,是一种独特的亚细亚生产方式。即使是同在亚洲,每个国家的具体的亚细亚生产方式也是各有差异,比如中国的亚细亚生产方式就和印度的不一样。马克思不赞同一切民族所有道路一致,他认为西欧资本主义道路只适合西欧社会的发展,而在东方,要结合东方的特殊性和时代性,况且人类社会发展道路也是多元的、多

---

① 《马克思恩格斯全集》第45卷,北京:人民出版社1985年版,第231页。
② 《马克思恩格斯文集》第3卷,北京:人民出版社2009年版,第581页。

样的，而不是统一的。他认为不同地区、不同民族、不同社会，它们各自的具体发展道路和过程不统一也不同步，具体时间、形式、方式等一切都依具体环境、具体实践和内外部环境而定。

（三）世界历史中的"东方"与"西方"

马克思在《资本论》以及手稿群等著作中有一套适用于西方资本主义的方法，晚年探讨东方社会时似乎也在探索相适应的方法。现在要把东西方作为有机整体，必然需要一套既容纳了二者又在二者之上的方法。我们根据马克思手稿内容进行尝试性地解释：要将东西方不同语境中的叙事方法对接起来、贯通起来。当资本主义生产方式向全球扩张时，它带来的总体效应是什么？反过来说，以农村公社为基础的东方社会在资本主义冲击下会发生什么？合而言之，东西方整体关联中的资本主义世界体系，究竟如何发展演化？要认识清楚资本主义世界市场、世界体系和总危机，就得厘清资本主义生产方式向全球扩张的经济运行规律；而要厘清这个规律，就需要把握东方社会经济形态的本质并上升为总体性范畴，并探讨这个本质范畴与商品或资本的互动关系。

关于东西方不同文明之间的碰撞比较流行的观点有三种。一是美国学者费正清曾提出的"冲击—反应"模式，他认为中国由传统社会向近代社会的转型，是古老的中华文明受到现代西方文明"冲击"后作出的"反应"，他认为，中国发生变革、革命的动因是西方的刺激，"在相当普遍而广泛的意义上，当然存在着西方的'冲击'。同样，中国对西方的'反应'也是一个重大事实，是一种包含着很多复杂而相互作用过程的混合体"[1]。二是英国学者汤因比提出的"挑战—应战"模式，他认为对挑战的应战是文明的诞生和发展的根本原因与动力，"在诸多文明的起源问题上，挑战与应战间的互动是超出其他因素的决定性原因"[2]。三是我国学者费孝通先生晚年提出了"各美其美，

---

[1] 费正清：《美国与中国》（第四版），张理京译，北京：世界知识出版社2000年版，第134页。
[2] 阿诺德·汤因比，《历史研究》上卷，郭小凌等译，上海：上海世纪出版集团2010年版，第82页。

美人之美，美美与共，天下大同"①的"交叉共生"模式，多元共生的主体站在平等的角度上，相互借鉴、相互影响、相互作用。

马克思是站在世界历史的高度来探讨东西方社会的。马克思对东方社会有很多论述，但讨论最多也最看重的是农村公社。农村公社的基本特征是：以血缘族群（氏族、部落等）为社会基础，土地等大型不动产为该组织共有。马克思不但大量阐述农村公社，还特别强调它的重要性。马克思、恩格斯探讨了遍及世界各地的农村公社：从美洲印第安人、太平洋岛屿的原始民族，到印度、俄国、波斯和阿尔及利亚，也包括曾经存在于欧洲大陆而现在已经消亡或只有少许存遗的民族。恩格斯通过对亚洲农村公社的研究，在《反杜林论》中提出，印度和俄国古代的公社所有制经过了数千年的风吹雨打仍然保存到了现在，并且保存地较完整，这些农村公社制度构成了东方专制制度的统治基础。马克思在《资本主义生产以前各形态》中指出，亚细亚生产方式所形成的小的共同体，在此之上是总合的统一体，也就是最高的所有者或唯一的所有者——国家，并且这种关系是一种世袭占有，很难改变它的基本结构，这也是它能够经历千年的发展而不被消灭的原因之一。他认为，正是由于这种公社土地所有制形成了东方专制制度的基础。在这种所有制结构下，法律上看似乎不存在财产，各个部落的或公社的财产这种集体占有的财产关系是它发展的基础，部落的或公社的财产关系是小公社范围内通过手工业和农业相结合而创造出来的。公社本身能够自给自足，内部蕴含着再生产和扩大再生产的条件。

马克思政治经济学的叙事逻辑是从西方（以英国为范例）开始的②，以"商品"为经济细胞③，分析了西欧资本主义经济运动规律。为了获得剩余价值，资本必然突破民族、国家、地区的限制，从商品流通、商品生产到商品消

---

① 《学而时习之——读懂新时代的100个关键词》，北京：人民出版社2018年版，第186页。
② "我要在本书研究的，是资本主义生产方式以及和它相适应的生产关系和交换关系。到现在为止，这种生产方式的典型地点是英国。因此我在理论阐述上主要用英国作为例证。"引自：《马克思恩格斯文集》第5卷，北京：人民出版社2009年版，第8页。
③ "而对资产阶级社会说来，劳动产品的商品形式，或者商品的价值形式，就是经济的细胞形式。"引自：《马克思恩格斯文集》第5卷，北京：人民出版社2009年版，第8页。

费等领域均实现了国际化、全球化。从早期的商品输出，到后来的资本输出，以及全球性的金融资本，东西方社会日益紧密地结合在一起。从马克思晚年的《人类学笔记》《历史学笔记》以及关于俄国社会通信等资料可以看出，马克思一方面，通过大量史实资料探讨以农村公社为主的东方传统社会的生产方式，面对欧洲资本主义生产方式的冲击，两者如何相互作用、发展和演变；另一方面，马克思认为东方社会由于各民族的基础不同，与西方社会之间的冲击反应不同，会形成不同的模式、不同的道路。我们试着概括出两种可能的模型，即"解构"模型和"跨越"模型。

（四）历史演进中的"后发优势"

马克思站在世界历史和世界市场的高度，从技术引进的角度谈及后发优势问题。对西欧来说，资本主义和现代工业文明的原发性决定了：一方面，欧洲资本主义国家相对于东方社会有较多的优势，正因为如此，欧洲资本主义国家可以把东方变成商品倾向市场和原材料来源地，用资本主义的经济、技术乃至军事优势主宰东方国家的命运。另一方面，东方国家也可省去资本主义原发国家的某些中间环节，引进资本主义经过较长时间探索得来的较为成熟的发展手段，从而相对便捷地发展自己。从这个意义上说，它有点类似我们今天所谓"后发优势"，当然这是个复杂且充满矛盾的过程。

马克思站在世界历史角度，用唯物辩证法来看待东方社会、看待俄国社会发展问题。关于俄国社会的通信，马克思研究的就是作为独立的军事政治强国的东方社会，在西欧资本主义先进生产方式的影响下，如何跨越式发展并便捷式地进入共产主义的可能性。从技术上看，先发国家已经从农业文明走向工业文明，落后的东方社会可以吸纳西欧资本主义因素，吸取西欧先进的生产和技术。"和控制着世界市场的西方生产同时存在"① 使得后发国家可以吸取先发国家的全部成果，"因为这个国家的一部分本地居民已经吸取了资本主义发展的文化精神，因而在革命时期这个国家可以几乎与西方同时完成社会的改

---

① 《马克思恩格斯文集》第3卷，北京：人民出版社2009年版，第575页。

造"①。从这个意义上来说,落后国家具有技术上的"后发优势"。在面对质疑、反驳和否定时,马克思反问到,"可以向他们提出这样的问题:俄国为了获得机器、轮船、铁路等等,是不是一定要像西方那样先经过一段很长的机器工业的孕育期呢?也可以向他们提出这样的问题:他们怎么能够把西方需要几个世纪才建立起来的一整套交换机构(银行、股份公司等等)一下子就引进到自己这里来呢?"②回答是否定,俄国不需要再经过机器生产发展的孕育期,而可以直接引进先进的技术和这一整套交换机构。从制度上看,俄国农村公社的公有制性质决定了俄国未来社会的公有制基础。俄国农村公社的集体占有制是土地公有制的基础,在俄国占据主导地位的土地所有制是农民公社公有制,一半以上的耕地被农民公社占有。正因为如此,马克思明确否定了俄国按照西欧模式发展,而主张在保留农村公社的基础上引进西方资本主义先进的生产方式,跨越"卡夫丁峡谷"过渡到共产主义,"不必自杀就可以获得新的生命"③。同时,当时的西方资本主义正经历着危机,马克思看到了资本主义必然灭亡的趋势,"在俄国公社面前,资本主义正经历着危机,这种危机只能随着资本主义的消灭,随着现代社会回复到'古代'类型的公有制而告终"④,"回复到'古代'类型的集体所有制和集体生产的最高形式而告终"⑤。因此,俄国可以利用其"后发优势",不必经受资本主义制度的苦难而直接过渡到更高级别的公有制社会即社会主义社会。

　　马克思从理论上指出了俄国有可能抓住历史机遇,实现跨越发展,如何把这种可能性转化为现实需要一定条件。俄国如果发生革命就能使俄国农村公社"跨越"资本主义制度的"卡夫丁峡谷"。马克思逝世后,俄国资本主义得到了进一步发展,但是它没有抓住历史机遇实现跨越发展。恩格斯在致丹尼尔逊的信中也认为,俄国农村公社没有被保护而是遭到了严重破坏,它失去了马克思所说的设定条件,错过了历史机遇。处在世界历史体系中的中国,是一个半

---

① 《马克思恩格斯选集》第4卷,北京:人民出版社1995年版,第443页。
② 《马克思恩格斯文集》第3卷,北京:人民出版社2009年版,第575页。
③ 《马克思恩格斯文集》第3卷,北京:人民出版社2009年版,第576页。
④ 《马克思恩格斯全集》第25卷,北京:人民出版社2001年版,第458—459页。
⑤ 《马克思恩格斯全集》第25卷,北京:人民出版社2001年版,第463页。

殖民半封建社会国家，中国既有自己的传统，又可以借鉴苏联社会主义经验，以及西方先进的技术和管理经验，充分利用其"后发优势"，成功实现了"跨越"。正如马克思所预测，"过不了多少年，我们就会亲眼看到世界上最古老的帝国作垂死的挣扎，看到整个亚洲新纪元的曙光"①。中国跨越"卡夫丁峡谷"直接过渡到社会主义社会，只是社会历史形态的跨越，而科学技术以及生产力发展等方面则需要尽可能地吸收利用资本主义国家的先进成果。

三、马克思"世界历史"视野及其意义

马克思世界历史理论是一个从产生、形成到发展、完善的过程，是由西欧资本主义主导的，东西方之间相互影响、相互作用构成的整体。马克思通过其一系列著作形成了世界历史理论，揭示了"历史向世界历史转变"②。

（一）马克思世界历史理论的基本思想

马克思的世界历史理论是建立在唯物辩证法和历史唯物主义理论基础之上的，他所构画的世界历史图像是：随着经济全球化的迅速发展，西欧资本主义危机也在不断扩大和日益激化，处于世界市场中的东方国家受到资本主义的冲击和影响而不断发展演变，共同构成了资本主义主导的，东西方相互作用、相互影响的世界总危机。③ 他强调生产力的发展是其形成的基础，资产阶级在世界历史形成过程中的革命性作用，东西方不平等交往使"历史向世界历史转变"④，而共产主义是其必然趋势和最终目的。

1. 社会生产力的发展是世界历史形成的基础

唯物史观认为，生产力是人类社会发展的根本动力。随着生产力的发展，需要新的生产关系与之相适应。马克思没有停留在"精神动力"的表面，而是透过社会历史的表象，揭示了其发展"动力的动力"。他指出生产力和生产

---

① 《马克思恩格斯文集》第 2 卷，北京：人民出版社 2009 年版，第 628 页。
② 《马克思恩格斯文集》第 1 卷，北京：人民出版社 2009 年版，第 541 页。
③ 孙美堂：《资本的价值批判：意义与限度》，《现代哲学》2018 年第 4 期。
④ 《马克思恩格斯文集》第 1 卷，北京：人民出版社 2009 年版，第 541 页。

关系、经济基础和上层建筑的矛盾是社会发展的基本矛盾，而生产力又是社会发展的根本动力。随着生产力的发展，人们改变了自己的生产方式，建立了与新的生产力发展相适应的新的生产关系。资本主义社会就是这样适应了新的生产力的发展要求，开辟了新的市场，使其奔走于全球各地，建立世界市场，进行国际贸易。正如马克思所说，资本主义大生产、大工业的发展，使各国人民都普遍联系起来，原来地方性的小市场被资本主义世界市场所取代，各国之间相互影响、相互作用，原有的历史变成了世界历史。

2. 资产阶级在世界历史形成过程中的革命性作用

阶级是社会发展到特定历史时期的产物，具有一定的经济范畴和历史范畴。阶级的产生、发展、消亡是和经济发展相联系的。人类社会的发展就是阶段斗争的发展变化过程，而阶级斗争是社会矛盾的集中体现。人类社会的发展进步就是通过阶段斗争一步一步来实现的。原有的阶级被新的阶级替代，形成了新的阶级社会，以致最后消灭阶级本身。大工业的快速发展，美洲的发现，新航道的开辟，市场的扩大，需求的增加，世界市场的逐步形成，使得资产阶级同等程度地发展起来。资产阶级在历史上创造了巨大的生产力，在社会发展进程中起过重要的革命的作用，它创造了"资产阶级时代"。主要表现在：一是资产阶级创造了巨大的生产力，是以往其他时代所不能比拟的，促进了社会的进步。二是促进了政治集中和文化融合。资产阶级使"一切民族甚至是最野蛮的民族都卷到文明中来了"①，国际贸易、社会分工形成的世界市场消灭地域性限制和国家间的界限，整个世界成为一个相互影响、相互作用的有机整体。三是形成了世界市场。资本是以增殖为目的，以交换为手段，以市场为中介。资本的增殖本性决定了资本只有不断扩大销路、开辟市场才能获得更多剩余价值，进而促进了世界市场的形成和全球化。随着全球化的快速发展，原有的地域性的、分散的状态被打破，东西方成为一个有机整体，创造着世界历史。

3. 资本主义主导的"世界历史"建立在东西方不平等的基础上

随着工业革命的发展、"地理大发现"以及新航道的开辟，资本向全球扩

---

① 《马克思恩格斯文集》第 2 卷，北京：人民出版社 2009 年版，第 35 页。

张，打破了各大洲之间隔绝的状态，打通了东西方之间的交往，各民族国家之间或主动或被动发生交往。资本主义创立的世界历史体系，使东方和西方融为一个相互作用的有机整体，把一切民族包括文明的和不发达的都纳进来了，而东方社会是以被动的形式被拉进来，资产阶级通过殖民贸易和战争打开了东方社会的大门，东方社会在这个世界体系中，目前还处于从属地位。资本在殖民扩张中形成了世界历史。一是殖民贸易的发展有助于世界市场的形成，加快了世界历史进程。欧洲资本主义经济的迅速发展，要求开辟新的市场，以推销其大量商品，欧洲列强开始不断开辟殖民地，开展全球掠夺，使东方被迫卷入世界市场和世界历史。而历史转向世界历史的过程，是殖民与被殖民的过程，是东西方民族国家之间不平等交往的过程，是充满着血腥的侵略过程。二是资产阶级的殖民战争迫使东方纳入世界历史之中。帝国主义之间争夺殖民地、半殖民地，资本家争夺市场，被殖民国家内部反抗斗争等，这一切都是资本主义殖民政策的必然产物。殖民主义国家"欧洲各民族对殖民地亿万居民的统治完全是靠连绵不断的战争来实现的"[①]。资产阶级的发家史就是一部罪恶的掠夺史，他们凭借刀与火的优势强行把东方社会拉入世界历史当中，资本主义在全球的殖民扩张给殖民地带来痛苦和灾难，与此同时，也为全人类的解放和共产主义的实现创造了条件。

4. 世界历史发展的最终目标是共产主义

世界历史是一个不断发展的过程，是一个从资本主义走向共产主义的运动过程。它的必然趋势是实现"人的自由而全面发展"，建立共产主义社会。随着资本主义生产力的发展和普遍交往，资本主义社会所固有、自身无法克服的矛盾，即资本主义基本矛盾，它"已经包含着现代的一切冲突的萌芽"[②]，导致了资本主义周期性的世界经济危机。这表明资本主义生产方式已经阻碍了生产力的发展，它本身的生产力要求它要消除自身的矛盾，冲破资本主义生产关系的束缚，向更高的、更完善的社会主义社会发展。伴随着资产阶级的发展，无产阶级也在同一程度上得到发展，它是资产阶级的"掘墓人"，是"真正的

---

① 《列宁全集》第30卷，北京：人民出版社1985年版，第80页。
② 《马克思恩格斯全集》第25卷，北京：人民出版社2001年版，第399页。

革命的阶级",资产阶级必然被无产阶级所取代。共产主义作为对资本主义的替代和更高的制度形态,是对资本主义的扬弃。这一制度形态可以实现人的全面自由发展,实现"物的尺度"和"人的尺度"的结合,是人与自然、人与社会、人与人之间和谐的状态。"各个人在自己的联合中并通过这种联合获得自己的自由"①,这种联合是"全世界无产者的联合"②,是"共产主义联合体",是人类"真正的共同体"。

马克思的世界历史理论是以资本主义为主导的、包含东西互动在内的整体性理论。在资本的扩张和殖民本性下,资本打破了国家和地域的限制,形成了世界市场,使得"历史向世界历史转变"③,使民族史变成世界史。同时,马克思晚年重点研究了东方社会的独特性以及在世界历史进程中的重要作用。随着资本主义全球化自西向东扩展,西方社会不断地从外围冲击、碰撞东方国家,东方社会不可能与世隔绝,在这种冲击反应中,一方面东方社会借鉴吸收了西方社会的文明成果,比如其科学技术和管理经验等;另一方面由于东方社会自身的特殊性,以及西方侵略的目标只是为了赚取利益而不是为了让东方社会也走上西方社会发展道路。因此,东方社会要充分利用其自身特殊性以崭新的面貌融入世界历史发展潮流之中。马克思站在世界历史高度,从人类社会发展的一般规律和历史趋势,提出了"自由人的联合体",为未来社会发展指明了方向。马克思通过对人类社会发展规律的研究,得出人类社会是一个从原始的公有制到私有制再到更高级的公有制的发展过程,对资本主义社会进行了全面剖析,对资本主义私有制进行了批判,在批判过程中,发现了"真正的共同体",也就是共产主义社会。

(二)"世界历史"的东方维度

如果农村公社是表达东方社会本质的总体性范畴,那么其与资本主义世界体系及其总危机之间究竟是何关系?

---

① 《马克思恩格斯文集》第1卷,北京:人民出版社2009年版,第571页。
② 《马克思恩格斯文集》第2卷,北京:人民出版社2009年版,第66页。
③ 《马克思恩格斯文集》第1卷,北京:人民出版社2009年版,第541页。

第五章　东方社会思想的世界历史视域

我们知道，马克思、恩格斯最初是从欧洲资产阶级开辟世界市场、开启"世界历史"这个角度看东方的。工业、商业、航海、东印度和中国的市场、美洲的殖民化、对殖民地的贸易等，打造了资本主义世界市场。资本主义带来了大生产和普遍交往，用"世界的历史"代替了"民族的历史"。这时他们尚未深入东方社会的农村公社的问题。

在评论亚洲尤其是印度问题时，马克思从欧洲殖民主义与亚洲农村公社的冲突关系中分析世界体系。他抨击天朝"野蛮的、闭关自守的、与文明世界隔绝的"① 状态；抨击农村公社使印度"分解为许多固定不变、互不联系的原子的现象，却残留下来"②，停滞、苟安、野性、盲目、没有尊严。马克思指出这些是东方专制主义像"木乃伊"一样千年不朽的基础。马克思是历史唯物主义者而不是浪漫主义者，他在谴责欧洲殖民者海盗式入侵所犯下罪行的同时，充分肯定资本主义带来的铁路、工业、新航道等发展，客观上促使亚洲人民从古老的梦魇中苏醒，看到"新世纪的曙光"。资本主义"充当了历史的不自觉的工具"③。马克思还剖析：由于欧洲市场与亚洲市场的密切关系，亚洲古老社会的经济与社会危机，会反噬欧洲本身。例如，马克思分析太平天国运动对中英贸易、白银流向的影响。马克思（以及恩格斯）谈中国、土耳其、波斯等国，虽然没有讨论农村公社，但基本思路差不多：这些古老的社会形态，必定会在资本主义冲击之下浴火重生。欧洲殖民主义对亚洲的冲击，从人类情感说是令人难以接受的，但却是历史进步之必然。

马克思晚年似乎"暂停了"《资本论》的写作，而深入研究农村公社，研究范围几乎遍及世界各地，这些手稿就是我们通常所谓《人类学笔记》。这时的研究目标显然是沿着政治经济学批判的总体思路往前走的。马克思在《人类学笔记》中，探讨世界各地的古老的农村公社在欧洲资本主义冲击下如何解体和演变。马克思晚年如此深入地研究农村公社，就是想从中揣摩资本主义冲击和解构亚细亚生产方式的一般规律，为研究资本主义世界体系和总危机

---

① 《马克思恩格斯文集》第 2 卷，北京：人民出版社 2009 年版，第 608 页。
② 《马克思恩格斯文集》第 2 卷，北京：人民出版社 2009 年版，第 688 页。
③ 《马克思恩格斯文集》第 2 卷，北京：人民出版社 2009 年版，第 683 页。

服务。

资本主义生产方式与农村公社的矛盾,构成完整的资本主义世界市场和"世界历史",除了《人类学笔记》中勾画的"解构"模型外,还有马克思对俄国社会发展的设想。俄国是军事力量强大但经济社会落后的非典型西方国家,它的农村公社有强大的生命力,有集体占有土地和集体劳作的传统,因而从农村公社通向共产主义有某些"后发优势",我们把马克思的这个思路归结为"跨越"模型。上文我们已对这两种反应模型作了具体的分析。在马克思商品(资本)与农村公社互动、东西方一体化的"世界历史"语境下,如何看待中国社会主义的前史?20世纪中国走上社会主义道路,是中国农村公社与资本主义互动的结果还是其他原因?

东方社会被动卷入由资本主义主导的世界历史,今天它正在积极主动参与到世界历史的发展进程中。东方欠发达国家可以直接吸收、利用西方资本主义一切积极的成果,将西方先进的生产力和文明成果"为我所用",走出一条与西方不同的发展道路,积极主动地融入并创造世界历史。世界历史的发展并不是由某一个民族或某几个国家所能主导的,而是东西方社会共同参与、共同作用、共同创造的结果。在当前世界历史条件下,东西方民族都不能闭关自守,而应互学互鉴、互通有无,实现不同文明之间的沟通、交流和对话,这样才不会错失全球化发展带来的历史机遇。

(三)"世界历史"在理解东西方关系中的意义

历史向世界历史的转变是一个客观的物质过程,其中生产力是人类社会发展进步的"全部历史的基础"。随着生产力快速的发展,人们改变了自己原有的生产方式,建立了与新的生产力相适应的新的经济关系。特别是随着资产阶级生产力的快速发展,越来越多的商品充斥着市场,资产阶级为了打开销路而不断争夺新的销售市场,使其不断到处建立联系,不断进行国际交往和对外贸易,促进了国际分工,形成了世界市场。马克思晚年研究超越了世界资本主义体系,他通过国际贸易、市场,将东西方作为一个互动的整体来研究。他将东方社会和前资本主义社会纳入研究视野,使唯物史观更加完善,这也为《资本论》的后续研究提供了更为充实的论证。他关于东方社会的研究不是将西方的模式简单地套用在东方社会，也不是简单将两者"割裂"，而是站在世界历史体系的高度，注意到东西方随着全球化的发展双方双向互动更加频繁和深入，双方彼此影响、相互作用。处于世界历史中的东西方社会是相互影响、相互借鉴吸收的。随着生产力的普遍发展，资本主义生产方式在世界占了统治地位，东西方社会之间的交往越来越频繁，相互影响愈来愈大，整个世界都成为一个有机的整体。本书认为，马克思晚年的思想其实是他一生思想的总结和概括，体现出马克思的一种整体的世界观。他晚年思想蕴含着宏大的世界历史图像。马克思世界历史思想是以时代特征为基础，通过对资本主义社会及其生产方式的批判，以揭示人类社会发展可能存在的某些规律。马克思研究的许多世界历史性重大问题在当今世界仍然存在，我们依然处在马克思所指明的历史时代，面对日益频繁的人类世界性交往，面对充满矛盾的"一体化世界"，面对世界百年未有之大变局，马克思世界历史理论对我们当今理解东西方关系具有重要的方法论意义，我们应该坚持和发展马克思世界历史理论。

1. 东方社会由受动客体向能动主体转换

马克思早年从资本主义的扩张性、西方国家的殖民性研究世界历史的起源及其本质，而东方社会是被动卷入世界历史的受动客体。正如马克思所说的"三个从属于"，即"资产阶级使农村屈服于城市的统治。它创立了巨大的城市，使城市人口比农村人口大大增加起来，因而使很大一部分居民脱离了农村生活的愚昧状态。正像它使农村从属于城市一样，它使未开化和半开化的国家从属于文明的国家，使农民的民族从属于资产阶级的民族，使东方从属于西方"[①]。马克思晚年在研究东方农村公社特别是俄国农村公社过程中，提出了俄国农村公社"可以跨越资本主义卡夫丁峡谷"的论断，通过对俄国等东方落后国家的特殊性及其所处世界历史环境的分析，揭示了不同民族国家走向世界历史的必然性和多样化。马克思从西方社会对东方社会的冲击、东方社会的发展演变、东方社会对西方社会的反作用等双向来考察世界历史发展的进程。在这个研究视域下，东方社会是主动参与世界历史进程的主体，东西方社会之

---

① 《马克思恩格斯文集》第 2 卷，北京：人民出版社 2009 年版，第 36 页。

间是作用与反作用形成的复杂整体。正是东西方文明之间这种相互碰撞、相互交融,推动了世界历史的发展。这就启示我们,在当前全球化的世界历史大背景下,无论是西方社会还是东方国家都不能闭关自守,而应该顺应历史趋势,相互交流、相互借鉴、互通有无,共商共建共享全球化带来的机遇,实现双赢,而不是简单地用一种文明消解另一种文明。

2. 辩证对待东西方一体化过程中的矛盾与冲突

资本主义大工业是由发达资本主义国家向不发达国家传播,由西方国家向东方国家传播。资本主义全球化加速了世界经济和人类文明的发展进步,但它却以危机甚至灾难的方式推进。在"历史向世界历史转变"的过程中,东西方各民族之间的平行发展格局被打破。西方资产阶级为了增殖拼命扩张,摧毁了东方传统农业和手工业。"资产阶级,由于一切生产工具的迅速改进,由于交通的极其便利,把一切民族甚至最野蛮的民族都卷到文明中来了。它的商品的低廉价格,是它用来摧毁一切万里长城、征服野蛮人最顽强的仇外心理的重炮。它迫使一切民族——如果它们不想灭亡的话——采用资产阶级的生产方式;它迫使它们在自己那里推行所谓的文明,即变成资产者。一句话,它按照自己的面貌为自己创造出一个世界。"[①] 在全球化背景下,这种文明间的关系依然存在,各个国家、文明之间不平等发展也证明了这一点。在当前资本主义主导下的全球化背景下,各民族国家发展具有严重的不平衡性并且日益分化,发达资本主义国家占领着全球现代化的"高地",而广大发展中国家和不发达国家因其起步晚、底子薄、速度慢而处在边缘地带。但从全球化的发展趋势看,其未来结果是实现共产主义。世界历史和普遍交往为共产主义创造了物质前提和社会条件,同时也为共产主义培育了主体即无产阶级。"无产阶级只有在世界历史意义上才能存在,就象它的事业——共产主义一般只有作为'世界历史性的'存在才有可能实现一样。"[②] 今天,我们要积极融入并正确对待全球化,处理好社会主义与资本主义、发达国家与不发达国家之间的关系,辩证对待这一过程中的矛盾与冲突,积极推动本民族的发展,为整个人类的文明

---

① 《马克思恩格斯文集》第 2 卷,北京:人民出版社 2009 年版,第 35—36 页。
② 《马克思恩格斯选集》第 1 卷,北京:人民出版社 1972 年版,第 41 页。

进步做出应有的贡献。

3. 东西方在相互交往中共同推动构建"人类命运共同体"

着眼于人类社会历史发展的整体，马克思在对资本主义私有制和国家进行批判的时候，提出了"自由人的联合体""真正的共同体"。世界各国在日益普遍的交往中，各个国家、各个民族的利益成为全人类共同的利益的组成部分，整个世界是一个有机整体，"你中有我，我中有你"，命运与共。马克思认为，个人才能的全面发展只能在共同体中来实现，换句话说，个人的自由发展是建立在共同体基础之上的。在世界一体化、经济全球化逐步加深的趋势下，打破了国与国之间、民族与民族之间以及区域之间的界限，构建一个能够共同解决问题、共享发展成果、共同应对挑战的"人类命运共同体"，已经是一个不可阻挡的趋势。当今世界处于百年未有之变局，世界多极化、经济全球化势不可挡，各国之间的联系日益紧密，各国利益深度融合，依赖程度日益增强，各国互联互通、共同发展。马克思在研究亚洲问题的时候曾提出使世界市场服从于各民族、各参与国的"共同监督"。习近平总书记站在世界市场和全球的高度，着眼于世界历史发展规律，结合当代世界历史发展大势，审时度势地提出了"一带一路"建设，根本目的是为了促进各国之间的"共商共建共享"。这是对马克思世界历史理论的创新实践，也是对马克思主义理论的丰富和发展。

4. 世界历史的终极目标是实现共产主义

当今世界处于资本主义与社会主义共存时期，处于马克思世界历史理论所预见的世界历史体系中，各个国家之间的联系日益紧密，依赖程度日益增强，资本主义国家的优势在慢慢衰弱，而新兴的社会主义国家正在逐渐崛起，并积极参与世界规则的制定。人类社会的发展演变是一个从低级向高级的进化过程，是从原始的公有制到私有制再到更高级的公有制的发展更替的过程。实现共产主义是人类历史发展的必然趋势。马克思世界历史理论告诉我们，人类社会的未来发展方向是"实现人的自由而全面发展"的共产主义社会。虽然目前资本主义作了某些改良，但是其逃不掉被历史遗弃的命运。社会主义从当时的空想到现在的科学理论，从科学理论到社会现实，从一国到多国，是人类历史上的巨大飞跃。社会主义正在用铁的事实和科学的理论引导着当代世界无产阶级及其运动，在实现人的解放和全面发展的道路上，在一步一步推动着世界历史的进程，使整个世界更加和平、更加美丽。当今世界各国之间的联系沟通更加紧密，面临的挑战也更加凸显。每一个参与世界市场的国家都应该慎重思考危机的应对方案，中国作为一个负责任的大国适时提出了"一带一路"倡议，这一倡议是根据现阶段的国际发展新形势和我国所处的新时代，为了加强与各沿线国家的交流合作，促进区域经济共同发展，引领世界走向合作共赢而提出来的。它顺应了科学技术发展、生产力发展的要求，推动了沿线国家和地区互联网、物联网的发展，形成了万物互联互通的网络化状态，在全球形成跨国界发展的新经济形态，各个国家之间的依赖程度越来越强，共同利益和全球利益日益增多。面对世界范围内的金融危机、两极分化、气候变化和生态危机、恐怖主义等全球性问题和挑战，习近平总书记指出："中国方案是：构建人类命运共同体，实现共赢共享。"① 这一方案使现有的全球治理体系更加完善，变革了原有的大国关系形成了新型国际关系，促进了国际和平事业和国际新秩序朝着更团结、更和平、更协调的方向发展，正在贡献着中国的智慧和中国的力量。

总之，马克思提出"世界历史"的基本原则和大体思路，如资本主义开创了世界市场、建构了东西方相互关联的世界体系、东方社会既受资本主义的影响又有自己独特的经济社会形态，对我们今天认识全球化仍有极大的指导意义。但马克思主义不是教条，而是认真研究历史事实本身，我们应根据历史境遇、时代问题和具体实践，在实践中不断发展完善马克思"世界历史"理论，在批判旧世界中发现新世界。

---

① 《习近平著作选读》第一卷，北京：人民出版社2023年版，第563页。

第六章　马克思晚年东方社会思想与中国特色社会主义

本章主要从马克思农村公社理论来审视中国特色社会主义的历史前提。认清我们在世界体系中的位置，提升对中国特色社会主义的理论自觉和道路自信。本书研究的一个重要任务是，弄清楚马克思究竟如何理解东方社会发展道路与资本主义世界体系之间的关系。而要厘清这个问题，必须深入到它的基础——农村公社问题，形成从农村公社到东方社会发展道路再到中国社会主义的逻辑关系。

20世纪初开始，灾难深重的中华民族在马克思主义指导下，通过艰苦卓绝的民族独立战争、人民解放战争，以及后来的社会主义建设，我们成功地建成了繁荣强盛的社会主义制度，这是重大的历史事实。但如何从理论上解释这个历史事实，尤其是我国社会主义的"前史"与马克思晚年东方社会的思想，究竟是什么关系，其中有许多理论问题仍值得探讨。中国革命时期的"左右"之争，理论根源之一与我们如何认识马克思关于资本主义危机和"世界历史"理论有关；或者承认自己是封建主义，因而要事先发展资本主义；或者承认现在是资本主义，而要直接进行无产阶级革命，这两种倾向都是西欧资本主义话语简单平移所致。毛泽东把中国定义为"半封建半殖民地"国家，用矛盾的普遍性和特殊性辩证关系分析问题，主张将马克思主义普遍真理与中国革命具体实际相结合，中国革命这才探索出一条正确的道路。

如果将马克思晚年讨论东方社会的手稿、著作，与中国的历史和现实做参照对比，我们应该如何解释中国社会主义前史？假如我们前面的讨论是有道理的，即马克思认为东方社会未来发展，是原有的社会基础（它们主要是农村公社，也包括王权、宗教等社会力量和条件）与外来资本主义因素互相作用的结果（无论是被动还是主动），那我们应该如何理解中国的历史事实？

进一步说，这其中涉及一系列问题：中国古代是否存在马克思所说的农村公社？如果存在，它是怎么存在的？有何特殊性？又是怎么消亡的？有没有遗存？马克思并没有直接论述中国的农村公社，但是我们可以借助马克思的相关论述，从马克思的文本中，运用马克思的理论和方法探析中国农村公社。中国古代农村公社的遗存及其特殊性，对我们在马克思东方社会理论指导下思考中国特殊国情和发展道路，有何借鉴意义？从马克思政治经济学批判的理论视角看中国社会，中国不是马克思所分析的欧洲资本主义，简单平移资本主义生产方式的矛盾运动的理论，无法解释我们的历史史实。是否可以借助马克思关于亚细亚生产方式和农村公社理论？例如，像马克思给查苏利奇的复信中谈俄国前途时说的那样，既吸收资本主义大工业的积极成果，又保留并发挥农村公社基础的"后发优势"，跨越"卡夫丁峡谷"，是否可行？从这个角度看，我们又遇到另一个必须正视的困难，那就是我们的农村公社很早就消亡了，我们早就没有了这样的基础。既然如此，我们恐怕也不能简单搬用马克思关于俄国社会发展道路的理论。当然，马克思关于东方社会理论的基本精神和方法，对我们仍有指导意义：西方资本主义向东方渗透，使东方古老社会形态解体、重构，在激烈的冲击和动荡中形成新的世界体系。中国社会发展道路，是在西方资本主义因素冲击下，在俄国道路的影响下，对中国传统社会进行解构和重组的结果，也是中国社会以自己特有的条件和方式积极应对和能动实践的结果。这些均是本章节将要讨论的问题。

一、关于中国上古农村公社问题

中国古代是否存在马克思所说的农村公社？马克思并没有直接论述中国的农村公社，但是，我们可以借助马克思的论述，从马克思的著作中，运用马克思的理论和方法探析中国农村公社。关于中国农村公社的研究，学界讨论众说纷纭。翦伯赞认为有私田的存在，生产工作者就不是一种完全的被占有，如西周有公田、私田之分，周天子是全国最高所有者，得出西周是封建社会，而不是奴隶社会。郭沫若认为井田制是一种公共所有制形式，没有个人的私田，所有的土地全归天子，继而分赐诸侯百官。在范文澜看来，一个社会的性质是由当时处于主导地位的生产关系即基本所有制来决定的。柯昌基认为中国的古代农村公社既没有像印度保留的那么牢固，也没有像日本那样被全面摒弃，而是介于两者之间，大致包括三种形式，"土地国有制基础上的亚细亚公社""土地私有制基础上的家族公社""封建大土地所有制的宗法公社"①。侯外庐则认为在亚细亚的古代，"在上的"氏族贵族掌握着城市，"在下的"氏族奴隶住在农村，作为诸侯营垒的大城市成为社会的赘疣。吕振羽指出："土地国有、中央集权、公社形态、国家治水事业等"② 是中国"亚细亚生产方式"的重要标志。前辈学者的研究非常有价值，但关于此话题的讨论和争议也较多。马克思在讨论农村公社的时候侧重于从经济角度出发，而我国现有的资料则偏重于社会角度，偏重于家族社会，这两者之间是不是有一个遮蔽问题。这就需要我们在讨论中国农村公社问题时需要注意两点：一是从家族、社会向经济角度推论；二是从现有的文献、考古资料等向上古时代推测。

（一）马克思是否论述过中国的农村公社

我们前面多次讲过：马克思、恩格斯都明确肯定，农村公社是人类早期普遍存在的社会形态，广泛存在于世界各地。在西欧等地，似乎不存在农村公社，其实它们在历史上也是普遍存在的，并且直到马克思的时代，古老农村公社的孑遗还很明显。换个角度看，马克思在《人类学笔记》中，恩格斯在《家庭、私有制和国家的起源》中，都广泛讨论了存在于世界各地的部落制和农村公社问题。由此可见，农村公社在比较原始的共同体中，应该是普遍的和一般的现象，没有例外。既然如此，中国古代社会也应该存在农村公社。

如果说农村公社是早期各民族普遍的经济社会形态，那么马克思应该有过专门讨论。但是蹊跷的是马克思（以及恩格斯）几乎没有专门论及中国的农

---

① 参见柯昌基：《中国古代农村公社史》，郑州：中州古籍出版社1989年版，第3—4页。
② 吕振羽：《中国社会史诸问题》，北京：生活·读书·新知三联书店出版社1961年版，第47页。

村公社。关于中国农村公社的文献,马克思只是在《人类学笔记》中简单提及:"关于中国的九族制,参看《血亲制度》"①——血亲制、九族制,是我国上古的部落制和农村公社的呈现形态之一。除此而外,笔者遍查资料,没发现马克思(以及恩格斯)其他地方论述过中国的农村公社。

人们或许有质疑:马克思在很多地方谈到亚洲土地制、亚细亚生产方式。既然如此,为什么马克思没有专门讨论中国的农村公社?马克思对亚洲土地制的阐述,早前的资料主要来自印度,这很可能是马克思把这种土地制度称为亚洲土地制度的原因。不过印度当时的经济社会制度与中国社会的差别很大。

如前所述,晚年马克思阅读了大量资料,广泛探讨了从美洲到太平洋岛屿、从印度到阿尔及利亚的农村公社问题。可以说,世界范围内的农村公社他几乎都有涉及,却基本没有关于中国的农村公社的专门论述。这是否意味着马克思忽略了中国的农村公社,或者是中国社会根本不存在农村公社?笔者认为都不是。中国上古其实也普遍存在农村公社。马克思、恩格斯没有专门论及中国农村公社,这可能与中国农村公社消失得比较早、比较彻底有关,也与我们的古文献记载很模糊有关。鉴于此,我们有必要对中国古代是否存在马克思说的那种农村公社这个问题,进行新的考察。

(二) 中国古代是否存在马克思所说的农村公社

其实,中国古代社会有没有马克思所说的农村公社或亚细亚生产方式,它的具体形态究竟是什么样的,哪些文献资料和事实能证明这个问题——关于这类问题,学界前辈早就有过不少讨论。国内学者讨论众多、分歧也多,不同的学者对此持有不同的看法,郭沫若、王亚南等学者认为亚细亚生产方式是古代原始共产社会;杜畏之认为中国历史上不曾经历过亚细亚生产方式;李季则认为中国古代社会崩溃后采取了特有的亚细亚生产方式;侯外庐认为古代文明可以有"古典的与亚细亚的"两种"路径";柯昌基认为中国农村公社有多种形式,"即亚细亚公社,如西周王田制下的井田公社和邻里公社"②;赵家祥、丰

---

① 马克思:《古代社会史笔记》,北京:人民出版社1996年版,第141页。
② 柯昌基:《中国古代农村公社史》,郑州:中州古籍出版社1989年版,第17—19页。

第六章　马克思晚年东方社会思想与中国特色社会主义

子义否定中国古代社会是亚细亚生产方式社会；等等。

中国传统的封建社会不是《资本论》中描述的那种英国式资本主义社会，简单套用马克思关于资本主义生产方式及其矛盾运动的理论，无法解释我们的历史史实。如果借助马克思关于亚细亚生产方式和农村公社理论，如像《人类学笔记》中暗示的基于商品经济和农村公社相互作用的"解构"模式，或者像马克思在关于俄国社会的通信中描述的"跨越"模式，是否可行？我们似乎也不存在这样的条件。晚清民国时期的中国既缺少像彼得大帝以后几代励精图治的皇帝和王室，也没有农村公社这样的基础，所以从马克思文本中寻找现成的答案，似乎不可能。当然，这并不是说马克思晚年关于农村公社、东方道路的理论对我们理解中国近代史没有指导意义，而是说马克思给出了基本思路和基本方法，我们需要在它的指导下具体探索。不过那又是个专门的问题，本书无法深入，只是原则性地指出：资本主义世界体系极其复杂效应，是近代中国走向社会主义的前提和背景。不过这个前提、背景是复杂的和多维度的。

人类的族群都是从血缘组织过来，这是没问题的。恰如马克思所说：最初人类是游牧、流动，"哪里有牧草就在哪里放牧""像野兽那样到处游荡"[1]，后来有了特别富饶的自然环境，人才定居下来。人类这种普遍的前提和出发点，我们的上古先民也不例外。从新石器时代的许多村落遗址如仰韶文化、龙山文化、大汶口文化、良渚文化等看，当时的社会形态很可能是农村公社。部落和部落联盟逐渐演化成"国""方"。以部落首领为中心，公社成员相聚而居，围以城墙和壕沟，配以武装，"国"的雏形就有了。中国上古文献里记载的"万国""万邦""万方"，倒可能是马克思所说的部落或部落联盟，即农村公社的社会组织。《史记·五帝本纪》载，黄帝之时"置左右大监，监于万国"[2]；《吕氏春秋·用民》"当禹之时，天下万国"[3] 等。这些大概是上古的部落联盟，它们应该保留有农村公社的特质。田昌五先生把我国龙山文化至战国变法这段历史称"族邦时代"（《中国历史体系新论》），晁福林先生把这段

---

[1] 《马克思恩格斯文集》第7卷，北京：人民出版社2009年版，第894页。
[2] 司马迁：《史记·五帝本纪》。
[3] 参见《吕氏春秋·用民》。

时间称为"氏族时代"等，这些应该是农村公社或者它的孑遗。我国延绵恒久的宗族组织和族田，倒是像农村公社的痕迹。我们刚才也提到，马克思在《人类学笔记》中简单点了一下："关于中国的九族制，参看《血亲制度》。"①

马克思在《政治经济学批判》一书的序言中指出，人类社会大体经历了四个时代，亚细亚的—古代的—封建的—现代资产阶级的，依次经历了这几个时代的发展。恩格斯在《反杜林论》中也认为，土地公有制是一切文明民族发展的历史起点，经过一定阶段的社会发展，这种公有制阻碍了生产力的发展，有的民族的公有制被废除，有的民族的公有制被否定，经过或长或短的历史过渡期最终被私有制所代替，实现了新的发展。其中，也不乏个别民族的公有制至今仍保存较好。

由此，我们可以推测中国古代存在过农村公社，只是存在的时间较短，解体得比较早。中国西周时期的土地以公有制为主体，如《尚书·酒诰》"肇牵牛车远服贾，用孝养厥父母"②的记载，可以看出西周初期商业贸易情况，因为当时社会分工不发达，生产力低下，各个农村彼此孤立，没有贸易往来，这时的公社属于王田制下的井田制公社和邻里公社。正如恩格斯在《法兰克时代》里说，各个农村公社之间彼此隔离，没有任何经济上的联系，每个马尔克都可以自给自足地发展，临近的村社又大体相似，没有交换产品的需求，这样就形成了各个村社封闭、没有活力。西周时期的情况正与此类似，可以说是农村公社的一种形式。农村公社普遍存在于一切民族国家，但是具体形式在不同国家、不同地域，甚至是同一国家的不同发展时期也会呈现出不同的社会结构特点。

（三）中国古代农村公社的存在及其特殊性

农村公社的存在既有普遍性，又有特殊性。普遍性是从它的覆盖面和基本特征来说的，几乎存在于所有的原始社会，以公有制为基础；特殊性是从它的具体表现形式以及发展演化来说的。农村公社具体是怎么样的社会形态，它的

---

① 马克思：《古代社会史笔记》，北京：人民出版社1996年版，第141页。
② 参见《尚书·酒诰》。

发展演变又是什么样的，一切取决于它所面临的具体的、历史的条件。不同的历史条件下，它表现出不同的社会形态；面对不同的历史境遇，导致其不同的前途命运。不同的社会发展阶段其分工不同，所有制形式也不相同。例如，"古代农村公社"和"日耳曼农村公社"就是以私人所有制为基础的西方社会农村公社；而"亚细亚公社"则是以国家所有制为基础的东方古代农村公社。而在中国、印度等亚洲国家，实行的是以"国王"或"皇帝"为最高所有者的土地国有制度，比如在中国古代，土地历来都是属于国家或者皇权所有。秦朝以后所发生的改朝换代，都是作为专制制度的最高所有者国家不断对土地进行重新分配，这也从另一个侧面说明这些土地是国家所有，皇帝是最高的地主，国家拥有对土地的绝对所有权，臣民只有使用权和用益权，这也说明一般意义上的土地私有制在中国是不存在的。那么，中国古代农村公社是如何存在？有何特殊性？

1. 中国古代农村公社问题

我们重读马克思农村公社理论，一个重要目的是合理阐释从马克思、恩格斯的经典理论到中国特色社会主义道路的内在逻辑，认识中国特色社会主义道路的历史前提。那么，中国古代究竟存在不存在农村公社？有没有其他蛛丝马迹能证明中国古代农村公社的存在？我们的社会历史有何特殊性，以致这个普遍事实在我们这里竟成了问题？正如马克思在阐述资本主义的产生时所指出，"私有制是集体所有制的对立物，它只存在于劳动工具和劳动的其他外在条件属于私人的地方"①，而农村公社是以公有制为基础的社会形态。

有关中国农村公社的材料相对较少，但并不代表中国不存在农村公社所有制。中国的农村公社有多种形式，其中最古老的一种是亚细亚公社。柯昌基先生认为中国古代农村公社大致上有亚细亚公社、家庭公社和宗法公社三种形式。郭沫若先生也认为中国很早的时候存在过公社土地所有制，可以说是中国的公社土地所有制是由氏族集体所有制到奴隶制再到贵族土地所有制。②

那么，中国的农村公社是何时产生？存在多久？孟轲在《孟子·滕文公

---

① 《马克思恩格斯全集》第49卷，北京：人民出版社1982年版，第244页。
② 参见郭沫若：《关于中国古史研究中的两个问题》，《历史研究》1962年第6期。

上》中最早提出了井田制:"乡田同井,出入相友,守望相助,疾病相扶持……方里而井,井九百亩,其中为公田,八家皆私百亩,同养公田,公事毕,然后敢治私事。"① 很多学者认为,这种情形应该是马克思所说的亚细亚生产方式。如果这种说法成立的话,则中国的亚细亚生产方式或农村公社,可以追溯到西周时期。当然这其中还有些疑点、不清晰和不敢确定的地方,我们也只是初步认可。从西周到春秋时期,从《吕氏春秋》《荀子》《管子》等文献中,可以推测当时是存在农村公社的。中国的井田制是从原始社会延续到春秋战国的一种特有的土地制度,在漫长的发展过程中大致经历了份地制、沟洫制、井邑制、国野制、租赋制等,它的主要特征是"公有私耕",如孟子所说"夫仁政,必自经届始"②,《周礼》强调"体国经野"等,以及份地定期重分,"三岁而一更赋田"③,我国古代的井田制的平均分配、定期重分、禁止买卖的特征似乎与马克思所说的农村公社特征相吻合,这种生产制度也是和当时生产力不发达相匹配的。"土广无守,可袭伐。土狭无食,可围竭。二祸之来,不称之灾。天有四殃,水旱饥荒。其至无时,非务积聚,何必备之。"④但是,中国的井田制与马克思所谓农村公社,性质和定位并不一致。马克思说的是史前时代遗留下来的血缘部落共同占有土地制,而中国典籍上记载的更像有宗法伦理性质的行政管理体系。中国典籍不习惯从经济史的角度客观陈述,而习惯把作者的道德主张加进去,既无法完全肯定也无法完全否定。早期的农村公社在开发土地时也考虑了人口、土地、技术、组织管理成本之间的相互制约,也是人们在长期的生产实践中创造出来的一种有效的土地制度。

侯外庐先生曾在《中国古代社会史论》里说过,他认为马克思所研究的过渡时期的农村公社是普遍存在的,具有二元性。其中,表现在所有制上是土地私有制和土地公有制的矛盾,表现在社会上是以血缘关系为基础的社会与以地域为基础的社会之间的不相容。杨宽同志在《古史新探》中对西周的农村

---

① 参见《孟子·滕文公上》。
② 参见《孟子》。
③ 参见《田法》。
④ 参见《逸周书·大聚》印《开望》。

公社也作了较全面的考证,"在西周,不论国、野、乡、遂,社会组织都是村社"①。从西周井田制的特点也可以确证其农村公社的存在：一是当时的土地不能用来交易,公社土地所有权是属于集体或者最高的统治者；二是公社成员的土地包括"公田"和"私田",公田的土地是公社集体所有、共同耕种,私人具有少量土地,并且定期在公社中重分；三是当时的家庭已经是一夫一妻制,家庭具有少量农具等私有财产,但是土地是公有的不能私分；四是自然资源如山林川泽等,属于公共共同所有和使用；五是当时已经形成了村落组织,有同姓的也有异姓的。西周的经济水平正如在《尚书·酒诰》有"肇牵牛车远服贾,用孝养厥父母"②,可见当时的商业贸易大都在较远的公社之间,可能是因为较近的公社之间分工不发达,商品差异性小,没有交换的必要；而较远的公社之间,由于其自然条件的差异,商品有了一定的差异,才有了交换的可能。马克思在《资本论》中提道："在印度还有建立在土地公有制基础上的村社的形成,这种村社在中国也是原始的形成。"③恩格斯通过对亚洲农村公社的研究在《反杜林论》中也提出："古代的公社,在它们继续存在的地方,从印度到俄国在数千年中曾经是最野蛮的国家形式即东方专制制度的基础。"④

2. 中国古代农村公社的特殊性

中国古代农村公社的特殊性对我们在马克思东方社会理论指导下思考中国国情和中国社会发展道路,具有非常重要的意义。

一是中国农村公社的存在形式具有多样性。中国的历史悠久流长,在古代,中国的农村公社所有制也具有多种形式,其中最古老的当属亚细亚公社,西周的井田制、邻里公社以及土地国有制；宋代则是三种公社形式的交替时期。总之,我国延绵恒久的宗族组织和族田,倒是像农村公社的痕迹,但它的原始面貌全然模糊了。由于有关中国农村公社记载的材料比较少,我们只能从现有的材料来推测。

---

① 杨宽所：《古史新探》,北京：中华书局1965年版,第163—165页。
② 参见《尚书·酒诰》。
③ 《马克思恩格斯全集》第25卷,北京：人民出版社2001年版,第161页。
④ 《马克思恩格斯论道德》,北京：人民出版社2011年版,第264页。

二是中国农村公社的发展是建立在小农经济基础之上的。著名历史学家许倬云先生研究认为，中国在汉代才出现了独特的精耕细作、重商的小农经济。小农经济对中国的经济和社会发展产生了深远影响。农民拥有自己的土地和耕作工具，男耕女织，自给自足。费孝通先生也指出中国是一个乡土社会，具有很强的小农意识。在这种小农经济中，小农家庭中男耕女织，能够自给自足，从而极大地减轻了对社会和外界的依赖，避免与社会过多联系。同时，当时的统治者采取一系列"抑商"措施，在一定程度上强化了或者保护了小农经济。

三是中国农村公社的发展离不开传统的皇权政治背景。古代中国与其他东方国家有所不同，它的农村公社很早就消亡了。土地属于国家集体所有，形式上属于皇族所有，故有"普天之下莫非王土"之说。家长制色彩的官僚专制政治是我们这个社会的特点。如马克思所说，中国的皇帝被尊称为君父，讲究"君臣""父子"关系，各地的官吏又是各自管辖区的父母官，全国维持着这种父权关系，形成了它的社会基础。我们理解世界历史下的古老中国与西方资本主义的关系，不能按照资本主义冲击、农村公社解体重构这个思路，而是应该按照中国的小农经济、皇权政治在面对资本主义冲击后的解体与重构。既然如此，我们就得研究自己的国情：深厚的农耕文明与皇权政治的传统中国，与资本主义互动的特殊规律是什么？历史是人民群众选择和创造的结果，是无数人的意志和行为共同促成的。从资本主义开创的"世界历史"到中国社会主义的形成，也是中国人民选择和创造的结果，是早期中国复杂的社会主体博弈而形成的总体性结局。

总之，农村公社是普遍存在的一种原始社会生产方式，中国传统社会也存在过农村公社，只是由于社会历史的特殊原因，我们的农村公社消亡得早，消亡得比较彻底，以致我们今天很难找到例证。

二、中国社会主义前夕的社会形态

我国古代农村公社的原始面貌尤其是经济结构，确实很模糊。之所以如此，我们推测，是因为它们消亡得比较早、比较彻底。上古部族之间似乎频繁发生战争，失败的一方或为奴，或远遁，部族烟消云散。故早期农村公社缺乏稳定延续的环境。传说中炎帝与黄帝之战、黄帝与蚩尤之战、黄帝与刑天之战、共工与颛顼之战,已不可考,我们只能想象。有文字记载的如《汉书·地理志》:"周既灭殷,分其畿内为三国,诗邶鄘卫是也。"① 商的其他族人则被强行迁徙到远方。这种现象应该是中国历史上的普遍做法:灭其国,毁其宗庙,部落被毁,逃散的族人想在新的地方复制公社,恐怕难。秦汉以来中国几千年历史,治乱循环,改朝换代,反反复复。每一新王朝兴起,不只是改正朔,易服色,一朝天子一朝臣,还包括土地、财产的重新"洗牌"。几千年这样不断推倒重来,原有的农村公社消亡得早、消亡得彻底,是理所当然的。中国社会的宗族组织虽然绵延一千多年,虽有族田,但份额很小,只是私有土地之外的补充,不应视为农村公社土地制。那么,中国农村公社又是何时消亡?它的孑遗情况又如何?农村公社解体后又产生了何种社会形态?

(一) 中国农村公社的消亡

马克思在《人类学笔记》中研究了众多东西方农村公社的发展消亡及其存遗情况,农村公社在不同地方有着不同的命运。可以分为以下两种情况:一是原始的农村公社,农村公社的土地是集体所有,属于一个个氏族或者家族集体;另一个是新生代的农村公社,农村公社的土地属于国家所有,属于公共的、宗教的,它是以公共的形式为王室或者寺院所持有。无论哪一种所有制形式,都是针对私有制,结合私有制的发展情况,我们又可以将其分为不同的"地质层"。例如,在欧洲,或者在斯拉夫人、日耳曼人那里,农村公社土地瓦解以后,私有土地紧跟着发展起来了。这也就是说,随着公社土地的瓦解,取而代之的是私有土地所有制的发展。而在印度,通过分析印度的农村公社,可以发现它的农村公社还没有解体、没有瓦解,国家所有制便发展起来了,可以说是国家所有制的发展剥夺了私有制的发展。而亚洲的其他国家也面临着同样的境遇,这就引发我们的思考,如果这不是个例,那它是不是普遍现象? 我们知道,在马克思看来,农村公社是人类早期普遍的经济和社会形态。他批评把农村公社理解为特例的错误观点,他批评把原始公有制看作斯拉夫人特有的

---

① 参见《汉书·地理志》。

制度，或者仅仅看作是俄国所具有的形式，马克思认为提出这种观点是荒谬可笑的。他认为原始公有制是一切民族所必须经历的公有的形式。1868年3月14日在致恩格斯的信中，马克思说，他在研究毛勒的近著时再次证实了，欧洲各地的亚细亚（或印度的所有制）都是原始社会形式，只是欧洲消失得较早，而印度至今仍保存较完整。在欧洲，完整的农村公社消失了，但仍有孑遗，"例如，在我的家乡特里尔专区就有"。①

古代农村公社的解体和存遗问题。有的农村公社进入奴隶制时代就解体了，有的农村公社则延续上百年甚至上千年，一直到近代。马克思认为农村公社的原始公有制形式是一切文明民族都经历过的社会形式，部分仍然保存着这种公社，部分原始公社消亡较早，也有部分残余。这是为什么？农村公社的历史命运到底取决于什么？我们知道，内因是事物运动发展的根本动力，同样，农村公社的历史命运取决于它内部的矛盾运动，即自然经济和商品经济、公有制和私有制之间的矛盾运动。如果私有制战胜公有制，那么农村公社就会消亡，反之则会保留下来。一切取决于当时的社会历史条件。随着生产力的发展，私有制逐渐产生并日益扩大，私有财产不断积累和交换，使"投机取巧起极大的作用""把异质的因素带进来"②，这样就和原有的公有制起冲突，公有制慢慢被瓦解，特别是商品经济的快速发展和扩大，削弱了自然经济的基础，破坏公有制；私有制因素日益强大，公有制因素逐渐衰弱。按照马克思的一贯思想，农村公社后期，古老村社的传统和基础还顽强地存在，同时非农村公社传统的新兴因素在崛起，以致形成新旧混杂、犬牙交错的局面：既有古老的农村公社制度，又有从村社中分化并独立出来的私有制，还有因为统治征服等原因出现的王室实际控制的土地。在亚洲，这样的情形非常普遍。王室是土地的所有者，农民只有使用权。

我国古代的农村公社消亡得比较早、比较彻底。从毛勒、哈克斯特豪森，到马克思、恩格斯，以及马克思在《人类学笔记》中涉及的几本书，都没有发现讨论中国农村公社的信息。我们认为我国古代农村公社消亡得比较早、比

---

① 《马克思恩格斯文集》第3卷，北京：人民出版社2009年版，第572页。
② 《马克思恩格斯文集》第3卷，北京：人民出版社2009年版，第586页。

第六章 马克思晚年东方社会思想与中国特色社会主义

较彻底。恩格斯认为，马克尔制度作为经济生产方式，已经失去了生命力，并且被新的生产方式所替代。恩格斯在《家庭、私有制和国家的起源》中指出货币的产生及货币经济在某种程度上破坏了原有的氏族制度和农村公社制度。商品经济、生产力的发展等多种因素导致中国古代农村公社瓦解。郭沫若先生也认为由于私有田地的产生破坏了原有的井田制的公有制；吕振羽先生认为冶铁技术出现后使得生产力有了一定的进步，铁质生产工具的出现和使用使得农民提高了劳动生产率，原有领主耕地的优势慢慢减弱，产生了地租，随后产生了私人所有制。

春秋战国期间随着货币的出现、商品经济的发展，农村公社开始解体。据文献记载和出土的实物，春秋时期出现了"布币"和"刀币"，标志着春秋战国时期商品经济的发展，青铜器和冶铁逐渐发展起来，破坏了井田制，使得农村公社解体。商鞅变法，秦灭封建、建郡县，秦国实行新制，"名田宅、臣妾、衣服以家次"，"开阡陌封疆"①，"除井田，民得买卖"② 等，这些均证明土地私有制已经确立，也宣告了发达的官僚体制对原始的血缘组织作了彻底的解构，中国上古农村公社瓦解。正如恩格斯在《家庭、私有制和国家的起源》中指出的："和土地私有权同时被发明出来的货币，向他做了说明。土地现在可以成为出卖和抵押的商品了。"③

（二）中国宗法社会的形成

随着中国上古农村公社的消亡，农村公社内部的"私有制"战胜了"公有制"，形成了以私有制为主体的宗法帝制专制社会。马克思曾指出："但是，同样明显，就是这种二重性也可能逐渐成为公社解体的萌芽。除了外来的各种破坏性影响，公社内部就有使自己毁灭的因素。土地私有制已经通过房屋及农作园地的私有渗入公社内部，这就可能变为从那里准备对公有土地进攻的堡垒……它把异质的因素带进来，引起公社内部各种利益和私欲的冲突，这种冲

---

① 参见《史记·商君列传》。
② 参见董仲舒：《汉书·食货志》。
③ 《马克思恩格斯选集》第4卷，北京：人民出版社1972年版，第163页。

突，首先会破坏森林、牧场、荒地等等的公有制；一旦这些东西变成了私有制的公社附属物，也就会逐渐变成私有了。"① 虽然早期的血亲族群后来演化为宗族组织，延绵千年，直到民国晚期，但宗族主要是同宗族人间的松散共同体，不再是稳定的经济社会实体。正如马克思所强调："正如皇帝通常被尊为全中国的君父一样，皇帝的官吏也都被认为对他们各自的管区维持着这种父权关系。"②

1. 以农耕文明为主的小农经济

以农耕文明为主的小农经济在中国已有两千多年的历史，自春秋战国时起，由于生产力的发展，原有的生产方式、生产关系已不适合发展了的生产力的要求，商鞅变法后，秦朝为了维护国家社会稳定、保障封建中央集权建立了以农耕文明为主的小农经济。马克思认为小农业与家庭手工业相结合的小农经济是中国封建社会的经济基础。小农经济的主体是农民，以家庭为单位独立经营，这种小生产"只有在劳动者是自己使用的劳动条件的自由私有者，农民是自己耕种的土地的自由私有者，手工业者是自己运用自如的工具的自由私有者的地方，它才得到充分发展，才显示出它的全部力量，才获得适当的典型的形式"③。经济基础决定上层建筑，这种小农经济占主导地位使得中国古代虽然发生无数次农民运动或王朝战争，但其封建社会制度却没有根本改变。马克思在评价太平天国运动时指出："这种现象本身并不含有什么特殊的东西，因为在东方各国我们总是看到，社会基础停滞不动，而夺得政治上层建筑的人物和种族却不断更迭。"④ 他认为"小农经济"没有任何首创精神，在世界历史进程中是"一种过时的农业体系"。当西方资本主义机器大工业快速发展的同时，闭关锁国的中国却沉浸在"天朝大国"的美梦中，造成了中国"与外界完全隔绝"的状态。正如马克思所强调："在以小农经济和家庭手工业为核心的当前中国社会经济结构中，根本谈不上大宗进口外国货。"⑤

---

① 《马克思恩格斯全集》第 25 卷，北京：人民出版社 2001 年版，第 478 页。
② 《马克思恩格斯文集》第 2 卷，北京：人民出版社 2009 年版，第 608 页。
③ 《马克思恩格斯文集》第 5 卷，北京：人民出版社 2009 年版，第 872 页。
④ 《马克思恩格斯论中国》，北京：人民出版社 2018 年版，第 122 页。
⑤ 《马克思恩格斯文集》第 2 卷，北京：人民出版社 2009 年版，第 641 页。

2. 宗法皇权社会

中国近代以前的政治形态，是典型的封建制国家，以中央集权为特征，以家族宗法制为核心。从秦朝至清朝二千多年的宗法皇权社会，皇帝拥有至高无上的权力，为了保障皇权的绝对权威，实行"包括两个主要的方面：一个是以皇权为中心的官僚制度，一个是以中央国家政权为中心的郡县制度"①。中国的宗法皇权社会以三公九卿和三省六部为基本体制的官僚体制和以皇权为中心的郡县制，是中国皇权社会的基本建构，以血缘关系为纽带、以家族为基本单位的社会结构。自秦朝以来实行的官僚制和郡县制，使得国家形态由多元化的原始氏族部落转向中央集权模式，其基本特征是"事在四方，要在中央"②。皇权统揽一切，是最高的、唯一的，也是绝对的。"普天之下，莫非王土，率土之滨，莫非王臣。"③同时以"三纲五常"的宗法制度为其提供了有力支撑，以父子为轴的家庭结构，通过血缘关系、婚姻关系形成家庭，以封建法律、礼教、伦理道德等为规范。延续两千多年的封建制度构成了现代中国国家治理体制的土壤。"宗法制度是用以维持封建制度的产物，封建制度必依赖宗法制度以维持其存在。"④

3. 家长制色彩的官僚专制政治

中国古代具有家长制色彩的官僚专制政治，皇帝是全国"最高最大的地主"，也是全国人民的"家长"，他控制着所有的土地（疆土和生产资料）和人户（人民和劳动力）。例如马克思指出中国社会："家长制权威是这个广大国家机器里唯一的精神联系，皇帝被尊为全中国的君父，官吏在各自管区维持这种父权关系。"⑤这种土地和人民为皇帝私有的制度，形成了家长制统治，皇帝用宗法制度来统治臣民，用贡奉获得财政收入，庞大的官僚机构和专制官僚整体为皇帝管理其私产即土地和人民。个体农户只是"小土地的占有者"，以

---

① 巩绍英：《略论秦汉以来专制主义的中央集权制度》（上），《历史教学》1965 年第 1 期。
② 王先慎：《韩非子集解》，钟哲点校，北京：中华书局 1998 年版，第 44 页。
③ 《诗·小雅·北山》。
④ 参见瞿同祖：《中国封建社会》，上海：上海人民出版社 2012 年版。
⑤ 《马克思恩格斯文集》第 2 卷，北京：人民出版社 2009 年版，第 608 页。

血缘关系为基础形成宗族聚居的地缘关系,"父之党为宗族",他们耕种朝廷的土地并向朝廷纳税。正如李大钊揭露说,中国封建家长制家庭"是以家长统治家庭,以父兄统治子弟,以夫纲妻"①。

总之,中国古代农村公社消亡得比较早、比较彻底,以血缘关系为基础的农村公社被发达的官僚宗法社会彻底解构,形成了以农耕文明为主的小农经济,以及宗法皇权社会、家长制色彩的官僚专制政治,构成了中国前社会主义体制形态。它既不同于印度,也不同于俄国。那么,就本书关心的重点而言:当西方资本主义传入中国时,农村公社至少不是中国典型的经济社会形态,与资本主义互动并最终被它瓦解的,不是农村公社。既然如此,简单地套用我们前面论及的资本主义与农村公社互动的两种模式,即俄国式"跨越"模型和其他社会的"解构"模型,来解读中国社会主义的前史,就不适宜了。

三、资本主义与宗法社会的撞击

通过上文研究,我们知道马克思晚年侧重研究东方社会、研究农村公社,旨在把农村公社简化为东方社会的基础,正如他认为欧洲资本主义经济形态的本质特征是资本、商品一样。当东西方相遇、碰撞,按照我们的理解,主要是资本或商品,与农村公社这两大本质范畴的碰撞。可是我们发现,中国社会的农村公社消亡得比较早、比较彻底,这自然而然就会出现一个问题:欧洲资本主义与中国社会相遇和碰撞,他们的资本、商品与我们的什么相碰撞?这就需要我们像马克思分析东方社会的基础——农村公社那样,分析中国社会的基础,找出它的本质范畴,并看历史上它们是如何发生作用的。如果说农村公社消亡了,马克思的《历史学笔记》中,谈及的王权、军事、宗教等,为我们解释中国传统社会、解释社会主义的前史,是否可以提供理论依据?这是本节需要讨论的问题。

(一) 西方资本主义国家对中国的入侵

近代以来,当西方资本主义国家用坚船利炮打开古老中国大门的时候,就

---

① 李大钊:《由纵的组织向横的组织》,见《李大钊文集》(下),北京:人民出版社1984年版。

面临着西方资本主义的资本、商品与中国前社会主义形态（即小农经济基础上的宗法社会）的碰撞。西方资本主义国家入侵对中国社会产生了什么样的影响？马克思对此指出："与外界完全隔绝曾是保存旧中国的首要条件，而当这种隔绝状态通过英国而为暴力所打破的时候，接踵而来的必然是解体的过程，正如小心保存在密闭棺材里的木乃伊一样接触新鲜空气便必然要解体一样。"① 毛泽东曾指出，资本主义的入侵"不仅对中国封建经济的基础起了解体作用，同时又给中国资本主义生产的发展造成了某些客观的条件和可能。因为自然经济的破坏，给资本主义造成了商品的市场，而大量农民和手工业者的破产，又给资本主义造成了劳动力的市场"②。

1. 破坏了中国宗法社会，使独立的中国成为半殖民地国家

帝国主义列强通过多次侵略战争，强迫中国与之签订多项丧权辱国的不平等条约，破坏了中国宗法社会，攫取种种特权，使原本独立的中国变成半殖民地国家。皇帝和贵族的专制制度被推翻了，取而代之的是地主阶级的军阀官僚统治，以及地主阶级和大资产阶级联盟的专政统治，沦陷区则是日本帝国主义及其傀儡政府的统治，他们实则为外国资本主义统治中国的工具，帝国主义操纵了中国的命脉，中国政府的内政、外交、财政、军事无一不受到列强的操纵和控制，使得中国处于多个帝国主义国家的统治或半统治下。毛泽东科学地分析了当时中国社会的特点："帝国主义列强侵略中国，在一方面促使中国封建社会解体，促使中国发生了资本主义因素，把一个封建社会变成了一个半封建的社会；但在另一方面，它们又残酷地统治了中国，把一个独立的中国变成了一个半殖民地和殖民地的中国。"③

2. 破坏了中国小农经济，阻碍了中国生产力的发展

西方列强的入侵破坏了中国封建时代自给自足的自然经济基础，地主阶级同买办资本和高利贷资本结合在一起对农民进行更为残酷的剥削和压迫。自然经济的破坏给资本主义的产生和发展造成了大量商品市场，而大量农民和手工

---

① 《马克思恩格斯文集》第2卷，北京：人民出版社2009年版，第609页。
② 《毛泽东选集》第2卷，北京：人民出版社1991年版，第626—627页。
③ 《毛泽东选集》第2卷，北京：人民出版社1991年版，第630页。

业者的破产又给资本主义提供了劳动力市场。农业生产方式依然是封建地主阶级占有大量土地,并把土地分成小块租佃给无地和少地的农民耕种,这种分散的小农经济完全是旧式的手工劳动,生产力水平低下。民族资本主义虽然有了一定的发展,但它没有成为中国社会经济的主要形式,具有软弱性,大都受外国帝国主义和国内封建主义的控制,中国在经济上成了外国资本主义的附庸。西方列强侵入中国的目的,绝不是要把封建的中国变成资本主义的中国,而是要使中国成为它们商品输出和资本输出的永久性市场,以掠夺更多的资源,攫取更大的利润。"帝国主义列强根据不平等条约,控制了中国一切重要的通商口岸,并把许多通商口岸划出一部分土地作为它们直接管理的租界。它们控制了中国的海关和对外贸易,控制了中国的交通事业(海上的、陆上的、内河的和空中的)。因此它们便能够大量推销它们的商品,把中国变成它们的工业品的市场,同时又使中国的农业生产服从于帝国主义的需要。"① 它们"以此对中国的民族工业进行直接的经济压迫,直接地阻碍中国生产力的发展"②。

3. 中国传统文化受到西方资本主义的冲击

外国资本主义侵略势力在对中国进行军事、政治、经济侵略的同时,也对中国传统文化造成冲击,特别是以传教为中心的文化侵略,他们在"传教"的名义掩护下进行多方面的侵略活动,在一定程度上引起了人们生活方式、思维方式、价值观念、道德规范、行为准则的变化。随着帝国主义侵略的加剧,中国半殖民地化程度不断加深,在思想文化领域,既存在崇洋媚外、卖国求荣,又有维护祖宗古法不变的顽固守旧思想,但从根本上看,近代文化的发展变化始终围绕着挽救民族危亡和改革中国社会这一主题而展开。英国对中国的殖民贸易和侵略战争,激化了中国国内矛盾,冲击了人们的思想,改变了人与人之间固有的关系,也激发了中国人的革命热情和斗志。

马克思从历史和道义的角度客观地批判了资本主义的殖民统治。例如,他认为英国在印度的殖民统治要完成两种使命,一个是破坏亚洲原有的社会形态,一个是为亚洲新社会的发展提供技术和物质基础。其中,"破坏性的使

---

① 《毛泽东选集》第2卷,北京:人民出版社1991年版,第628—629页。
② 《毛泽东选集》第2卷,北京:人民出版社1991年版,第629页。

命"是指英国在亚洲的殖民战争和殖民贸易破坏了"世外桃源"般的原有东方社会制度,打破了这里的土地所有制,毁坏了原有的政治、经济、文化等秩序。"重建性使命"不是指英国想在亚洲建设和其一样的资产阶级社会,而是其暴行必然引起被殖民国家的反抗和革命,进而对原有社会起到重建的作用。毛泽东曾在《中国革命与中国共产党》中也指出帝国主义侵略中国,在中国也实现了两种使命,一个使命是破坏了中国原有的封建社会制度,把独立自主的中国变成了半殖民地的中国;一个使命是促进了中国资本主义因素的发展,把封建的中国变成了半封建的中国,促进了中国社会的发展进步。学界关于资本主义国家对中国入侵影响的讨论也是众说纷纭,有论者过高估计西方资本主义入侵对中国资本主义经济发展的客观刺激作用,也有论者把中国自然经济破产全部归结为西方入侵,也有论者赞同用马克思关于英国在印度要完成的双重使命来同样看待其对我国产生的影响。费正清用"冲击—反应"模式来描述西方资本主义国家对中国社会所带来的侵害、动荡和危机,同时也为中国的发展提供了机遇和条件。

总之,马克思对农村公社及其历史命运的研究,抓住了东方社会长期存在农村公社的特点,分析了东西方社会不同发展道路和社会形态更替、演变规律。我们认为,西方资本主义国家对中国的入侵,可以抽象出西方资本主义的商品、资本对中国的小农经济、宗法社会的冲击。中国传统建立在小农经济基础上的宗法社会的发展道路,在中国融入"世界历史"进程中的发展演变过程中,充分吸收利用西方发达国家在生产力方面的先进经验和积极成果,借鉴俄国社会发展经验,使我国更主动地融入"世界历史",不断发展生产力,实现社会主义和共产主义的内在价值。

(二)中国的"解构模式"

从马克思政治经济学批判的理论视角看中国社会,中国不是马克思所分析的欧洲资本主义。简单平移资本主义生产方式的矛盾运动的理论,无法解释我们的历史史实。如果借助马克思关于亚细亚生产方式和农村公社理论呢?例如像马克思给查苏利奇的复信中谈俄国前途时说的那样,既吸收资本主义大工业的积极成果,又保留并发挥农村公社基础的"后发优势",跨越"卡夫丁峡谷"，是否可行？从这个角度看，我们又遇到另一个必须正视的困难，那就是我们的农村公社很早就消亡了，我们早就没有了这样的基础。既然如此，我们恐怕也不能简单搬用马克思关于俄国社会发展道路的理论。

　　当然，马克思关于东方社会理论的基本精神和方法，对我们仍有指导意义：西方资本主义向东方渗透，使东方古老社会形态解体、重构，在激烈的冲击和动荡中形成新的世界体系。中国社会发展道路，是在西方资本主义因素冲击下，对中国传统社会进行解构和重组的结果，也是中国社会以自己特有的条件和方式积极应对和能动实践的结果。不过我们的传统社会基础不是农村公社，而是以农耕文明为主的分散的小农经济，是世俗化的皇权社会。我们要研究中国近现代史的中外互动关系，不应按"外来资本主义冲击—农村公社解体与重构"这个思路来探讨，而应按"外来资本主义冲击—小农经济＋皇权政治的解体与重构"的思路去理解。东方古老社会面对资本主义入侵，既以各自的方式与之对抗，也适应对方、吸纳对方，并在这个过程中改变自己，中国社会也不例外。随着西方以及日俄等列强的入侵，中国不再是封闭的和自在的，而是资本主义世界体系中的一个环节、一个维度，这是大趋势。但如何具体解释中国社会演变，特别是究竟哪些因素促使它走上社会主义道路需要更多思考。

　　就国际大环境而言：资本主义世界体系是开放的。东西方所有国家和民族都或主动或被动地卷进资本主义主导的"世界历史"，形成涵盖经济、政治、军事、民族等方面的无比复杂的矛盾体系。西方殖民主义、新兴列强（如日、俄）、殖民地半殖民地，都是这个体系中的一环，因而也是矛盾冲突的要素。20世纪上半叶，决定中国历史走向的不是"中国—西方"这种单线条互动模式，而是无限复杂的多维互动模式。资本主义世界体系中的任何因素，都有可能影响中国历史走向。当然，其中最重要的是苏联"十月革命"的世界性影响，以及日本侵华战争的后果。

　　就中国自身说：传统中国社会的基础不是农村公社，而是以农耕文明为主的小农经济。宗法皇权社会，家长制色彩的官僚专制政治是我们这个社会的特点。这点，马克思也看到了。"正如皇帝通常被尊为全中国的君父一样，皇帝的官吏也都被认为对他们各自的管区维持着这种父权关系。"① 正是宗法皇权压迫与底层民众起义造反的矛盾，导致中国历史上长期的治乱循环。在近代西方资本主义主导的复杂的世界体系背景下，延续了两千多年的宗法帝制腐朽不堪、危机四伏，这种局面势必导致治乱循环的历史惯性加剧。中国以农耕为主的小农经济，日益受到资本主义大工业的冲击。在这样的经济大背景下，经过苏联传入的马克思主义，融入中国传统的农民革命元素，形成声势浩大的反帝反封建反官僚资本的革命浪潮。

可见，中国所处的特殊历史环境决定了中国未来发展道路既不同于东方的印度，也不同于俄国。资本主义入侵破坏了中国宗法社会，持续了两千多年的封建社会解体，使独立的中国成为半殖民地半封建社会；破坏了以农耕文明为主的小农经济，促进了中国商品经济的发展，给中国资本主义的发展提供了某些客观条件。正如毛泽东在1939年10月4日写的《〈共产党人〉发刊词》中指出："由于中国是半殖民地半封建的国家，政治、经济、文化各方面发展不平衡的国家，半封建经济占优势而又土地广大的国家，这就不但规定了中国现阶段革命的性质是资产阶级民主革命的性质，革命的主要对象是帝国主义和封建主义，基本的革命动力是无产阶级、农民阶级和城市小资产阶级，而且在一定时期中，一定的程度上，还有民族资产阶级参加，并且规定了中国革命斗争的主要形式是武装斗争。"② 毛泽东科学地分析了中国社会性质（即半殖民地半封建社会）与中国革命、革命对象、革命动力和革命斗争形式的关系，这就决定了中国革命是要推翻资产阶级，实行社会主义革命，实行无产阶级专政。

（三）晚年马克思眼中的中国道路

历史不是宿命论式的，而是人民群众选择和创造的结果，是无数人的意志和行为共同促成的。恩格斯指出："历史是这样创造的：最终的结果总是从许多单个的意志的相互冲突中产生出来的，而其中每一个意志，又是由于许多特

---

① 《马克思恩格斯文集》第2卷，北京：人民出版社2009年版，第608页。
② 《毛泽东选集》第2卷，北京：人民出版社1991年版，第604页。

殊的生活条件,才成为它成为的那样。这样就有无数互相交错的力量,有无数个力的平行四边形,由此就产生出一个合力,即历史结果,而这个结果又可以看作一个作为整体的、不自觉地和不自主地起着作用的力量的产物……每个意志都对合力有所贡献,因而是包括在这个合力里面的。"① 这意味着,从资本主义开创的"世界历史"到中国社会主义的形成,也是中国人民选择和创造的结果,是早期中国复杂的社会主体博弈而形成的总体性结局。我们承认中国在面对外来资本主义冲击所做出的回应,但是,这种反应是具有典型的中国特色。中国社会的内部张力和中国人民自主的选择最终决定了中国未来社会发展方向。西方资本主义对中国的冲击仅仅影响了中国社会发展的进程,而未能决定中国未来社会发展的前途。

如果说马克思(以及恩格斯)没有从农村公社的角度讨论中国问题,是否从其他角度阐述过呢?他们直接讨论中国社会问题,主要见其于19世纪50年代给《纽约每日论坛报》的系列评论。在包括鸦片贸易在内的殖民扩张下,中国被动卷入资本主义世界市场中,社会正酝酿深刻的变化。马克思一方面从道义上严厉谴责殖民主义在中国犯下的罪行;另一方面从历史唯物主义高度,肯定资本主义的入侵客观上促成旧制度的灭亡和中国社会的新生。他抨击清王朝"野蛮的、闭关自守的、与文明世界隔绝的状态"②;在资本主义大工业面前,它必然灭亡,也应该灭亡。殖民主义的入侵和伤害是个痛苦的过程,但也把它带入现代工业文明之中。例如,马克思、恩格斯在《国际述评(一)》中评价中国经济社会:"国家濒于破产,大批居民落得一贫如洗。"③ 不过人们又看到了"令人欣慰的事":英国印花布的影响,一条英国—查理斯、旧金山—悉尼—广州—新加坡的新航线正在兴起,预示着资本主义世界市场和全球体系新的繁荣。终有一天,中国这个"最反动最保守的堡垒",也竖起"中华共和国"和"自由,平等,博爱"的牌子。④

马克思这里对中国社会在欧洲资本主义冲击下的发展趋势做预测:中国经

---

① 《马克思恩格斯文集》第10卷,北京:人民出版社2009年版,第592—593页。
② 《马克思恩格斯文集》第2卷,北京:人民出版社2009年版,第608页。
③ 《马克思恩格斯论中国》,北京:人民出版社2018年版,第133—134页。
④ 《马克思恩格斯论中国》,北京:人民出版社2018年版,第134页。

第六章 马克思晚年东方社会思想与中国特色社会主义

济和社会的巨大危机、宗法专制性质的官僚和皇权制度崩溃、古老帝国融入现代工业文明、中国革命对欧洲资本主义社会的深刻影响等等。不过这些主要是时评的形式,还不是严谨的经济学分析,也没有清晰的结论。而晚年,马克思直接论述中国社会发展道路的地方不多。从现存文献资料看,马克思没有关于中国社会"跨越卡夫丁峡谷"式的明确论述。但是,从学理上说,在马克思的世界历史语境中,东方国家可以按照自身的历史特性,走出一条不同于西方社会的"独特"道路。如此可以说,中国革命和中国道路的选择遵照了马克思晚年东方社会思想。一方面,马克思晚年提出跨越"资本主义制度的卡夫丁峡谷",避免资本主义制度带来的痛苦和灾难;另一方面,马克思又主张"把经济的社会形态的发展理解为一种自然史的过程"①。中国特色社会主义道路正是这两种张力的交织与融合。正如邓小平指出,我们要"学资本主义来搞好自己的社会主义"②,可以借鉴、利用资本主义的某些优势发展社会主义。更何况,中国当时还可以借鉴俄国的经验。毛泽东也强调,"如果没有十月革命,中国革命的胜利是不可能的。"③ 但同时,也要注意中国革命与俄国革命的区别,毛泽东同时又指出:"十月革命和中国革命,就有许多不同。苏联是由城市到乡村,我们是从乡村到城市。"④ 中国革命有中国革命的特殊性:"人们自己创造自己的历史,但是他们并不是随心所欲地创造,并不是在他们自己选定的条件下创造,而是在直接碰到的、既定的、从过去承继下来的条件下创造。"⑤ 正是因为,所处的历史环境不同,发展状况也有不同,毛泽东曾说,"中国革命有中国革命的特点。苏联革命采取苏联当时的那种形式,有其不得不如此的原因。"⑥ 我们认为"不得不如此的原因"就是当时的历史环境和历史条件。

---

① 《马克思恩格斯文集》第5卷,北京:人民出版社2009年版,第10页。
② 《邓小平文选》第3卷,北京:人民出版社1993年版,第373页。
③ 《毛泽东文集》第5卷,北京:人民出版社1996年版,第261页。
④ 《毛泽东文集》第7卷,北京:人民出版社1996年版,第76页。
⑤ 《马克思恩格斯文集》第2卷,北京:人民出版社2009年版,第470—471页。
⑥ 《毛泽东文集》第7卷,北京:人民出版社1996年版,第80页。

(四)"中国道路"的世界历史意义

重读马克思农村公社理论,一个重要目的是合理阐释从马克思、恩格斯的经典理论到中国特色社会主义道路的内在逻辑,认识中国特色社会主义道路的历史前提。马克思在《人类学笔记》中提出解构模型,是农村公社、部落所有制在外来资本主义冲击下解体,融入资本主义世界体系;可中国社会既不是部落所有制也不是农村公社,而是小农经济(农耕文明)和宗法皇权社会,它也在外来资本主义冲击下解体,并在西方资本主义及其衍生势力影响下,走上社会主义。

马克思视域下的世界历史,是在资本的推动下,各民族由孤立走向联系,由封闭走向融合,进而形成相互影响、相互作用、相互渗透的统一整体的过程。从空间上说,包括世界各民族和各地区的历史;从时间上说,包括从资本主义产生到进入共产主义发展阶段的历史。当今世界处于资本主义与社会主义共存时期,各国之间的联系日益紧密,依赖程度日益增强,资本主义国家的优势在慢慢衰弱,而新兴的社会主义国家正在逐渐崛起,并正在参与和主导世界秩序,两种制度目前只能求同存异,相互借鉴,共同发展。当前的世界历史是由西欧资本主义主导的,东西方之间相互影响、相互作用构成的整体。俄国革命诞生了苏联,中国经过"解构"也取得了社会主义的胜利。经过中国革命、建设、改革开放和新时代的发展,中国正在一步步走进世界体系的中心,并以自己的方式影响甚至改变资本主义主导的世界历史。

当今世界,全球化、高科技和现代工业文明进一步向纵深发展,经济技术信息等方方面面的全球化越来越紧密,人类在更深意义上进入"世界历史"。在世界历史的大背景下,处于东方的中国成功地走出了一条符合自身发展的道路——中国特色社会主义道路,我们在此姑且称之为"中国道路"。中国经历了从艰难地站起来、拼力地富起来,到现在慢慢地强大起来这一过程,社会主义现代化的中国,在全球化和世界历史发展中的地位和功能日益增强,中国也以自己的方式在世界历史中发挥越来越大的作用。当今中国特色社会主义历史性实践已经表明,中国在完成现代化任务,并积极地占有现代文化成果的同时,创造了人类社会文明新形态,具有重要的世界历史意义。

第六章 马克思晚年东方社会思想与中国特色社会主义

当今世界还处于资本主义与社会主义共存的时代,并且资本主义还处于主导地位,资本主义短期内还有一定的发展空间,而社会主义新兴国家正在强劲发展,显示出其蓬勃的生机活力和发展优势,正在日益影响着世界发展格局。在同一个世界市场、世界历史体系下,资本主义处于主导地位,东西方之间互动交流更加密切,传统的社会主义与资本主义不可调和的对立关系正在积极重构,社会主义与资本主义在对抗中有合作,在竞争中相互借鉴,形成了相互影响、相互作用的交织整体,正在向着更高级社会形态发展过渡。中国特色社会主义是在马克思主义基础上,不断结合实践发展要求丰富和创新的过程,它的本质是社会主义,而不是其他什么主义,始终把马克思主义理论作为思想理论指导,并不断丰富和发展马克思主义。经过社会主义革命、建设、改革和新时代的发展,中国成功走出了一条中国特色社会主义道路。"中国道路",既不同于苏联的发展模式,也不同于西方资本主义国家的模式,也异于"非洲模式""东亚模式"等。"中国道路"的成功主要因为它既坚持社会主义基本原则,又立足中国具体国情,同时吸收借鉴人类文明优秀积极的成果。为人类社会主义的发展贡献了中国力量和智慧,丰富了人类社会发展的多样性、多元化。习近平同志顺应历史发展大势、科学认识历史规律、充分发挥历史主动性,提出了"以中国式现代化推动中华民族伟大复兴"[①],为人类实现现代化提供了新的选择。但是"中国道路"也具有特殊性,这也导致其他国家不能原原本本地复制中国模式,中国模式只是为人类社会的发展提供某种有益借鉴。

人类社会是一个从低级到高级交替发展的过程,实现共产主义是人类历史发展的必然趋势。马克思着眼于人类社会历史发展的整体,在对资本主义私有制和国家进行批判的时候,提出了"自由人的联合体"[②]"真正的共同体"[③]。当今世界处于百年未有之大变局的历史条件之下,在世界多极化、经济全球化、社会信息化、文化多样化的新形势下,习近平同志审时度势,创造性地提

---

① 习近平:《高举中国特色社会主义伟大旗帜 为全面建设社会主义现代化国家而团结奋斗——在中国共产党第二十次全国代表大会上的报告》,北京:人民出版 2022 年版,第 7 页。
② 《马克思恩格斯全集》第 1 卷,北京:人民出版社 1995 年版,第 217 页。
③ 《马克思恩格斯全集》第 3 卷(上),北京:人民出版社 2002 年版,第 643 页。

出了推动构建"一带一路"倡议和"人类命运共同体"倡议，主旨是要世界各国建立合作共赢的关系，使各个国家、各个民族的利益成为全人类共同利益的组成部分，从而形成"你中有我，我中有你"的"命运共同体"，不断实现马克思世界历史理论在新时代的创新和发展，创造人类文明新形态。

结论：走向更加开放的世界历史

马克思立足于 19 世纪西欧资本主义的历史语境，对当时的资本主义矛盾进行了深刻批判，对包括东方在内的资本主义主导的"世界历史"作了深刻解析，对资本主义自身以及资本主义与东方之间错综复杂的矛盾作了透彻分析，这些都为我们今天认识资本主义与社会主义的关系，认识东西方之间的关系，树立科学的世界历史观和国际观念，提供了助益。但是，我们也应承认，100 多年来，世界格局发生了很大变化，如国际共产主义运动和东方社会的非殖民化运动，社会主义的兴起。社会主义中国的发展强大，以及许多非西方国家的崛起，根本改变了东方对西方的臣属关系。全球化使得世界各国的经济科技文化相互渗透，形成"世界历史"。这些事实又要求我们在马克思理论指导下，有更加开放的历史眼光和全球视野。

一、马克思"世界历史"理论的继承和发展

马克思主义是不断发展的科学理论，恩格斯强调"马克思主义不是教条"[1]，而是"对历史过程的阐明"，是"发展着的理论"，是"研究的方法"和"行动的指南"。马克思去世后，恩格斯晚年也多次、多个角度地阐释了这个命题。1895 年 3 月，恩格斯在致德国经济学家韦尔纳·桑巴特的信中再次强调，马克思的整个世界观是研究和供这种研究所使用的方法，而不是教条，不能照搬照抄，本本主义，而应结合具体实际情况灵活应用。马克思的"世

---

[1] 《马克思恩格斯文集》第 10 卷，北京：人民出版社 2009 年版，第 977 页。

界历史"理论更是开放的、发展的理论。随着现代化、全球化的快速发展，东西方社会之间的交往更加频繁和密切，西方资本主义在逐渐衰落，而东方社会主义国家慢慢在兴起，世界格局正在悄然变化着。与马克思所处的时代境遇有所不同，但是，马克思"世界历史"理论依旧闪耀着真理的光芒，依然具有现实指导意义。

列宁立足帝国主义和无产阶级专政时代的历史事实，深刻把握了世界历史新趋势，进一步丰富发展了马克思世界历史理论。随着资本主义的发展，特别是19世纪末20世纪初资本主义世界体系出现了许多新的特征，列宁通过深入考察，在《帝国主义是资本的最高阶段》一文中高度概括了资本主义经济的新特征，并且在《帝国主义和社会主义运动中的分裂》中分析了帝国主义的性质和内涵，认为帝国主义是资本主义高级阶段，其内部矛盾变得更为激烈，必然导致无产阶级革命。他把全世界的民族划分为两部分，压迫民族和被压迫民族，其中，压迫民族是少数，并且具有巨大的社会财富和强大的军事实力；被压迫民族是大多数的，处于被压迫、被剥削的被动地位。世界历史的社会矛盾也日益表现为资本主义社会内部的资产阶级和无产阶级的矛盾、广大殖民地与半殖民的被压迫民族与帝国主义以及帝国主义内部之间的矛盾。因此，他提出了"帝国主义是无产阶级社会革命的前夜"[1]，进一步丰富发展了马克思的社会主义革命同时胜利论，与时俱进地提出了社会主义革命可以在少数国家甚至一国首先胜利的可能。他认为，帝国主义时代，各个资本主义国家的政治经济发展很不平衡，各国内部矛盾、帝国主义各国之间的矛盾及其与非资本主义国家之间的矛盾等日益激烈，进而得出社会主义革命可能在少数的或者单独的一国首先获得胜利，而不是在先进的资本主义国家同时发生。"十月革命"的胜利正是列宁运用人类社会发展具有多样性这个规律的成果。

中国共产党领导中国人民探索出一条符合中国国情与时代需求的中国特色社会主义道路，是对马克思世界历史理论的继承和发展。从"五四运动"到中国特色社会主义新时代，中国共产党人坚定不移地继承了马克思世界历史基本理论，并结合中国的具体实践和时代条件与时俱进，不断创新、丰富、发展

---

[1] 《列宁选集》第2卷，北京：人民出版社2012年版，第582页。

了马克思世界历史理论，提出了中国特色社会主义理论、道路，贡献了中国智慧、中国力量。"只有社会主义才能救中国，只有中国特色社会主义才能发展中国。"① 100多年的中国历史发展充分证明，只有社会主义才能够救中国，改革主义、自由主义、保守主义、实用主义等不能挽救中国。太平天国农民革命、资产阶级的维新运动、义和团农民运动以及资产阶级领导的辛亥革命都没有实现中华民族的独立和解放。70多年的中国社会主义的历史实践充分证明，照搬苏联、走封闭僵化的老路发展不了中国，走改旗易帜的邪路没有出路，东欧剧变、苏联解体就是历史教训。改革开放40多年来的发展经验证明，只有中国特色社会主义才能发展中国，改革开放极大地解放了生产力、发展了生产力，增强了社会活力，使中国实现了从站起来到富起来、强起来的伟大飞跃。新时代新征程，在新的历史条件下，我们应守正创新，进一步丰富发展马克思世界历史理论，坚持和发展新时代中国特色社会主义理论和实践，为实现"两个一百年"奋斗目标继续努力奋进。

100多年过去了，当今世界仍然是资本主义占主导地位、与社会主义共存的时代，作为两种不同性质的社会制度，两大社会阵营、两大经济体系，处于同一世界历史时期、同一世界体系下，两者相互竞争、交流互鉴、并存与合作。资本主义国家借鉴采取了社会主义国家的一些做法，社会主义国家也吸收了资本主义国家的先进技术和管理经验。一方面由西方资本主义主导的经济全球化和全球治理危机日益严重，资本主义政治模式的弊端日益凸显，新兴的技术革命方兴未艾，大国之间的竞争和博弈日益加剧，发达国家与发展中国家之间，新兴大国与传统大国之间，资本主义国家内部及其与社会主义国家之间的较量日益激烈，整个世界处于大发展大变革大调整之中，可谓是"世界百年未有之大变局"。另一方面社会主义国家的日益兴起，在探索中稳步发展，显示出蓬勃的生机和强大的生命力。世界社会主义的发展多极化、多元化，各国社会主义正在从本国具体实际出发，探索符合其自身发展的社会主义道路。例如，中国特色社会主义已经成功探索出符合中国社会发展的中国道路、中国模式，中国正在以迅猛地速度发展，其经济实力、政治能力和国际影响力日益强

---

① 习近平：《在庆祝中国共产党成立100周年大会上的讲话》，《人民日报》2021年7月1日。

大，正在影响着世界格局。当今的世界目前还处于从资本主义向社会主义过渡时期，两种社会制度消长变化影响着未来社会发展走向，但是"两个必然"仍然是当今世界发展的大趋势。

二、世界历史体系中东西方格局的演变

当今世界处于资本主义与社会主义共存时期，两种制度求同存异，相互借鉴，共同发展。在资本主义主导下的全球化背景下，各民族国家发展具有严重的不平衡性并且日益分化，发达资本主义国家占领着全球现代化的"高地"，而广大发展中国家和不发达国家因其起步晚、底子薄、速度慢而处在边缘地带，使得"东方臣属于西方"。但是，随着全球化、高科技和现代工业文明进一步向纵深发展，经济技术信息等方方面面的全球化越来越紧密，人类在更深意义上进入"世界历史"。广大发展中国家和不发达国家利用其"后发优势"和"自身优势"，在全球化和世界历史发展中的地位和功能日益增强，他们也以自己的方式在世界历史中发挥越来越大的作用。例如，社会主义的中国在世界体系中的话语权和影响力举足轻重，在某些场合甚至对全球化和世界格局有引导作用。

当今世界东西方社会原有格局发生了巨大变化。原有的世界格局已经被打破，新的世界格局尚未建立起来，在这个新旧交替的历史时刻，我们应该如何看待世界格局的"变"与"不变"，如何"于变局中开新局"，如何更积极主动地顺应世界历史变革？国际格局日益出现大发展、大调整、大转折，这也是近代以来世界历史矛盾运动的结果。马克思早已对此作出了科学判断，他认为人类社会的发展是一个从低级到高级的自然发展过程，是从公有制到私有制再到更高级的公有制的否定与自我否定的过程。当今社会处于资本主义与社会主义共存的时代，生产力快速发展，国际贸易和社会分工日益发达，各民族国家之间的联系日益紧密，东西方社会之间相互作用、相互影响形成了有机整体。

一是世界经济格局剧变。随着全球人口增速放缓、老龄化加速、环境保护意识增强等使得全球经济整体增速放缓；新兴经济体如部分发展中国家（亚洲和非洲国家）有可能会成为全球经济增长新的领跑者，特别是中国、俄罗

斯、印度以及拉美、南非等新经济体的形成，对世界经济总量的贡献率逐渐上升；中国已经成为全球第二大经济体，并且在不断构建国内国际双循环的新发展格局，扩大了内需，加强对外开放，使得经济在开放合作中实现高质量发展等，这些都在悄然改变着世界格局。

二是国际力量发生了历史性变革。"二战"后形成的"雅尔塔体系"，美苏争霸的局面已经远去，中国等新兴国家日益兴起，其影响力越来越大，世界发展日益多极化、多元化，原有的霸权国家慢慢在衰退，新兴力量日益崛起。特别是随着新一轮科技革命和产业革命不断深入发展，国际力量也在进行着深刻调整。要和平不要战争，要合作不要对抗，要对话不要冲突，未来一段时间，国际力量依旧处于各种力量升降兴衰、转移更替的状态。

三是全球治理体系正在发生变革。原有的治理体系正在弱化、亟待变革，新的治理体系尚未建立。各国各民族各经济体之间的联系日益密切，世界经济深刻调整，保护主义、单边主义、恐怖主义依然存在，多边主义、多边贸易风险挑战加剧，全球治理体系和国际秩序变革正在加速推进，处于世界历史体系中，各国相互联系和相互依存日益加深，需要构建全球共商共建共享的全球治理观。

四是新科技革命正在加快重塑世界体系。网络技术、数字技术等催生新的科技变革正在酝酿。人工智能、量子信息、物联网、区块链等新一代信息技术日新月异，新一代信息、生物、新能源、新材料、智能制造等技术既是机遇又是挑战，正在向着更加以人为本，推进人与自然、人与社会更加和谐的方向发展。

五是维护人类文明多样性需要全球合作共赢。不同国家、不同民族、不同时代的文化内涵各有不同，"没有多样性，就没有人类文明"[①]。人类文明因多样而精彩。在世界历史体系下，各国更应该相互尊重、求同存异、和平相处，更加促进不同文明、不同文化之间的交流互鉴，促进人类社会、人类文明不断发展进步。

我国顺应世界历史发展潮流提出了"一带一路"建设，是实现各国合作

---

① 习近平：《让多边主义的火炬照亮人类前行之路》，新华社，2021年1月25日。

共赢的有效途径,是马克思世界历史理论的创新实践,符合世界经济格局发展的方向,顺应了世界历史发展的趋势。结合世界历史发展的必然趋势和要求,审视当今世界历史发展的阶段性特征,习近平同志提出了"人类命运共同体"概念,这是对马克思世界历史理论的继承与发展,符合历史发展规律和人类社会的旨向。新时代、新发展阶段我们的重要目标是实现共同富裕。中国作为一个负责任的大国,正在努力为世界各国提供一个相互尊重、平等协商、和平发展、合作共赢的平台,为实现人类解放事业贡献自己的力量。

三、全球化视域下的东西方关系

当前,世界历史走向更加深入和广泛,世界各国各民族之间的联系日益紧密,地球变成了一个互联互通的"地球村"。随着经济全球化的快速发展,东西方各国家之间的交流、沟通和互动更加频繁、更为广泛,也更深入。与此同时,资本主义社会的危机和矛盾也随着商品遍布世界各地,渗透到社会的各个角落。当前的全球化和世界市场是由资本主义国家主导的,其引发的矛盾和危机也更加复杂尖锐。因此,我们要"回到马克思",结合当今时代条件和历史条件,重新研究马克思的文本,重新领悟马克思的世界体系,重新理解马克思总体性危机理论,重新研究马克思世界历史理论,特别重点关注马克思晚年东方社会思想。这些理论对我们今天认识资本主义与社会主义、认识全球化和东西方关系仍然有着重要指导意义。我们既要承认世界体系的一体化,建立合作共赢的良好关系,又要注意到东西方之间的矛盾和冲突依然存在、不容忽视。

各个民族国家在世界范围内的普遍交往和相互联系形成了全球化,其实质是资本的世界扩张和增殖。迄今为止的全球化是资本主义主导下的全球化,东方社会处于"非中心"的从属地位,这使得东西社会在社会发展过程中形成了不平等的利益格局。世界历史体系是由资本主义世界主导的、东西互动的整体,它的目的是使资本主义国家在更大范围内转移其资本主义内部矛盾,并且使这种矛盾世界化。随着资本主义生产方式的全球化,资本主义基本矛盾也随之在全球范围内扩张,形成了周期性的经济危机。随着全球化的发展,资本主义生产关系跨越国家地域的限制,形成了以发达资本主义国家为中心,欠发达国家被边缘化的世界格局。就这样，发达的资本主义国家除了把商品国际化，也把其政治、文化等推向国际化，并通过转移其内部矛盾引发了逆全球化浪潮，也加剧了全球的生态危机、环境危机。

随着全球化的发展，东西方各国之间的相互依赖程度也越来越高，地球越来越成为一个具有共同利益、面对共同挑战的命运共同体，特别是面对气候问题、金融危机、重大传染疾病等问题时，需要全球团结合作、共同应对。同时，由于东西方之间的传统文化、风俗习惯、宗教信仰，甚至是政治制度的不同，它们之间的矛盾和冲突也随着交往的扩大而扩大。这就需要我们处理东西方国家关系时既考虑到他们之间的合作共赢，又正视他们之间的矛盾和冲突。

当年，马克思在对资本主义私有制和国家进行批判的时候，发现了"真正的共同体"。构建"人类命运共同体"思想，正是对马克思共同体思想和世界历史理论的创造性继承和发展。人类命运共同体的最高目标是实现共产主义，创造"天下为公"的美好世界。这是马克思历史唯物主义理论的当代表现形式，是应对全球化问题的理性选择，是解决人类问题的中国方案，代表了先进生产力发展的要求，代表了世界上最大多数人的意志和愿望，因而一经提出，便得到广大发展中国家和多数发达国家的一致认同和肯定，并积极参与到其中。这一思想正在成为一种全球性的共识。各个国家、各个民族的利益日益成为全人类共同利益的组成部分，彼此之间"你中有我，我中有你"，进而形成"各美其美、美美与共"[①]的和谐局面。

四、从世界历史的普遍性与特殊性审视中国特色社会主义道路

1949年10月，中华人民共和国宣布成立，壮大了世界社会主义阵营，也开启了世界历史发展新进程。70多年来，中国共产党领导中国人民开创了一条中国特色的社会主义道路。中国特色社会主义道路，既符合马克思世界体系理论的普遍原则，也有其自身发展的特殊性。这条中国式现代化发展道路不仅

---

① 《习近平改革开放思想研究》，北京：人民出版社2018年版，第339页。

扬弃了资本主义制度，而且符合世界历史发展大势、引领时代发展。这就需要我们在研究中国特色社会主义道路时，既要注意把握普遍性，又要深入研究我们的特殊性。

马克思是站在世界历史的角度，从人类社会发展大势、历史走向和内在规律出发，形成了科学的世界历史理论。马克思所说的"世界历史"是东西方各民族国家相互作用、相互影响、相互制约的世界一体化的历史。中国特色社会主义发展道路遵从了马克思世界历史理论内在逻辑规定性，顺应了世界历史发展大势和时代潮流。资本主义生产方式推动了生产力极大发展、开拓了世界市场、建立了普遍联系，使得地域的、民族的历史转变成世界历史。随着交往的普遍化，各民族国家或主动或被动地形成了一个相互作用、相互影响的整体。古老的中国在西方资本主义的坚船利炮下被迫卷入资本主义世界市场，半殖民地半封建社会的近代中国就这样成为世界历史、世界经济链条末端上的重要一环。经济落后的中国与发达的资本主义国家同时存在。针对苏联社会主义模式实践性和局限性，毛泽东提出了"以苏为鉴"积极探索适合中国特点的社会主义发展道路。在遵循科学社会主义的基本原则基础上，不断结合中国具体国情和时代背景发展马克思主义，不断创新发展探索了符合中国具体实际的发展模式，正确处理世界历史发展过程中普遍性与特殊性的关系，不断推进理论创新和实践创新，更好地推进中国特色社会主义发展的新局面。[1]

马克思的世界历史理论引领中国融入全球化、一体化的时代发展潮流，中国特色社会主义道路的成功实践也再次验证了马克思世界历史理论的正确性和预见性。马克思早年就提出了"世界历史"的概念，他的研究重点在欧洲；晚年他有了更为宏伟的世界历史图像，研究重点在东方，他所构画的世界历史是东方国家在西欧资本主义的影响和冲击下的发展演变，共同构成了资本主义主导的、东西方互动的世界总危机。在这个总危机中，我们应该利用马克思世界历史思想，适时顺应历史大势，不断发展进步。在世界历史进程中，中国是其中不可分割的组成部分。中国的发展离不开世界，世界的发展也离不开

---

[1] 吴阳松：《理解中国特色社会主义基本性质的逻辑进路——对习近平总书记相关重要论述的理论释析》，《社会主义研究》2021年第2期。

中国。

新中国成立70多年、改革开放40多年来,中国的发展进步引起世界关注,中国的经济、政治、国际地位和影响力都不断增强,甚至引起了国内外思想界关于"中国模式""中国道路"的讨论。今天,我们回过头来从世界历史的普遍性和特殊性视野看待和审视中国社会主义发展道路,中华民族从谋求民族独立到逐步实现社会主义现代化,从"引进来"到"走出去",从"被动接受"到"主动影响",从"生搬硬套"到"创新发展",中国成功走出了一条既顺应世界历史发展,又符合自身特色的中国特色社会主义道路,为世界历史发展不断贡献着自己的力量。站在新的历史起点上,中国日益走进世界舞台中央,100多年来,中国共产党始终坚持"伟大建党精神",带领中国人民实现了"第一个百年"奋斗目标,正在迈向"第二个百年"。中国在全面建成社会主义现代化强国的新征程中,在实现中华民族伟大复兴中国梦的历史进程中,也为世界的发展和进步贡献着中国的力量。

五、新时代中国特色社会主义的世界历史意义

道路问题是最根本的问题,道路决定命运。习近平同志指出:"中国特色社会主义进入新时代,在中华人民共和国发展史上、中华民族发展史上具有重大意义,在世界社会主义发展史上、人类社会发展史上也具有重大意义。"[①]中国特色社会主义道路的成功再次验证了马克思东方社会思想的真理性,丰富和发展了马克思主义,彰显了人类文明发展的多样性,为广大发展中国家提供了现代化新路径,为解决人类共同问题提供了中国方案和中国力量,为21世纪马克思主义作了新的贡献,丰富和发展了人类文明新形态。

党的十八大以来,以习近平同志为核心的中国共产党人,从理论和实践上系统回答了新时代坚持和发展什么样的中国特色社会主义、怎样坚持和发展中国特色社会主义的问题,形成了习近平新时代中国特色社会主义思想。这一伟大思想是当代中国马克思主义,是中华文化和中国精神的精华,它始终坚持马

[①] 《十九大以来重要文献选编(上)》,北京:中央文献出版社2019年版,第9页。

克思主义基本原理与中国具体实际相结合，与中华优秀传统文化相结合，科学回答了中国之问、世界之问、人民之问和时代之问，实现了马克思主义中国化的新飞跃。

为世界社会主义发展贡献了新力量。中国特色社会主义进入新时代，意味着马克思科学社会主义思想在 21 世纪依然焕发着强大的生命力。曾经落后的中国面对资本主义的冲击，经过"解构"实现了"跨越"式发展，实现了从创立、发展到完善的伟大飞跃，特别是面对东欧剧变等重大冲击，中国成功坚持和发展了社会主义，取得了伟大成就。特别是中国特色社会主义进入新时代，完成了包含 14 亿人口大国的脱贫攻坚任务，完成了全面建成小康社会的历史任务，实现第一个百年奋斗目标。正如习近平同志在党的二十大报告中指出："新时代十年的伟大变革，在党史、新中国史、改革开放史、社会主义发展史、中华民族发展史上具有里程碑意义。"[①] 再次彰显了科学社会主义的强大生命力，为国际共产主义运动带来了新的活力和希望。

为人类走向现代化提供了新路径。党的十八大以来，中国特色社会主义进入新时代，形成了习近平新时代中国特色社会主义思想，科学回答了"中国之问、世界之问、人民之问、时代之问"[②]，开辟了马克思主义中国化时代化新境界，成功走出了一条中国式现代化道路。中国共产党带领中国人民成功走出了一条中国式现代化道路，这条现代化道路是"人口规模巨大的现代化"，"全体人民共同富裕的现代化"，"物质文明和精神文化相协调的现代化"，"人与自然和谐共生的现代化"，"走和平发展道路的现代化"[③]，而不是西方霸权主义和殖民主义的现代化，也不是"两极分化"的现代化。中国式现代化的根本保证是坚持中国共产党的领导，坚持独立自主，坚持以人民为中心坚持并联式叠加发展。中国式现代化道路，创造了人类文明新形态，拓展了发展中国家走向现代化的新途径，给人类社会发展提供了全新选择。

---

① 习近平：《高举中国特色社会主义伟大旗帜 为全面建设社会主义现代化国家而团结奋斗——在中国共产党第二十次全国代表大会上的报告》，北京：人民出版 2022 年版，第 15 页。

② 习近平：《高举中国特色社会主义伟大旗帜 为全面建设社会主义现代化国家而团结奋斗——在中国共产党第二十次全国代表大会上的报告》，北京：人民出版 2022 年版，第 17 页。

③ 《习近平谈治国理政（第四卷）》，北京：外文出版社 2022 年版，第 164 页。

为解决当今世界历史问题提供了新方案。当今社会面临着世界多极化、经济全球化、文化多样化、社会信息化等深入发展的问题,处于大发展大变革大调整时期,不稳定性不确定性因素频发,风险日益增多。中国特色社会主义进入新时代,为解决世界经济、全球治理等一系列重大问题提供了新思路、新方案。中国遵循新发展理念,坚持中国式现代化发展道路,积极发挥世界和平建设者、全球发展贡献者、国际秩序维护者的重要作用。中国正积极参与全球治理体系改革和建设,推进"一带一路"建设发展,倡导构建"人类命运共同体"和新型国际关系,推动各国和平共处、文明交流、共同发展,为世界和平发展,为人类进步事业贡献着中国方案和中国力量。新时代中国特色社会主义取得了伟大成就,不仅发展了自己,也造福于世界。中国道路、中国方案、中国市场为世界带来了更多的发展机遇,践行着共商共建共享的全球治理观,坚持多边主义,积极推动国际关系民主化,为世界和平发展、为人类社会进步不断贡献着巨大的力量。

总之,马克思晚年东方社会思想,为我们理解全球化、东西方关系以及中国特色社会主义道路提供了更清晰的指引,特别是在认清当代中国在世界体系中的位置,提升对中国特色社会主义理论的自觉性方面。深刻认识马克思晚年东方社会思想,对我们全面、深刻地理解马克思主义、理解科学社会主义具有重要的理论价值和实践指导意义。我们要从中挖掘出马克思想表达却没有来得及阐释的思想,探析马克思宏大的世界历史和整体性思想,真正掌握马克思主义这本"武功秘笈",结合新时代新变化新实践,更好地指导中国特色社会主义现代化建设,更好地为人类文明多样性发展贡献力量。

参考文献

（一）马克思主义著作

[1]《马克思恩格斯文集》第 1 卷，北京：人民出版社 2009 年版。
[2]《马克思恩格斯文集》第 2 卷，北京：人民出版社 2009 年版。
[3]《马克思恩格斯文集》第 3 卷，北京：人民出版社 2009 年版。
[4]《马克思恩格斯文集》第 4 卷，北京：人民出版社 2009 年版。
[5]《马克思恩格斯文集》第 5 卷，北京：人民出版社 2009 年版。
[6]《马克思恩格斯文集》第 6 卷，北京：人民出版社 2009 年版。
[7]《马克思恩格斯文集》第 7 卷，北京：人民出版社 2009 年版。
[8]《马克思恩格斯文集》第 8 卷，北京：人民出版社 2009 年版。
[9]《马克思恩格斯文集》第 9 卷，北京：人民出版社 2009 年版。
[10]《马克思恩格斯文集》第 10 卷，北京：人民出版社 2009 年版。
[11]《马克思恩格斯全集》第 9 卷，北京：人民出版社 1961 年版。
[12]《马克思恩格斯全集》第 16 卷，北京：人民出版社 2007 年版。
[13]《马克思恩格斯全集》第 19 卷，北京：人民出版社 1963 年版。
[14]《马克思恩格斯全集》第 22 卷，北京：人民出版社 1965 年版。
[15]《马克思恩格斯全集》第 25 卷，北京：人民出版社 2001 年版。
[16]《马克思恩格斯全集》第 29 卷，北京：人民出版社 2020 年版。
[17]《马克思恩格斯全集》第 30 卷，北京：人民出版社 1972 年版。
[18]《马克思恩格斯全集》第 45 卷，北京：人民出版社 2003 年版。
[19]《马克思恩格斯全集》第 46 卷（上），北京：人民出版社 1979

年版。

[20]《马克思恩格斯全集》第46卷（下），北京：人民出版社1980年版。

[21]《马克思恩格斯全集》第49卷，北京：人民出版社2016年版。

[22]《马克思恩格斯选集》第1卷，北京：人民出版社2012年版。

[23]《马克思恩格斯选集》第3卷，北京：人民出版社2012年版。

[24]《〈马克思和恩格斯通信集（1844—1883年）〉提要》，北京：人民出版社1982年版。

[25]《马克思古代社会史笔记》，北京：人民出版社1996年版。

[26]《马克思恩格斯论中国》，北京：人民出版社2018年版。

[27] 马克思：《资本论》（第1卷），北京：人民出版社2004年版。

[28] 马克思：《资本论》（第2卷），北京：人民出版社2004年版。

[29] 马克思：《资本论》（第3卷），北京：人民出版社2004年版。

[30] 马克思：《历史学笔记》第1册，北京：中国人民大学出版社2005年版。

[31] 马克思：《历史学笔记》第2册，北京：中国人民大学出版社2005年版。

[32] 马克思：《历史学笔记》第3册，北京：中国人民大学出版社2005年版。

[33] 马克思：《历史学笔记》第4册，北京：中国人民大学出版社2005年版。

[34]《列宁全集》第10卷，北京：人民出版社1995年版。

[35]《列宁全集》第17卷，北京：人民出版社1971年版。

[36]《列宁全集》第22卷，北京：人民出版社1997年版。

[37]《列宁全集》第24卷，北京：人民出版社1997年版。

[38]《列宁全集》第27卷，北京：人民出版社1990年版。

[39]《列宁全集》第29卷，北京：人民出版社1985年版。

[40]《列宁全集》第30卷，北京：人民出版社2017年版。

[41]《斯大林全集》第4卷，北京：人民出版社1995年版。

[42]《斯大林全集》第 7 卷，北京：人民出版社 1995 年版。

[43]《斯大林全集》第 10 卷，北京：人民出版社 1982 年版。

[44]《斯大林全集》第 12 卷，北京：人民出版社 1955 年版。

[45]《毛泽东文集》第 5 卷，北京：人民出版社 1996 年版。

[46]《毛泽东文集》第 7 卷，北京：人民出版社 1996 年版。

[47]《毛泽东选集》第 2 卷，北京：人民出版社 1991 年版。

[48]《邓小平文选》第 3 卷，北京：人民出版社 1993 年版。

[49]《习近平谈治国理政》，北京：外文出版社 2015 年版。

[50]《习近平谈治国理政（第二卷）》，北京：外文出版社 2017 年版。

[51]《习近平谈治国理政（第三卷）》，北京：外文出版社 2020 年版。

[52]《习近平谈治国理政（第四卷）》，北京：外文出版社 2022 年版。

（二）中文著作类

[1]《马克思主义来源论丛》第 8 辑，北京：商务印书馆 1987 年版。

[2] 江丹林：《马克思的晚年反思——东方社会发展道路与中国特色社会主义实践》，北京：北京出版社 1992 年版。

[3] 谢霖：《东方社会之路》，北京：中国社会科学出版社 1992 年版。

[4] 张奎良：《马克思的哲学历程》，上海：上海人民出版社 1993 年版。

[5] 刘启良：《马克思东方社会理论》，上海：学林出版社 1994 年版。

[6] 丰子义：《现代化的理论基础——马克思现代社会发展理论研究》，北京：北京大学出版社 1995 年版。

[7] 叶险明：《马克思的世界历史理论与现时代》，北京：清华大学出版社 1996 年版。

[8] 张凌云：《马克思的社会形态理论与当代社会主义》，武汉：武汉出版社 1999 年版。

[9] 陈先达：《走向历史的深处——马克思历史观研究》，北京：中国人民大学出版社 2000 年版。

[10] 尹树广：《晚年马克思历史观的变革》，哈尔滨：黑龙江人民出版社 2000 年版。

［11］赵尚东：《跨越峡谷——马克思东方社会发展设想与中国特色社会主义》，西安：西北大学出版社2000年版。

［12］张云飞：《跨越峡谷——马克思晚年思想与当代社会发展理论》，北京：人民出版社2001年版。

［13］赵家祥、丰子义：《马克思东方社会理论的历史考察和当代意义》，北京：高等教育出版社2002年版。

［14］孙来斌：《"跨越论"与落后国家经济发展道路》，武汉：武汉大学出版社2006年版。

［15］卢肖文：《与时俱进的马克思主义——马克思主义经典著作选读》，上海：上海人民出版社2007年版。

［16］孟宪东：《晚年马克思"跨越"思想研究——兼论东方社会主义的历史发展》，北京：当代中国出版社2008年版。

［17］刘明远：《马克思主义经济危机理论与当代现实》，北京：经济科学出版社2009年版。

［18］俞良早：《马克思主义东方学》，北京：人民出版社2011年版。

［19］顾海良：《马克思主义发展史》，北京：中国人民大学出版社2013年版。

［20］袁雷、张云飞：《马克思恩格斯"论东方村社"研究读本》，北京：中央编译出版社2013年版。

［21］曹典顺：《马克思〈人类学笔记〉研究读本》，北京：中央编译出版社2013年版。

［22］《马克思主义基本原理概论》（2013年修订版），北京：高等教育出版社2013年版。

［23］谢霖、谢静静：《马克思的东方社会理论与中国特色社会主义道路》，北京：中国社会科学出版社2015年版。

［24］陈先达：《被肢解的马克思》，北京：中国人民大学出版社2016年版。

［25］陈德正、李焕丽：《古代社会导读》，天津：天津人民出版社2016年版。

［26］《党的十九大报告学习辅导百问》，北京：学习出版社2017年版。

［27］赵家祥：《东方社会发展道路与社会主义的理论和实践》，北京：商务印书馆2017年版。

［28］王莅：《求解资本主义的史前史——"人类学笔记"与"历史学笔记"的思想世界》，北京：中国人民大学出版社2018年版。

［29］黎世红等：《马克思东方社会力量与中国发展道路》，北京：人民出版社2019年版。

［30］《党的十九届五中全会〈建议〉学习辅导百问》，北京：党建读物出版社2020年版。

（三）中文期刊类

［1］侯外庐：《我对于"亚细亚生产方法"之答案与世界历史家商榷》，载《中华论坛》1945年8月第1卷第7、8期合刊。

［2］马克垚：《学习马克思、恩格斯论东方古代社会的几点体会》，载《北京大学学报》（哲学社会科学版）1978年第2期。

［3］蔡俊生：《公社、氏族、家庭——三个相递出现的历史范畴》，载《学术月刊》1984年第1期。

［4］刘彤：《对世界现代史开端和资本主义"总危机"理论的思考》，载《世界历史》1988年第5期。

［5］吴泽：《亚细亚生产方式理论与古代东方社会特点研究》，《社会科学辑刊》1988年第1期。

［6］罗荣渠：《论一元多线历史发展观》，载《历史研究》1989年第1期。

［7］辛向阳：《论"亚细亚生产方式"的本义及其基本特点》，载《社会科学》1991年第1期。

［8］林涌：《东方中国的历史特点与社会主义走向》，载《社会主义研究》1991年版第6期。

［9］额尔敦扎布：《人类学笔记与资本论》，载《内蒙古师大报（哲学社会科学版）》1992年第4期。

[10] 冯景源：《关于马克思〈历史学笔记〉研究的几个问题》，载《求索》1994 年第 6 期。

[11] 洪韵珊：《东方社会发展道路的新探索》，载《天府新论》1994 年第 5 期。

[12] 朱政惠：《1978 年以来亚细亚生产方式问题研究的若干思考》，载《史学理论研究》1995 年第 3 期。

[13] 冯景源：《马克思〈历史学笔记〉研究的意义——打开"马克思晚年困惑"的钥匙》，载《人文杂志》1995 年第 1 期。

[14] 聂锦芳：《〈历史学笔记〉：一部未引起足够重视的马克思晚年的重要著述》，载《哲学动态》1995 年第 6 期。

[15] 许全兴：《请不要误解马克思——关于"跨越资本主义卡夫丁峡谷"的辨析》，载《理论前言》1996 年第 18 期。

[16] 安维复：《马克思关于现代社会发展的两个模式》，载《文史哲》1997 年第 2 期。

[17] 沈长云：《从马克思的东方道路理论说到中国传统文化及其现代化的价值》，载《河北师院学报》（社会科学版）1997 年第 4 期。

[18] 赵家祥：《对"跨越资本主义卡夫丁峡谷"问题的商榷意见》，载《北京大学学报：哲社版》1998 年第 1 期。

[19] 杨耕：《论马克思的东方社会理论及其方法论意义》，载《山西大学师范学院学报》1998 年第 3 期。

[20] 高飞乐：《马克思晚年的探索：人类社会发展规律与各国历史发展道路问题》，载《中共福建省委党校学报》1999 年第 1 期。

[21] 陈其人：《农村公社在社会发展中的作用——马克思和恩格斯关于农村公社的论述》，载《复旦学报》（社会科学版）1999 年第 6 期。

[22] 柴艳萍：《亚细亚生产方式对东方社会的深刻影响》，载《华北电力大学学报》（社会科学版）2000 年第 4 期。

[23] 周世兴：《论马克思未能完成〈资本论〉的原因》，载《甘肃理论学刊》2000 年 5 月第 3 期。

[24] 吴波：《马克思晚年走向人类学的动因》，载《马克思主义研究》

2000 年第 3 期。

[25] 赵家祥：《"亚细亚生产方式"概念历史演变的考察之一》，载《北京行政学院学报》2001 年第 5 期。

[26] 栾文莲：《马克思主义世界市场理论研究——世界市场的经典叙述与现代特征》，载《马克思主义研究》2002 年第 1 期。

[27] 赵一红：《马克思的"亚细亚生产方式"理论与东方社会结构》，载《马克思主义研究》2002 年第 5 期。

[28] 李怀国：《古代东方的社会性质之我见》，载《理论探索》2002 年第 4 期。

[29] 郭熙保：《2002："后发优势：跨越式发展的重要动力"》，载《光明日报》2002 年 3 月 26 日。

[30] 陈秀山、王舒勃：《后发优势：跨域式发展的重要动力》，载《教学与研究》2002 年第 10 期。

[31] 孙代尧：《世界历史视野下的当代中国社会主义道路》，载《武汉大学学报》（人文社会科学版）2002 年第 5 期。

[32] 朱筱新：《论中国古代小农经济的形成及特点》，载《北京教育学院学报》2003 年第 4 期。

[33] 赵景峰：《马克思的世界市场理论对经济全球化研究的指导意义》，载《毛泽东邓小平理论研究》2004 年第 3 期。

[34] 张云飞：《马克思东方社会结构理论："亚细亚生产方式"的科学扬弃》，载《社会科学研究》2004 年第 4 期。

[35] 李静杰：《试析苏联同资本主义世界的对抗》，载《俄罗斯中亚东欧研究》2006 年第 1 期。

[36] 鲁克俭：《马克思晚年为什么要写作〈历史学笔记〉》，载《理论前沿》2006 年第 2 期。

[37] 王东、林峰：《"人类学笔记"，还是"国家与文明起源笔记"——与西方学者的学术对话》，载《马克思主义研究》2006 年第 10 期。

[38] 孙来斌：《马克思世界市场思想概述》，载《当代世界与社会主义》2006 年第 4 期。

［39］王志林：《浅谈马克思的〈人类学笔记〉和〈历史学笔记〉》，载《理论月刊》2007年第3期。

［40］张凌云：《马克思东方社会理论三题》，载《江苏行政学院学报》，2007年第5期总第35期。

［41］张云飞：《理论和实践的统一：马克思主义整体性的内在机理和科学要求》，载《思想理论教育导刊》2008年第5期。

［42］聂锦芳：《重新理解〈德意志意识形态〉中的"世界历史"思想——从马克思"世界历史"思想的当代研究谈起》，载《江海学刊》2008年第2期。

［43］卫兴华：《要准确系统地理解〈资本论〉》，载《党政干部学刊》2008年第4期。

［44］杭聪：《马克思"双重使命论"新探》，载《理论月刊》2009年第2期。

［45］石弘：《马克思论东方社会的土地公有制》，载《南昌航空大学学报》2009年第11卷第2期。

［46］林峰：《马克思"人类学笔记"历史地位新界定》，载《东岳论丛》2010年第7期。

［47］赵家祥：《马克思历史进步评价尺度理论的历史考察》，载《贵州师范大学学报》（社会科学版）2010年第6期。

［48］孙兴杰：《马克思恩格斯经典文献中"东方问题"》，载《北方论丛》2011年第1期。

［49］欧永宁：《马克思社会理论结构视域中的东方社会发展道路》，载《前沿》2011年第1期。

［50］姚顺良：《马克思晚年东方社会发展道路新思想的实质——"人类学笔记"和〈历史学笔记〉再研究》，载《江海学刊》2012年第3期。

［51］时家贤：《马克思恩格斯的世界市场理论及其当代启示》，载《当代世界与社会主义》2012年第6期。

［52］叶险明：《马克思思想发展逻辑研究中的一个"问题源"——马克思关于英国殖民主义作用的看法及其变化的过程和深层原因》，载《马克思主

义研究》2012 年第 6 期。

[53] 涂成林：《世界历史视野中的亚细亚生产方式——从普遍史观到特殊史观》，载《中国社会科学》2013 年第 6 期。

[54] 刘明远：《从"六册计划"看马克思经济学的研究对象》，载《政治经济学评论》2014 年第 1 期。

[55] 孙美堂：《未完成的"哲学的历史"——马克思〈人类学笔记〉主旨再探》，载《马克思主义哲学论丛》2014 年第 4 期。

[56] 李百玲：《马克思晚年的笔记式研究与〈历史学笔记〉的写作意义》，载《广西社会科学》，2015 年第 9 期。

[57] 刘敬东、王淑娟：《破坏与重建：英国之于印度的双重使命——马克思世界历史理论的印度个案》，载《现代哲学》2015 年第 2 期。

[58] 谌中和：《马克思东方社会理论与中国历史道路》，载《广东社会科学》2015 年第 5 期。

[59] 苏健：《论马克思的农村公社理论及其社会历史意义》，载《学理论》2015 年第 8 期。

[60] 俞可平：《当代资本主义跟踪研究丛书》，载《学习时报》2015 年 12 月 21 日。

[61] 习近平：《在庆祝中国共产党成立 95 周年大会上的讲话》，载《人民日报》2016 年 7 月 2 日，第 01 版。

[62] 习近平：《中国发展新起点全球增长新蓝图——在二十国集团工商峰会开幕式上的主旨演讲》，载《人民日报》2016 年 9 月 4 日，第 03 版。

[63] 安启念：《阿尔都塞马克思哲学思想"认识论断裂说"批判》，载《北京大学学报（哲学社会科学版）》2016 年第 1 期。

[64] 李百玲：《马克思〈历史学笔记〉的理论内容及其现实意蕴探析》，载《思想理论教育导刊》2016 年第 9 期。

[65] 王汝良：《东方学研究述评与反思》，载《中国社会科学评价》2016 年第 4 期。

[66] 刘儒：《国际金融危机与国家垄断资本主义新发展》，载《红旗文稿》2016 年第 5 期。

［67］习近平：《携手建设更加美好的世界——在中国共产党与世界政党高层对话会上的主旨讲话》，载《人民日报》2017年12月2日，第02版。

［68］顾仲阳：《乡村振兴，小康才全面》，载《人民日报》2017年10月23日，第06版。

［69］邱永辉：《马克思论印度教社会与"东方学家"的印度观批判》，《世界宗教研究》2017年第5期。

［70］周文、方茜：《当代资本主义危机的政治经济学分析》，载《经济学动态》2017年第6期。

［71］卫兴华：《〈资本论〉的方法问题研究》，载《河北经贸大学学报》2018年第6期。

［72］程广云：《〈资本论〉的叙事和逻辑——巨型文本的阅读和创作》，载《现代哲学》2018年第2期。

［73］孙美堂：《资本的价值批判：意义与限度》，载《现代哲学》2018年第4期。

［74］林峰：《"人类学笔记"与历史唯物主义及〈资本论〉的关系》，载《马克思主义与现实》2018年第5期。

［75］杨文圣：《马克思关于原始氏族社会的考证》，载《山西师大学报》（社会科学版）2018年7月第45卷第4期。

［76］石云霞：《马克思的世界历史理论及其当代意义》，载《马克思主义理论学科研究》2019年第1期。

［77］姜辉：《中国特色社会主义进入新时代在人类社会发展史上的重大意义》，载《人民日报》2019年9月27日，第13版。

［78］段光鹏：《〈德意志意识形态〉中世界历史理论的逻辑机理与价值意蕴》，载《中共宁波市委党校学报》2019年第5期。

［79］李宪堂：《王权主义反思学派的理论与方法》，载《天津社会科学》2019年第2期。

［80］徐亚娜：《人类命运共同体视域下全球化的历史逻辑与当代发展》，载《中国延安干部学院学报》2020年第6期。

［81］孙美堂：《马克思危机理论的世界体系视野》，载《江海学刊》2020

年第 5 期。

[82] 习近平：《在中国共产党与世界政党领导人峰会上的主旨讲话》，新华社，2021 年 7 月 6 日。

[83] 习近平：《扎实推动共同富裕》，载《求是》2021 年第 20 期。

[84] 孙美堂：《"终结"还是"出路"——恩格斯〈终结〉的主旨与马克思主义哲学的"出路"》，载《马克思主义哲学》2021 年第 1 期。

[85] 吴阳松：《理解中国特色社会主义基本性质的逻辑进路——对习近平总书记相关重要论述的理论释析》，载《社会主义研究》2021 年第 2 期。

[86] 俞良早：《评学术界对马克思东方社会理论的研究》，载《中国延安干部学院学报》2021 年第 14 卷 5 期。

（四）译文参考文献

[1]［法］J. 谢诺：《亚细亚生产方式研究前景》，《外国学者论亚细亚生产方式》（下），北京：中国社会科学院出版社 1981 年版。

[2]［美］劳伦斯·克拉德：《马克思的民族学笔记》，《马列主义研究资料》1985 年第 1 辑，北京：人民出版社 1985 年版。

[3]［德］马克思等：《马克思恩格斯与俄国政治活动家通信集》，马逸若等译，人民出版社 1987 年版。

[4]［美］卡尔·魏特夫：《东方专制主义》，北京：中国社会科学出版社 1989 年版。

[5]［英］特奥多尔·汕宁：《晚年马克思与俄国道路：马克思和"资本主义边缘"》，《马克思主义来源研究论丛》第 15 辑（《马克思人类学笔记研究译文集》），北京：商务印书馆 1993 年版。

[6] 摩尔根《古代社会》（上），杨东莼、马雍等译，北京：商务印书馆 1997 年版。

[7]［巴西］特奥托尼奥·多斯桑托斯：《帝国主义与依附》，杨衍永等译，北京：社会科学文献出版社 1999 年版。

[8]［俄］别尔嘉耶夫：《自我认知——思想自传》，雷永生译，桂林：广西师大出版社 2001 年版。

[9][法]阿尔都塞:《保卫马克思》,顾良译,北京:商务印书馆2006年版。

[10][德]爱德华·伯恩施坦:《伯恩施坦文选》,北京:人民出版社2008年版。

[11][英]特里·伊格尔顿:《马克思为什么是对的》,李杨等译,北京:新星出版社2011年版。

[12][韩]丁声振:《马克思的危机理论:作为一种世界市场危机理论》,刘海静译,载《马克思主义与现实》2013年第2期。

[13][美]伊曼纽尔·沃勒斯坦:《现代世界体系》,吴英译,北京:社会科学文献出版社2013年版。

[14][俄]谢·弗·米罗年科:《19世纪初俄国专制制度与改革》,许金秋译,北京:社会科学文献出版社2017年版。

(五)外文参考文献

[1] Maurice Bloch (ed), *Marxist Analyses and Social Anthropology*, New York: Wiley, 1975.

[2] MarianSawer, *Marxismand the Question of the Asiatic Mode of Production*, Hague: Martinus Nijhoff, 1977.

[3] HalDraper, *Karl Marx's Theory of Revolution*, Vol. II, *the Politics of Social Classes*, NewYork: Monthly Review Press, 1978.

[4] James D. White, *Karl Marx and the Intellectual Origins of Dialectical Materialism*, Houndmills, Basingstoke, Hampshire: MacmillanPress; NewYork: St. Martin's Press, 1996.

[5] Schlomo Avineri, *Karl Marx on Colonialism and Modernization*, New York: Doubleday.

后　记

马克思晚年思想是一座"富矿",而我有幸在博士生导师孙美堂教授指引下,慢慢地"寻找"并试图"挖掘"这一宝藏,何其幸哉!

呈现在各位读者面前的这部著作,是我在博士论文的基础上,作了大量修改完善而成。虽不成熟,但尝试求索如何看待马克思从早年到晚年、从西方到东方、从十月革命到中国革命再到中国特色社会主义,其理论体系本身的内在联系。希望自己的一孔之见、一家之言能对读者有所启发。

从入学至毕业,从毕业至交书稿,在这一漫长的学术探索、思忖、成长的过程中,我想用"感动、感谢、感激、感恩、感想"这五个"关键词"来表达或者记录自己的心路历程。

感动。入学中国政法大学马克思主义学院,有幸师从孙美堂教授,这一切让我感动。我原想收获一缕春风,法大马院却给了我整个春天,而导师就是这个春天的播种者。孙先生渊博的知识、严谨的治学、精益求精的作风、诲人不倦的师德、平易近人的魅力,一直感染着我、鼓舞着我。在攻读博士学位期间,孙先生特别注重对学生学术感觉的培养,他无论多忙都一直坚持每周末开展读书会活动,让我们坚持读原著、学原文、悟原理,交流心得、研究讨论、碰撞火花。这些活动,让我们的思想更开阔、思路更敏捷,也提高了我们的学术水平和科研能力。孙先生不仅在学习、科研方面给我以指导、授我以文,而且在生活上教我做人、做事。孙先生亦师亦友,真可谓"教诲如春风,师恩似海深"。博士论文从选题、开题、预答辩、正式答辩,甚至毕业后,在书稿的无数次修改过程中,直到最终交稿,每一步都是在孙先生的严格要求和耐心指导下完成的,仅论文提纲孙先生都反复指导我修改十几次,论文更是倾注了导师大量的心血和精力。毕业后，当我给孙先生说想把论文修订后出版的时候，孙先生更是悉心指导、严苛要求，让我要比写作博士论文的时候更用心，每一句话都要反复琢磨，每一个观点都要再三推敲。更严密的思考、更严谨的推理、更准确的语言、更深刻的阐释，可以说修改文稿的过程比当时写作的过程花费了更多的精力和思考。这样才能对得起自己的努力、对得起孙先生的栽培、对得起读者的分享。想借此机会，表达我对孙先生的深切谢意和诚挚祝福。

感谢。感谢北京市社会科学院给我提供了一个非常好的工作、学习、实践平台，让我有机会接触全市各行各业各领域各条战线行业精英、榜样人物、先进模范、优秀党员干部群众等，让我从他们身上学习了什么叫坚持、什么叫奉献、什么叫兢兢业业。他们在平凡的岗位上有着不平凡的事迹，他们用小微故事承载了无限的家国情怀，他们通过讲述群众身边的真人、真事、真心话、真情感，反映了整个时代整个社会的繁荣昌盛、向上向善，表达了人们的美好愿望、生动实践和人生感悟。也感谢北京市社会科学院（市委讲师团）领导的栽培、同事的互勉，让我在一个愉快的环境下不断成长进步。大学生村官 3 年服务期满后到现在，入职讲师团已 7 年多，转隶到社科院也有 2 年了，我十分热爱这个平台，它不仅给了我工作，给了我实现人生价值的机会，也给了我奉献社会的机会。我愿为单位、为事业尽一份绵薄之力、奉献一份爱和力量。

感激。在求学求知道路上，遇到名师指点实属难得，也让我常怀感激之情。在论文的开题、预答辩、正式答辩的过程中，非常感激李德顺、文兵、张秀华、聂锦芳、杨学功、宋朝龙、张军等老师给我提出的宝贵意见。在文稿修改过程中，也得到了刘秀萍、吴波、杨奎等老师的有力指导，进一步提升了文稿质量和水平。也非常感激刘润为、班永吉、张福俭、仓道来、王兆雷等前辈对本书出版的帮助！在这里我还要特别感激本书参考资料和文献的作者们，他们已有的研究成果给了我很大的启发和帮助，我是站在"巨人"肩上完成文稿写作的。正是多位老师的指导和帮助，我才能更好更快地成长，也更有信心地完成本部书稿。当然，书稿还凝聚着许多同学和朋友所给予的指导、建议，我将心存感激。

感恩。感恩父母的养育之恩，感恩家人的鼓励、支持和理解。我出生在西部的小山村，祖祖辈辈靠务农为生，也许是生活的艰辛，也许是对"知识改变命运"的坚守，父母虽文化水平不高，但从小教育我们要"好好读书"，爸爸常说的一句话就是"只要你们好好学习，我就是砸锅卖铁也要供你们上学！"正是爸爸的这句话，让我没有理由不好好学习。故而，从小学、初中、高中到大学、硕士、博士，我坚信"书山有路勤为径，学海无涯苦作舟"，充分利用一切时间和机会读书学习。从会读书、爱读书、善读书、读好书，读书已成为习惯，也将伴我一生。我的求学之路，是父母日复一日、年复一年早出晚归的辛勤劳作换来的，是父母不辞辛苦播种庄稼、养牛犁地一点一滴的血汗铺就的。只有"吃得苦中苦"，才能有机会改变命运，成为父母眼中"有出息的孩子"。正是在父母朴实、勤劳、善良、坚韧的熏陶下，我一步一步蹒跚前行，找到了人生方向。同时，我也感恩遇到了我的爱人张全军博士，是他一路支持，让我坚定了考研、考博，是他一路鼓励，让我顺利完成学业，是他一路扶助，让我在学术道路上不断奋进。亲情无价，感恩家人们的辛劳付出和大力支持，感恩亲戚朋友的关心照顾。

感想。从书稿的起源、写作过程、想要解决的问题、遇到的困惑等，谈谈自己的感想。在博二的时候，有次和导师探讨自己未来的研究方向时，受到孙先生关于马克思晚年思想的启发，特别是受到孙先生《未完成的"哲学的历史"——马克思〈人类学笔记〉主旨再探》和《马克思危机理论的世界体系视野》两篇文章的影响，最终选择了马克思晚年东方社会思想作为我的研究方向，一经选择便没有改变过。期间，也有过畏难情绪，也有过迷茫不知所措的时候，我都会找孙先生请教、探讨，孙先生帮我答疑解惑、梳理逻辑。我的思路打开后，更坚定了自己的选择。正是对专业的热爱、对真理的追求，促使我经常熬夜至凌晨不觉枯燥，反而因为自己每天能按照计划写完一部分内容而感到欢愉。每天写的东西时长时短，但贵在坚持。甚至睡觉之前我都会问自己，"今天坚持读书、看文献了吗？""你写作了吗？"我坚信，"宝剑锋从磨砺出，梅花香自苦寒来"。任何事情都不会轻轻松松、敲锣打鼓就能实现，特别是做学术，需要沉下心来、静下心来深入思考、研究，需要下功夫，下苦功夫，才会有收获。在研究过程中，由于个人水平有限，对一些问题把握得还不太准确，特别是从马克思晚年东方社会思想过渡到中国特色社会主义伟大实践时，其内在理论蕴含、逻辑思路、实践指向还有待进一步研讨。

最后，非常感谢中央编译出版社郑永杰老师，她和她的团队严谨敬业、一丝不苟，使该著更加完美地呈现在读者面前！同时，本书难免有不严谨、不完善或存在争议之处，还请各位同仁批评指正！

"长风破浪会有时，直挂云帆济沧海"。未来，我将继续坚守自己的初心和使命，不断提升马克思主义理论素养、锤炼涵养理论品格，不断提升业务能力。我将永远牢记马克思的教导，"在科学上没有平坦的大道，只有不畏劳苦沿着陡峭山路攀登的人，才有希望达到光辉的顶点"。

张晓庆

2023 年 6 月